U0574556

权威·前沿·原创

皮书系列为
"十二五""十三五""十四五"时期国家重点出版物出版专项规划项目

BLUE BOOK

智库成果出版与传播平台

钢铁产业蓝皮书

BLUE BOOK OF THE STEEL INDUSTRY

中国钢铁产业发展报告
（2024）

ANNUAL REPORT ON STEEL INDUSTRY DEVELOPMENT

IN CHINA (2024)

组织编写／北京科技大学　世界钢铁发展研究院
主　　编／闫相斌　张建良　李毅仁
执行主编／谷　炜　冯　梅

社会科学文献出版社
SOCIAL SCIENCES ACADEMIC PRESS（CHINA）

图书在版编目（CIP）数据

中国钢铁产业发展报告 . 2024 ／北京科技大学，世界钢铁发展研究院组织编写；闫相斌，张建良，李毅仁主编；谷炜，冯梅执行主编 . -- 北京：社会科学文献出版社，2025.3. --（钢铁产业蓝皮书）. -- ISBN 978-7-5228-5084-9

Ⅰ . F426.31

中国国家版本馆 CIP 数据核字第 2025WY4259 号

钢铁产业蓝皮书

中国钢铁产业发展报告（2024）

组织编写／北京科技大学　世界钢铁发展研究院
主　　编／闫相斌　张建良　李毅仁
执行主编／谷　炜　冯　梅

出 版 人／冀祥德
责任编辑／颜林柯
文稿编辑／张　爽　王　娇　白　银
责任印制／王京美

出　　版／社会科学文献出版社·经济与管理分社（010）59367226
　　　　　地址：北京市北三环中路甲 29 号院华龙大厦　邮编：100029
　　　　　网址：www.ssap.com.cn
发　　行／社会科学文献出版社（010）59367028
印　　装／天津千鹤文化传播有限公司

规　　格／开本：787mm×1092mm　1/16
　　　　　印张：20.25　字数：305 千字
版　　次／2025 年 3 月第 1 版　2025 年 3 月第 1 次印刷
书　　号／ISBN 978-7-5228-5084-9
定　　价／168.00 元

读者服务电话：4008918866

主要编撰者简介

闫相斌　北京科技大学教授、博士生导师，美国亚利桑那大学博士后、高级访问学者。兼任教育部高等学校管理科学与工程类专业教学指导委员会委员、北京科技大学钢铁生产制造执行系统技术教育部工程研究中心主任、中国系统工程学会副理事长、管理科学与工程学会常务理事、《系统工程理论与实践》副主编等。主持国家杰出青年科学基金、国家自然科学基金重点项目等各类科研项目 20 余项，在 *Information Systems Reasearch*、*Production and Operations Management*、*Journal of Management Information Systems*、《管理科学学报》、《中国管理科学》等刊物发表论文 100 余篇，出版专著 1 部，获省部级科技奖励 9 项、教学奖励 1 项。

张建良　北京科技大学教授、博士生导师，冶金与生态工程学院院长，全国优秀科技工作者，享受国务院政府特殊津贴专家。长期从事炼铁过程优化、氢冶金与低碳冶金、非高炉炼铁和资源综合利用等方面的研究。近年来，主持 200 余项科研项目，荣获国家科学技术进步奖二等奖 1 项，省部级科技奖励 25 项。在国内外发表文章 300 余篇，获得专利 40 余项，出版专著 12 部。

李毅仁　教授级高级工程师、教授级高级经济师，现任河钢集团副总经理，河钢研发中心主任，世界钢铁发展研究院副院长。长期从事钢铁行业战略研究和企业管理工作，主持河钢集团"十三五"规划、"十四五"规划编制工作，在钢铁企业数字化转型、绿色低碳发展等方面形成系统性的管理与技术体系，荣获省部级以上企业管理现代化创新成果奖 15 项。主持多项国家重点研发计划等项目，获得省部级以上科技奖励 5 项，申请专利 30 余项，发表论文 20 余篇，参编著作 4 部。

谷 炜 北京科技大学教授、博士生导师，经济管理学院院长，国家重大人才工程入选者。主要研究领域为数据驱动的决策与优化、机器学习和因果推断、智慧医疗健康管理、电子商务与商务智能等。先后主持国家自然科学基金项目、国家社会科学基金项目、省部级科研项目及企业委托研究项目等 20 余项；在 *Production and Operations Management*、*European Journal of Osteopathic Research*、*Internation Journal of Production Economics*、*Transportation Research Part E：Logistics and Transportation Review*、《管理科学学报》、《系统工程理论与实践》、《中国管理科学》等国内外高水平期刊发表论文 50 余篇，申请发明专利 4 项、软件著作权 7 项，出版专著、教材 6 部。获省部级科技进步二等奖 4 项，获 Conference on Information Systems and Technology 2024 Runner-up of the Best Paper Award、中国青少年科技创新奖等。兼任管理科学与工程学会理事，管理科学与工程学会预测与评价分会副主任委员、秘书长，中国管理现代化研究会理事，中国信息经济学会常务理事，中国系统工程学会青年工作委员会委员等。

冯 梅 北京科技大学教授、博士生导师，经济管理学院应用经济系主任。主要研究领域为资源环境经济与可持续发展、数字经济与现代产业体系、公司治理与企业社会责任等。先后主持国家社会科学基金项目、北京市社会科学基金决策咨询重点项目等 20 余项；在《管理世界》《管理学报》等国内外刊物发表论文近百篇。兼任中国管理现代化研究会管理案例研究专业委员会委员、中国管理案例共享中心专家委员会委员等。

摘　要

新质生产力是创新起主导作用，摆脱传统经济增长方式、生产力发展路径，具有高科技、高效能、高质量特征，符合新发展理念的先进生产力质态。"传统产业改造升级，也能发展新质生产力"的论断为钢铁这一支柱型传统产业的发展指明了方向。2023 年，中国钢铁产业的生产经营总体上保持平稳。全年粗钢产量达到 10.19 亿吨，年末钢材库存量较上年同期有所下降，特别是重点企业钢材库存量同比下降 5.3%。在投资方面，节能环保和工艺改进类投资成为主流，引领产业发展方向。同时，环保水平持续提升，已有 116 家钢铁企业完成超低排放改造和评估监测工作。两化融合程度进一步加深，90% 的钢铁企业建立了生产制造执行及能源管控系统，并且《钢铁行业智能制造标准体系建设指南（2023 版）》的发布进一步推动钢铁产业智能制造水平提升。此外，首钢集团、鞍山钢铁集团有限公司等企业在新产品研发方面取得重大突破，冶金科学技术奖申报单位数量创历史新高。当前钢铁产业进入减量发展、存量优化阶段，发展新质生产力，既立足当前，又放眼未来，是切实有效的高质量发展道路。围绕钢铁产业发展新质生产力，北京科技大学和世界钢铁发展研究院组织编写《中国钢铁产业发展报告（2024）》，全书分为总报告、高科技篇、高效能篇、高质量篇和案例篇 5 个部分，从多个角度描述中国钢铁产业的发展状况，分析钢铁产业发展新质生产力的潜力。

本书的总报告对钢铁产业新质生产力的发展情况进行系统梳理，概述钢铁产业在高科技、高效能、高质量方面的发展态势。高科技篇深入探讨了钢铁产业中氢冶金、低碳冶金、洁净钢冶炼、薄带铸轧和无头轧制等先进工艺

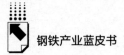
技术的发展现状，建议钢铁企业增加研发投入，特别在氢冶金和低碳冶金方面加强技术创新，继而分析了钢铁产业智能制造的五大核心技术及其应用现状，并探讨了智能制造对钢铁产业生产效率、资源利用、环保效益等方面的影响。最后通过分析典型应用案例，揭示了钢铁产业智能管理的现状和存在的问题，并从智能质量、智能能源、智能碳、智能人力和智能库存管理5个方面，探讨了改进方向。高效能篇首先从生产、消费和贸易3个方面分析中国钢铁行业节能降碳的进展，然后总结了中国钢铁企业碳排放强度的影响因素。基于数据包络分析法测度2006~2021年27个省（区、市）钢铁行业绿色全要素生产率，研究绿色全要素生产率的主要影响因素。高质量篇首先围绕产业集中度、集团化布局和区域集聚探讨了钢铁产业结构布局的优化情况，再聚焦钢铁产业资源保障的高质量发展，通过定量分析与案例研究，分析了钢铁产业通过资源多元化和供应链升级保障资源供应和提高产业竞争力的情况，最后阐述了提升钢铁产业供给质量的重要性，指出技术创新、产品结构优化、资源利用效率提升及环保措施加强是实现高质量发展的关键路径。案例篇以酒钢集团为案例，介绍了其厚植生态底色，推进绿色转型，发展绿色生产力的相关情况。

当前钢铁产业正迈入新一轮调整周期，发展环境发生显著变化，阻碍行业进步的根本性问题仍未得到有效解决，需要新理念、新思维和新举措，发展新质生产力则成为钢铁产业克服困难和应对挑战的重要着力点。本书通过定性与定量相结合的方法，对钢铁产业发展新质生产力的最新情况进行了分析，希望为钢铁产业发展提供一定的参考与借鉴，不断塑造发展新动能、新优势，促进钢铁产业生产力实现新的跃升。

关键词： 钢铁产业 新质生产力 高科技 高效能 高质量

目　录 ⟥

Ⅰ　总报告

Ⅱ　高科技篇

Ⅲ　高效能篇

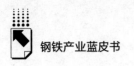

Ⅳ 高质量篇

Ⅴ 案例篇

皮书数据库阅读**使用指南**

总报告

B.1
关于钢铁产业发展新质生产力的思考

张建良　闫相斌　谷炜　冯梅*

摘　要： 新质生产力具有高科技、高效能、高质量特征，是摆脱传统经济增长方式、生产力发展路径的先进生产力质态。传统产业能够通过转型升级成为发展新质生产力的主阵地。钢铁产业作为支撑国民经济的传统支柱产业，积极适应市场、主动对接需求、调整品种结构、加强对标挖潜，具有高科技、高效能、高质量特征，在持续推动新质生产力发展方面潜力巨大。在转型升级的关键期，钢铁产业应将发展新质生产力、推进产业高质量发展作为重点工作，加快形成以创新为驱动，以质优为关键，以高端化、智能化、绿色化为重要组成的先进生产力，不断塑造发展新动能、新优势，促进生产

* 张建良，博士，北京科技大学冶金与生态工程学院院长、教授，博士生导师，研究方向为低碳炼铁与氢冶金、炼铁过程优化控制、炼铁资源高效利用及质量评价等；闫相斌，北京科技大学教授，博士生导师，研究方向为商务智能与数据分析、钢铁产业数智化与绿色低碳发展、评价理论等；谷炜，北京科技大学经济管理学院院长、教授，博士生导师，研究方向为数据驱动的决策与优化、机器学习和因果推断、智慧医疗健康管理、电子商务与商务智能等；冯梅，博士，北京科技大学经济管理学院应用经济系主任、教授，博士生导师，研究方向为工业经济、产业政策评价、资源环境管理。

力实现新的跃升。

关键词： 钢铁产业　新质生产力　高质量发展

一　引言

产业是生产力变革的直观体现。作为夯实现代化产业体系基底的重要支撑，传统产业通过转型升级成为发展新质生产力的主阵地。因此，应有效协调传统生产力与新质生产力，重视对传统产业的改造升级，加强与新兴产业、未来产业的衔接。

钢铁产业是支撑国民经济的传统支柱产业，不仅为现代化强国建设奠定了坚实的物质基础，而且在推动绿色低碳发展的进程中发挥举足轻重的作用。过去数年，中国钢铁产业深入推进供给侧结构性改革，既为钢铁产业自身的发展注入了新的活力，也为整个经济社会的健康发展提供有力的支撑。总体而言，中国钢铁产业仍面临若干挑战，高质量发展的成效有待进一步提升：产能过剩问题依然严峻，这在一定程度上限制了产业的可持续发展；产业的安全保障能力不足，在市场波动和外部冲击面前尤为明显；绿色低碳发展水平有待提高，与真正实现绿色低碳转型有一段距离；产业集中度偏低，导致资源配置效率不高，影响整个产业的竞争力。而新质生产力具有的高科技、高效能、高质量特征，成为钢铁等传统产业转型升级的关键驱动力。在高科技方面，钢铁产业应以创新驱动为引领，加强工艺技术的基础研究和应用研究，突破一系列智能制造的关键共性技术。在高效能方面，钢铁产业应深入推进绿色低碳发展，全面推动超低排放改造，提高资源综合利用效率。而高质量既是钢铁产业发展的出发点，也是落脚点，应继续提高钢铁产业集中度，持续增强资源保障能力，提升供给质量。

总之，钢铁作为"工业粮食"，同时作为应用范围最广的金属材料，支撑众多下游产业发展，是国民经济的基础性产业和实体经济的重要根基。钢铁产业应以高科技、高效能、高质量为导向，持续推动新质生产力发展，从而为畅通国内循环、服务国家发展做出示范。

二　钢铁产业的高科技发展情况

新一轮的产业革命以科技创新为先导，正引发经济结构的深刻转型和增长动力的更新换代，对人类社会的生产方式和生活方式产生深远影响。发展新质生产力不仅是传统生产力转型升级、推动高质量发展的内在需求，也是顺应时代潮流、引领产业革命的必然趋势。目前，中国在科技自主创新方面已经取得显著的成就，带动了生产力的发展。同时，产业革命的演进，不仅深刻体现在新兴产业的蓬勃发展上，更体现在新技术的持续扩散对生产方式的革新。特别是具有广泛适用性的通用技术，为传统产业发展注入新的活力，实现产业的转型升级。因此，新技术不仅催生了新产业，形成新的生产力，而且对传统产业进行了创造性转化。总之，新技术的持续扩散和广泛应用正在深刻改变传统产业的面貌，推动产业转型升级。

钢铁产业作为典型的传统产业，始终秉承创新发展的理念，致力于在新质生产力的发展道路上进行深入探索与积极实践。近年来，钢铁产业在研发方面的投入力度持续加大，提升了产品的质量和性能，市场竞争力得到显著增强，在新质生产力的高科技领域结出丰硕的果实。当前，中国钢铁产业已构建起全球规模最大、技术先进的现代化钢铁生产体系，配备世界领先的冶金装备，主要生产工序装备国产化率达到95%以上，还积极研发应用世界前沿的冶炼技术，超薄手撕钢、高强度船舰用钢、精密笔尖钢等领域成功打破国外长期垄断。自2001年以来，钢铁产业在冶金科学技术奖的申报工作中，不断刷新纪录，申报单位数量及申报项目数量持续攀升，累计表彰项目已达1862个，展现出良好的发展态势，助推中国钢铁产业在国际舞台上崭露头角，不仅显著提升了中国钢铁产业的整体竞争力，而且为全球冶金科技

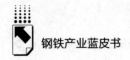
的进步贡献"中国智慧"与"中国力量"。以南京钢铁为例，其专注于技术创新，致力于产业升级，加速推动钢铁这一传统产业的迭代更新，提升产业发展能级，不断壮大新质生产力，连续多年保持3%以上的研发投入，建立45个高端研发平台，有超过150种产品达到国际领先或先进水平。

钢铁产业正通过深入推动数智化转型，发展新质生产力。数智技术将各种信息转化为可度量和可分析的数据集，进而转化为新的生产要素，成为推动产业转型发展的重要力量。特别是在钢铁产业中，数智化的应用场景丰富，拥有海量的数据信息，这使得钢铁产业在实施数智化转型方面具有天然优势。钢铁的生产制造过程十分复杂，涉及多个环节和工序，因此，采用数智技术赋能生产，提高生产效率和质量，显得尤为重要。中国钢铁企业积极拥抱大数据分析、物联网、人工智能等前沿技术，全面实现主要生产工序的数字化，智能化水平也在全球范围内位居前列。中国钢铁企业广泛采用自动化设备和机器人技术，显著提升生产线的灵活性和生产效率，深度融合人工智能技术，通过数据分析和预测，优化生产调度和质量控制，显著提高生产效率和产品质量，与供应商、客户之间实现快速信息共享和协同，构建更加高效的供应链体系。截至2022年底，中国钢铁企业机器人应用密度已达到平均每万人54台（套），90.0%的钢铁企业已建立生产制造执行系统、能源管理系统和环保监测系统，79.6%的钢铁企业正积极探索大数据模型，这一系列成果表明中国钢铁产业在数智化发展道路上迈出坚定步伐。

三 钢铁产业的高效能发展情况

新质生产力通过生产要素的创新性配置，提升要素组合效能与生产力水平。回顾生产力的发展历程，每一次生产力的飞跃都伴随生产要素的变化。生产要素的优化配置，首先体现在要素投入与产出数量关系上，这包括生产资料与劳动力的科学配置、生产过程中生产资料的节约利用，以及高素质劳动力与优质生产资料的有机结合；其次体现在基本要素技术结合方式上，从分工协作到机器大工业，每一次基本要素技术结合方式的进步都对生产力的发展产生深远影响。生产要素创新性配置赋能传统产业转型升级，通过提供更有效的新质要素配置方案，提高全要素生产率。

钢铁产业作为传统产业，在坚持总量控制的原则下，深化要素配置改革，通过加强成本控制，深度挖潜对标，精准靶向提效，着力破解生产管理的突出矛盾，提高全要素生产率，将"外延型"增长方式转变为"内涵型"，发展新质生产力，夯实高质量发展的基础。钢铁产业正积极推进供给侧结构性改革，加速淘汰落后产能，以提升产业整体竞争力和可持续发展能力。据官方统计数据，2023 年全国重点大中型钢铁企业的平均吨钢综合能耗（标准煤）为 558.3 千克，与 2017 年相比下降 2.1%，与 2012 年相比下降 7.4%，焦化等主要生产工序的能耗持续下降。同时，钢铁产业的二次能源回收利用效率显著提升。2023 年，余热余能自发电比例提高至约 56%，与 2017 年相比提高 11 个百分点，与 2012 年相比提高 21 个百分点。余热余能发电机组，尤其是煤气锅炉发电技术近年来迅速发展，参数由原来的中温中压提升至目前的亚临界参数机组，高炉煤气单耗由 5 米^3/千瓦时降至 2.5 米^3/千瓦时，先进机组的热效率达到 44%。在焦化领域，已运行的焦化干熄焦装置超过 330 套，重点大中型钢铁企业的干熄焦配备率超过 93%，焦炉上升管余热回收技术也得到迅速推广。在高炉方面，TRT（BPRT）配备率超过 99%，烧结余热回收利用技术、饱和蒸汽发电技术等已达到世界领先水平。先进技术的应用不仅提高了能源利用效率，还为钢铁产业的绿色发展提供了有力支持。

钢铁产业正通过能效标杆工程，擦亮新质生产力的底色，增强高质量发展新动能。首钢京唐持续深化能源综合管理，从"节能"转变为"合理用能"，在培育期内规划并实施了 15 项节能降碳项目，不断推进高炉工序采用热风炉外均压技术、大球比、高富氧冶炼技术，在焦化工序中应用凝结水回收技术、蒸汽乏汽回收技术，在转炉工序采用汽化系统保温改造、转炉智能炼钢等先进技术。目前，三大主要工序的能耗已全面达到标杆水平。在能源利用方面，首钢京唐以海水淡化为核心，将发电系统串联起来，与盐碱化工协同作业，构建了高效循环利用系统，使得燃气—蒸汽联合循环发电效率提升至47.0%，综合热效率提升至81.5%，显著降低了二氧化碳排放量。在能效标杆培育期间，宁波钢铁按照极致能效提升的六大路径，对余热余能资源进行充分利用，实现转炉煤气、蒸汽的极致回收；全面推进超一级能效智慧空压站建设；充分开发和利用太阳能、生物质能，提高可再生能源在能源结构中的比例，有效推动宁波钢铁能源结构和原料结构持续优化，不断提升管理水平和技术水平。

四　钢铁产业的高质量发展情况

相较于传统生产力，新质生产力首先以"新"为特征，代表对传统生产方式的深刻变革与颠覆，体现生产力未来发展的趋势；其次在于"质"，意味着生产力水平的显著提升与质的飞跃，这不仅体现了从"量"的积累向"质"的突破的转变，还与新时代的发展理念相契合。发展新质生产力本质上是对生产力发展规律的深入探寻与精准掌握，它要求在生产关系的调整与变革中寻求突破，推动劳动者、劳动资料、劳动对象的结构优化，为最终实现高质量发展奠定坚实基础。

钢铁产业以推动高质量发展为主题，促进生产力跃升。钢铁产业集中度得到明显提升：2023年，鞍钢集团对凌源钢铁集团的参股，对规范辽宁省乃至东北地区的市场秩序有重要意义，进一步巩固了"南有宝武、北有鞍钢"的钢铁产业格局，有利于鞍钢集团更好地发挥其在钢铁产业中的领导作用，推动整个产业的健康发展；南钢集团正式并入中信泰富特钢板块，通过资源整合和优化配置，南钢集团与中信泰富特钢板块将共同打造一个年产量3000万吨级的专业化特钢"航母"，提升整体竞争力；建龙集团重整西宁特钢取得显著进展，不仅强化了区域协同效应，还有助于建龙集团在钢铁产业中占据更有利的竞争地位，进一步提升其市场份额和盈利能力；中国宝武集团战略投资山钢集团，有助于释放区域协同效应，实现资源共享和优势互补。2024年10月，中国钢铁工业协会表示将加快产能治理和联合重组的步伐。新一轮的兼并重组不仅有助于解决产业内卷的问题，而且通过提高产业集中度，实现协同发展。

钢铁产业的资源保障状况已得到显著改善。国内铁矿的产能、规模以及集约化水平均实现大幅提升，海外矿产资源的进口渠道也趋于多元化。相关部门持续优化矿产资源管理制度和政策，加快项目的审批进程。例如，鞍钢集团西鞍山铁矿项目，作为国内最大的千万吨级单体地下铁矿山，刷新了国内新建大型矿山要件办理时间最快的纪录，预计建成后铁精矿年生产规模将达到 1000 万吨。在"两个市场、两种资源"的统筹利用方面，几内亚西芒杜铁矿项目和塞拉利昂新唐克里里铁矿二期工程项目正稳步推进。

钢铁产业的供给质量持续得到提升，产品品种不断丰富，产品质量不断提升，为下游制造业发展新质生产力提供强有力的支撑。河钢集团作为中国第二大汽车用钢制造商，已成功实现汽车用钢产品的全覆盖，能够为汽车制造商提供全方位的汽车用钢解决方案，并积极推动钢铁原材料、半成品向成品、零部件级材料转变，实现从传统的"结构属性"钢铁向"功能属性"材料的转变。太钢集团成功研发了一系列针对高铬铁素体不锈钢稳定生产的新技术，并攻克相关产品热处理及酸洗技术难题，填补了国内在此领域的技术空白。山东钢铁集团日照钢铁有限公司超大宽厚比薄规格中厚板高效产线填补国际空白，其突破了进口装备 4 毫米的设计极限，采用节约减量化工艺。钢铁企业正不断通过提高供给质量，发展新质生产力。

五　研究结论

生产力是推动社会进步最活跃、最革命的要素，总是遵循先进取代落后的规律。与传统生产力相比，新质生产力不仅体现在"量"的提高上，更体现在"质"的提升上。发展生产力，必须遵循客观经济规律，有效把握产业交替演进的内在逻辑，根据发展实情制定发展策略，实现生产力的精准化发展。同时，应积极发挥主观能动性，具体情况具体分析，勇于探寻适合的发展模式，走出一条符合实际的高质量发展之路。中国的传统产业具备较为深厚的历史积淀，有着成熟的工艺体系，是中国产业构成的基本盘。在要素成本上升、资源约束趋紧等背景下，传统产业只有走深度转型升级之路，催生新质生产力，才能重塑竞争新优势。

　　钢铁产业链条长、覆盖面广，从上游的原料供应到下游的加工制造，形成庞大的产业规模，是国民经济的基础性产业和实体经济的重要根基，推动现代化强国建设。因此，经过技术改造的钢铁产业将成为发展新质生产力的主阵地。此外，钢铁作为一种关键材料，与新兴产业之间存在紧密联系。一方面，钢铁产业的改造升级为新兴产业的发展提供了市场；另一方面，钢铁产业能够为新兴产业发展提供支持。同时，在钢铁消费有效需求增长潜力不足，资源、能源和生态环境约束趋紧的背景下，钢铁产业发展面临新挑战。解决钢铁产业发展问题、促进钢铁产业高质量发展，需要有新理念、新思维和新举措，发展新质生产力成为钢铁产业高质量发展新的重要着力点。近年来，钢铁产业在高端化、智能化、绿色化方面持续发力，为发展新质生产力奠定了坚实的基础。当前，中国钢铁产业正处于转型升级关键期，一系列新情况、新变化、新挑战不断出现，以发展新质生产力为抓手，在沉着应变中锻炼能力、增强韧性、孕育新机，成为钢铁产业增强新动能新优势，实现高质量发展的必由之路。因此，应继续做好以下几方面工作。第一，突出创新驱动引领，围绕洁净钢冶炼、高效轧制等关键共性技术开展研究，推动钢铁产业与新技术、新业态融合创新，力争在设备、技术、产品开发多领域实现突破性技术革新，填补国内用钢空白，推动产业链协同创新，开展原材料工业先进适用低碳技术遴选、材料领域前沿技术体系战略研究。第二，深入推进供给侧结构性改革，努力化解钢铁产业总供给能力充裕而需求强度减弱的主要矛盾，通过积极实施区域自律、品种自律和出口自律，探索建立新的供需动态平衡机制，加强产业内运行监测分析，引导企业优化品种结构，合理规划生产节奏，避免"内卷式"恶性竞争。第三，坚持绿色低碳发展，加速推广氢冶炼等低碳前沿技术应用，积极发展新型电炉装备，有序引导电炉炼钢发展，持续开展钢铁极致能效工程能效标杆三年行动，深化数据基础研究，不断完善钢铁全产业链环境产品声明平台建设，扩大产品类别和覆盖范围，跟踪钢铁产业纳入碳市场相关政策标准研究工作，为低碳技术的储备做好准备。第四，推进钢铁产业数智化转型走深向实，深化钢铁行业数字化转型推进中心工作，促进数智化转型工程建设迈入新阶段，开展数智化转型场景和智能制造解决方案征集活动，启动数智化转型标杆示范培育工作，鼓励钢铁企业发布人工智能大模型，打造传统产业与智能制造融合发展典范。第五，加强国际合作与交流，充分利用高质量共建"一带一路"机遇，提升钢铁产业国际化程度，强化国际信息沟通与服务能力，密切关注国际钢铁行业新趋势，积极参与全球钢铁产业会议，塑造中国钢铁产业积极形象。总之，钢铁产业应深刻认识到发展新质生产力是高质量发展的根本出路，应加快形成以创新为特点，以质优为关键，以高端化、智能化、绿色化为重要组成的先进生产力。

参考文献

黄群慧、盛方富：《新质生产力系统：要素特质、结构承载与功能取向》，《改革》2024 年第 2 期。

刘伟：《科学认识与切实发展新质生产力》，《经济研究》2024 年第 3 期。

任保平：《生产力现代化转型形成新质生产力的逻辑》，《经济研究》2024 年第 3 期。

石虹、佘少龙：《数据要素集聚如何驱动企业新质生产力发展？》，《技术经济》2024 年第 12 期。

胡博成：《以科技体制改革赋能新质生产力发展的逻辑理路》，《现代经济探讨》2025 年第 1 期。

张学文等：《工业互联网平台赋能新质生产力的理论逻辑与实现路径：以河钢集团为例》，《技术经济》2024 年第 11 期。

任继球：《"双碳"目标下钢铁产业压力挑战与发展建议》，《宏观经济管理》2023 年第 3 期。

高科技篇

B.2

钢铁产业先进工艺技术的发展现状

葛泽慧 孙小杰 谷 炜*

摘 要： 随着环境保护和气候变化问题日益受到全球关注，钢铁产业亟须实现生产技术的绿色转型。本报告深入探讨了钢铁产业中一系列先进工艺技术的发展现状，包括氢冶金、低碳冶金、洁净钢冶炼、薄带铸轧以及无头轧制等。分析了高炉富氢冶炼工艺和全氢直接还原工艺的应用情况，并分析了氢冶金技术发展过程中存在的问题，如成本高、基础设施不完善等。同时，本报告讨论了低碳冶金技术，包括碳捕集、利用与封存技术，电炉短流程炼钢技术，以及废热回收与资源再利用，并探讨了降低能耗和减少二氧化碳排放的相关内容。洁净钢冶炼技术的研究集中在预处理、夹杂物控制方面。此外，本报告研究了薄带双辊铸轧技术、厚度和板形控制

---

* 葛泽慧，管理学博士，北京科技大学经济管理学院副教授、博士生导师，研究方向为技术创新、生产运营、供应链、企业竞合等；孙小杰，北京科技大学经济管理学院博士研究生，研究方向为产业经济学、技术创新等；谷炜，北京科技大学经济管理学院院长、教授，博士生导师，研究方向为数据驱动的决策与优化、机器学习和因果推断、智慧医疗健康管理、电子商务与商务智能等。

技术的应用情况，并指出工艺稳定性和产品质量方面面临的挑战。无头轧制技术部分则围绕连铸机与轧机的协同工作、ESP 产线的应用展开，并分析了生产可控性和生产工艺刚性等关键问题。研究结果表明，这些技术在提高生产效率、降低环境影响等方面发挥重要作用，但仍面临技术成熟度、成本效益和操作复杂性等方面的挑战。因此，建议钢铁企业加大研发投入，推动技术创新，特别是氢冶金技术和低碳冶金技术。同时，钢铁企业应关注工艺技术的交叉融合，提高生产过程的自动化和信息化水平。此外，加强国际合作和技术交流，以促进钢铁产业的绿色转型和可持续发展。这些研究结果对指导钢铁企业的技术升级和战略规划具有重要的参考价值。

关键词： 钢铁产业　先进工艺　技术升级

一　引言

随着中国重工业的迅速发展，钢铁、建筑、石油、化工、有色金属和电力六大行业的能源消耗已占国家工业能源消费总量的 70% 左右。其中，钢铁产业不仅是全球工业的支柱，更是支撑国民经济和基础设施建设的关键。然而，这一产业同时是高能耗、高排放的代表，其能源消耗占国内总能耗的比重约为 16%。此外，钢铁行业的二氧化碳排放量占全球工业排放的 25%，是全球碳排放最高的行业之一。2023 年，全球平均大气二氧化碳浓度达到历史新高，这将加剧全球气候变暖和极端天气，威胁人类生存，甚至可能引发全球性灾难。

过去十年，全球钢铁产业经历了显著增长，中国作为全球钢铁行业的"领头羊"，2023 年粗钢产量达到 10.19 亿吨，占全球总产量的一半以上，如图 1 所示。然而，伴随钢铁产业的高速发展，环境问题愈加凸显。面对全球环境保护和可持续发展的迫切需求，钢铁行业正经历前所未有的挑战与转型压力。随着各国纷纷设立碳减排目标，中国也提出"双碳"目标，要求在2030年实现碳达峰，2060年实现碳中和。这一目标意味着在未来几十年内，钢铁行业必须大幅降低碳排放，减少对环境的负面影响。为实现这一目标，传统的高污染、高能耗工艺显然已无法满足需求，推动钢铁行业向低碳、高效的方向发展势在必行。

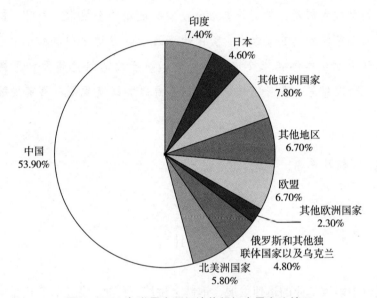

图1　2023年世界主要经济体粗钢产量占比情况

资料来源：世界钢铁协会。

因此，近年来中国钢铁产业的发展不再仅追求产量的增加，更注重绿色和低碳生产。为此，中国钢铁行业在技术创新方面投入巨大，积极探索包括氢能炼钢、洁净钢冶炼、薄带铸轧和无头轧制等低碳冶金技术，以减少对传统化石燃料的依赖、降低碳排放。如图2所示，中国钢铁产业的专利数量显著增长，显示出其在低碳技术方面取得积极进展。这些技术的探索与应用不仅推动行业的绿色转型，也有助于提升钢铁产业的技术水平。预计到2050年，废钢炼钢将占中国钢铁总产量的60%，进一步推动钢铁产业的可持续发展。

然而，目前针对先进工艺技术的研究主要集中于冶金过程中的参数优化

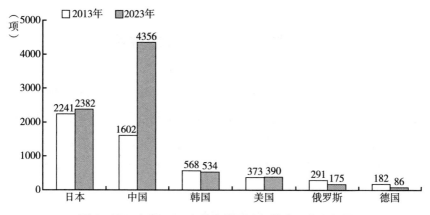

图2 2013年和2023年代表性国家钢铁产业专利数量

资料来源：使用大为（INNOJOY）数据库，分别检索2013年和2023年公告的专利数据（检索日期2024年10月22日）。根据国家知识产权局2018年发布的《国际专利分类与国民经济行业分类参照关系表（2018）》确定检索IPC号，包括C21B11、B21D22、B21J11、B21J5、B21K9、F16L9/02、F16S1、C21C7等29个大类或小类号，检索关键字包括black metal、iron、alloy、steel。

和排放控制，涉及全产业链应用的研究较少。因此，如何将这些先进工艺技术真正融入产业链，用以替代传统的"高碳炼钢"模式，并进一步推进新一代近零碳绿色钢铁生产流程，已成为推动钢铁工业绿色高质量发展的重要课题。

本报告将综合分析钢铁产业先进工艺技术的发展现状，重点探讨氢冶金、低碳冶金、洁净钢冶炼、薄带铸轧及无头轧制等技术的最新进展与应用情况，同时指明新一代绿色近零碳钢铁生产技术的发展方向，以支持"双碳"目标的实现。

此外，本报告还将简要介绍钢铁产业技术发展的情况及面临的挑战，探讨发展先进工艺技术的必要性，为读者提供一个清晰的框架，引导他们深入了解钢铁产业先进工艺技术的最新进展。本报告通过分析这些技术在提升生产效率、降低能耗和减少环境影响等方面发挥的关键作用，为钢铁企业、政府决策者和研究机构提供宝贵参考，以推动钢铁产业朝着更加绿色、智能和可持续的方向发展。

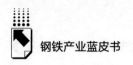

二 氢冶金技术的发展现状

在钢铁还原冶炼过程中，氢冶金技术主要以氢气为还原剂。相较于传统的碳冶金技术，氢冶金技术能够从源头减少二氧化碳排放，助力钢铁行业逐步摆脱对化石能源的依赖。在"双碳"目标的驱动下，氢冶金技术被视为钢铁行业迈向低碳发展的关键路径之一，其核心竞争力是"以氢代碳"的绿色低碳产业模式。

通过对应用氢气的钢铁冶金流程进行技术和经济评估发现，当采用氢气替代碳作为炼铁还原剂时，尽管生产成本上升 12.8%，但二氧化碳排放量降低 63.0%。除此之外，氢气直接还原炼铁的能量消耗与传统高炉炼铁接近，在电力成本低且碳排放要求严格的情况下，氢气直接还原炼铁工艺具有广阔的前景。

目前，氢冶金技术路径主要包括高炉富氢冶炼工艺和全氢直接还原工艺。高炉富氢冶炼工艺是对现有长流程工艺的改良，其减排潜力相对有限；而全氢直接还原工艺属于直接还原技术，无须经过炼焦、烧结、炼铁等环节，具有较大的减排潜力。对纯氢气炼铁的探索也在积极推进，相比于长流程工艺，该工艺下的二氧化碳排放将降低 98%。然而，受限于现有技术条件，该工艺无法大规模推广应用，主要原因在于其成本较高。接下来，本节将介绍这两种工艺的实践案例，以及目前氢冶金技术发展过程中存在的问题。

（一）高炉富氢冶炼工艺的应用

高炉富氢冶炼工艺作为减少碳排放的重要技术，已在全球范围内引起广泛关注并取得了积极进展。其中，河钢集团有限公司的氢冶金示范工程成为全球首例富氢气体（焦炉煤气）零重整竖炉直接还原示范项目。该工程利用焦炉煤气中 55%~65% 的氢气成分，在氢基竖炉内实现催化裂解，氢碳比达到 8：1。此外，示范工程的竖炉反应器经过优化设计，预留了绿氢切换功能，为未来的全氢冶炼奠定基础。

与此同时，宝钢集团新疆八一钢铁有限公司的富氢碳循环高炉技术试验成功，将脱碳处理后的煤气接入高炉，固体燃料消耗降低超过 30%，碳减排超过 21%。此外，上海大学与昌黎县兴国精密机件有限公司成功开发以纯氢为喷吹气源的高炉富氢冶炼技术，使焦比降低 10% 以上、二氧化碳排放减少 10% 以上及铁产量增加 13% 以上。

在国际上，高炉富氢冶炼工艺取得很大进展。例如，日本的 COURSE50 项目探索富氢高炉还原与二氧化碳捕集相结合的方法，目前已实现 10% 的二氧化碳减排，并计划在 2030 年前将高炉炼铁的二氧化碳排放量减少 30%。在德国，蒂森克虏伯集团进行的高炉喷氢试验显示，每吨铁的氢气消耗量为 11.7 千克，二氧化碳排放量减少 19%，预计 2025 年将在杜伊斯堡建设一座新型直接还原铁厂。

这些案例表明，氢冶金技术不仅具备降低碳排放的潜力，还为钢铁行业的可持续发展提供了新思路。

（二）全氢直接还原工艺的应用

全氢直接还原工艺作为钢铁行业深度脱碳的重要技术路径，使用纯氢气作为还原剂，能够将铁矿石直接还原为金属铁，具有巨大的减排潜力。国内外，多个项目正在积极推进这一技术，以实现钢铁生产的低碳化。

瑞典的 HYBRIT 项目是一个以无化石能源和氢气直接还原铁矿石为基础的创新项目。该项目通过无化石电力电解水产生氢气，与铁矿石中的氧反应，形成金属铁和水蒸气。HYBRIT 项目已完成中试，成功生产出 100 吨海绵铁，并计划到 2045 年实现完全无化石燃料的钢铁生产。

此外，萨尔茨吉特的 SALCOS 项目致力于推广"氢气竖炉 DRI+绿电电炉"工艺，目标是在 2050 年前实现全氢冶炼。该项目旨在通过使用氢气作为还原剂，进一步减少钢铁生产过程中的碳排放。

山西中晋科技有限公司的氢基直接还原铁项目取得显著进展，突破焦炉煤气改质的关键技术，特别是在低压深度脱硫净化方面取得重大技术突破。

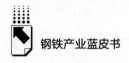

中晋冶金科技有限公司则在山西省左权县启动气基竖炉直接还原铁工业化试验装置，成功投产并产出全铁率（TFe）92%以上的直接还原铁。

这些案例展示了全氢直接还原工艺在全球范围内的发展潜力，标志着钢铁行业向低碳发展迈出坚实步伐。

（三）氢冶金技术发展过程中存在的问题

尽管氢冶金技术已取得显著的经济和社会效益，并展现出广阔的发展前景，但在实际应用中仍面临一些亟待解决的问题。

1. 绿氢制备能力有限

在钢铁行业的低碳转型过程中，实现低成本的绿氢生产是一大挑战。绿氢作为清洁能源的代表，主要通过可再生能源电解水制取。图3和图4展示了中国在氢气生产和加氢站规模方面的现状。中国氢气产量占全球总量的30%以上。然而，与国际先进水平相比，中国在绿氢生产能力上仍有较大的提升空间。图3显示，目前工业生产主要依赖煤制氢，但随着环保意识的提升和技术进步，绿氢正逐渐成为工业用氢的未来方向。

如何低成本获取氢气，特别是绿氢，已成为钢铁行业乃至全球共同面临的技术难题。当前，全球绿氢生产的主要路径为利用可再生能源和核能进行水电解。随着氢冶金技术与绿氢制备技术的发展，钢铁行业内的副产氢气，特别是焦炉煤气等灰氢资源成为关键的氢气来源。

2. 工艺技术要求高

在实现低碳氢冶金工业化方面，钢铁行业仍需实现技术突破。无论是高炉富氢冶炼工艺还是全氢直接还原工艺都面临一系列技术难题，包括炉料烧结、热量损失、设备腐蚀，以及温度控制和氢气利用效率等问题。尽管氢气直接还原技术被视为一种有前景的解决方案，但在短期内，提升经济可行性、工艺效率和降低产品碳含量依然是亟待解决的关键问题。

3. 投资成本高

绿氢制备设备成本高昂，1000 米³/小时的碱性电解槽价格为 600 万~800 万元，而建设一座百万吨级氢冶金工厂，仅制氢设备投资就需要 2700

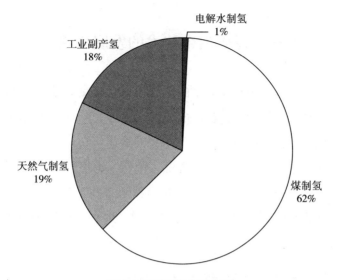

图 3　中国氢气主要来源

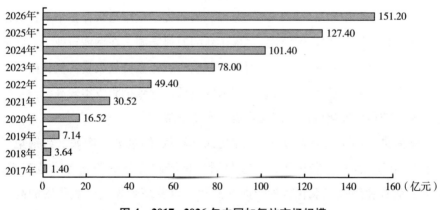

图 4　2017~2026 年中国加氢站市场规模

说明：2024~2026 年数据为预测值。
资料来源：《2023 中国氢能产业－氢应用环节深度研究报告》。

万元。此外，氢基直接还原的核心设备依赖进口，购置设备需要大量资金，中小企业难以参与。为提高氢冶金技术的经济性，需降低绿氢成本、提升制氢技术水平。然而，目前市场期望的价格与绿氢实际成本差距较大，这在一定程度上影响了企业采用氢冶金技术的积极性。

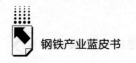

三 低碳冶金技术的发展现状

低碳冶金技术是一类旨在减少碳排放和降低能源消耗的新型冶金技术。这些技术通过降低传统冶金过程中的二氧化碳排放量并提高资源利用效率，形成更加环保和可持续的生产模式。

综合考虑成本、技术成熟度及资源可用性，本报告认为可以减少需求、提升能效，以及加速碳捕集、利用与封存技术（CCUS），电炉短流程炼钢技术，废热回收与资源再利用技术的推广，是推动中国钢铁行业实现碳中和的关键手段。

（一）碳捕集、利用与封存技术的应用

碳捕集、利用与封存是一项重要的技术，涵盖从工业源头捕获二氧化碳，到运输、利用和最终封存的全过程。碳捕集、利用与封存技术不仅有助于减少温室气体，还能为工业生产提供新的原料来源。在钢铁行业中，碳捕集、利用与封存技术尤为重要，因为钢铁生产过程会排放大量二氧化碳。钢铁行业产生的烟气及尾气中二氧化碳浓度较低，导致捕集成本较高，但是随着技术进步和规模化应用，碳捕集成本有望下降。

碳捕集、利用与封存技术在国内已取得一定的进展。例如，河钢集团有限公司的碳捕集、利用与封存项目通过钢渣碳化与资源化等示范工程，展示了钢渣和烟气二氧化碳的协同资源化，以及高炉煤气二氧化碳的高效回收，同时探索了二氧化碳制备菌体蛋白的高价值利用路径。中国宝武钢铁集团有限公司建成全球首座 2500 立方米的富氢碳循环氧气高炉，采用全氧冶炼条件下的煤气自循环喷吹技术，这一重大技术突破不仅将产能提升 30%~40%，还减少了 30% 以上的化石燃料消耗和 20% 的二氧化碳排放。

这些项目不仅展示了中国钢铁企业在碳捕集、利用与封存技术方面的进步，也展示了中国在实现碳减排方面的决心。未来，随着技术成熟和成本降

低，碳捕集、利用与封存技术在钢铁行业及其他工业领域将得到更广泛的应用，有助于全球碳中和目标的实现。

（二）电炉短流程炼钢技术的应用

电炉短流程炼钢技术以电弧炉为核心设备，以废钢为主要原料，在节能环保方面具有显著优势。近年来，中国钢铁企业在该技术上取得显著进展。例如，马钢（集团）控股有限公司通过技术创新，引入电炉底吹控制系统，并开发了强化供氧和底吹搅拌复合吹炼技术，在提升生产效率的同时降低能耗。马钢（集团）控股有限公司探索电炉低碳冶金新技术，如焦炭替代造渣、氢基直接还原铁，以进一步减少碳排放。此外，江苏沙钢集团淮钢特钢股份有限公司通过设备升级改造，提高工艺装备的高端化、智能化和绿色化水平，新建的 80 吨量子电炉及配套环保设施显著提高了生产效率与环保水平。本钢板材股份有限公司则通过短流程工艺提升了生产效率和产品质量。

总体来看，电炉短流程炼钢技术的应用不仅助力中国钢铁工业实现绿色低碳发展，同时在生产效率和产品质量提升方面起到积极作用。随着技术进步和规模化应用，电炉短流程炼钢技术将在中国乃至全球钢铁产业中发挥重要作用。

（三）废热回收与资源再利用技术

钢铁行业通过废热回收与资源再利用技术有效地将生产过程中的废热转化为可用能源，如蒸汽或电力。废热回收与资源再利用技术不仅有助于降低能源消耗和生产成本，减少对外部能源的依赖，节省能源费用，还能减少温室气体排放和降低企业碳排放成本。例如，中国宝武钢铁集团有限公司在废热回收方面取得显著成果，开发了一系列先进技术，并将其应用于焦炉、电炉等高温废热的高效回收，同时在低温废热利用方面取得进展，并在宝山钢铁股份有限公司、广东省韶关钢铁集团有限公司等推广应用。尽管废热回收系统的安装需要一定的初期投资，并可能带来短期财务负担，但随着技术进步和规模化应用，成本逐步下降，长期经济效益凸显，企业可通过节能减排获得政府税收优惠和补贴，从而抵消初期投资。

随着低碳环保需求的增加，废钢资源作为绿色钢材生产的重要原料变得愈加重要。在全球范围内，为实现碳中和目标，钢铁行业不仅加大电炉投资，还逐步提升高炉废钢的使用比例。图 5 展示了中国、其他新兴经济体和发达经济体的废钢发生量。废钢供应的稳定性有待提升，特别是在自产废钢量和边角料废钢量减少的情况下。在中国废钢铁回收行业中，鞍钢集团有限公司、中国宝武钢铁集团有限公司、马钢（集团）控股有限公司、首钢集团有限公司和河钢集团有限公司等重点企业通过高效的废钢铁回收体系展示了其在资源回收和循环经济领域发挥的积极作用。表 1 展示了这些企业的废钢铁回收业务及其营收表现。这些企业通过建立完善的废钢铁采购、加工、配送体系，提升了资源利用效率，推动了循环经济发展。鞍钢集团有限公司和中国宝武钢铁集团有限公司的营收及研发投入数据也反映了它们对技术创新和资源回收的重视程度。废钢铁回收行业在市场需求的推动下，预计将保持增长态势，为钢铁工业的绿色转型和可持续发展做出更大贡献。

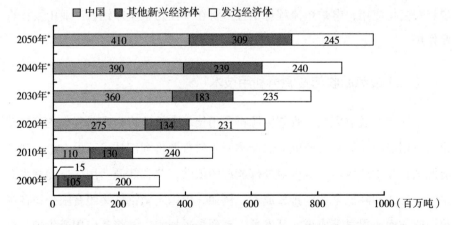

图 5　2020~2050 年中国、其他新兴经济体和发达经济体废钢发生量

说明：2030 年、2040 年和 2050 年数据均为预测值。

资料来源：日本铁源协会。

表1　2023年中国废钢行业上市公司废钢铁回收业务简介及公司营收表现

单位：亿元

企业名称	废钢铁回收业务简介	营业总收入	营业成本	研发费用
鞍钢集团有限公司	鞍钢集团有限公司在废钢铁回收方面取得显著成果。集团建立了完善的废钢铁采购、加工、配送体系，开展废钢铁回收、加工和利用业务	1135.0	1140.0	4.92
中国宝武钢铁集团有限公司	中国宝武钢铁集团有限公司在废钢铁回收方面取得了较好的业绩。集团通过建立废钢铁回收体系，开展废钢铁回收、加工和利用业务，提高资源利用效率，推动循环经济发展	3449.0	3231.0	34.19
马钢（集团）控股有限公司	马钢（集团）控股有限公司在废钢铁回收方面取得较大进展。集团通过开展废钢铁回收、加工和利用业务，提高资源利用效率，推动循环经济发展	989.4	973.1	12.31
首钢集团有限公司	首钢集团有限公司在废钢铁回收方面取得了较好的成果。集团通过建立废钢铁回收体系，开展废钢铁回收、加工和利用业务，提高资源利用效率	1138.0	1085.0	4.91
河钢集团有限公司	河钢集团有限公司在废钢铁回收方面取得较大进展。集团通过开展废钢铁回收、加工和利用业务，提高资源利用效率，推动循环经济发展	1227.0	1102.0	25.61

资料来源：公司年报，华经产业研究院整理。

（四）低碳冶金技术发展过程中存在的问题

尽管中国对低碳冶金技术进行了积极的探索，并取得了一定的实践成果，但在实际发展和应用中仍面临一些亟待解决的问题。

1.电弧炉炼钢智能化水平有待提升

电弧炉炼钢智能化水平仍有较大的提升空间。尽管电弧炉炼钢在节能减排方面具有显著优势，但其智能化控制亟待加强。目前，智能化控制主要集中在单一环节的监测和控制上，尚未实现全面分析、决策和控制。

2.低碳转型难度大

低碳转型的紧迫性十分突出，但实现低碳转型面临很多挑战。首先，高度依赖碳基燃料，高碳能源如煤炭、焦炭在高炉—转炉长流程中的占比高达90%；其次，中国粗钢产量占全球总量的一半以上，2021年占比高达53%；再次，具备冶炼能力的企业数量众多，但工艺结构和生产水平差异明显，技术水平参差不齐，大多数企业基础薄弱；最后，碳排放涉及多个复杂机制，包括能源燃烧、工业生产过程以及电力和热力消耗，这些问题都加大了低碳转型的难度。

为应对这些挑战，需要采取积极的措施。通过技术创新、政策支持和市场机制推动低碳冶金技术发展，从而助力冶金行业实现可持续发展。

四　洁净钢冶炼技术的发展现状

"洁净钢"概念最早由 Kiessling 在向英国钢铁学会所做的学术报告中提出，泛指氧、硫、磷、氢、氮、铅、砷、铜、锌等杂质含量极低的钢材。通常所说的洁净钢，是指五大杂质元素（硫、磷、氢、氮、氧）含量极低，并严格控制非金属夹杂物（如氧化物和硫化物）的钢种。随着科技的不断发展，人们对钢材性能的要求越发严格，钢材质量标准也在不断提升，进一步减少钢中杂质含量、提升钢的洁净度，已成为重要发展趋势。本节将介绍洁净钢冶炼过程中的预处理和夹杂物控制技术，并展示国内钢铁企业取得的一些成果，最后分析洁净钢冶炼技术在发展过程中存在的问题。

（一）洁净钢冶炼的预处理

洁净钢冶炼的预处理是确保钢铁产品质量和性能的关键步骤。洁净钢冶炼的预处理主要指在炼钢初期通过一系列工艺手段去除原料中的有害杂质，从而提高钢材的纯净度和质量。这些预处理方法通常包括脱硫、脱磷、脱氧等，以降低硫、磷、氧等元素的含量。这些元素在钢材中会削弱其机械性能，因此预处理对提高钢的强度、韧性和耐腐蚀性至关重要。预处理工艺不仅能有效控制钢材中杂质的含量，还能延长设备使用寿命、提高生产效率，并满足高品质钢材的需求。

许多钢铁企业，包括江苏沙钢集团有限公司和马钢（集团）控股有限公司，采用铁水预处理技术提升钢材的洁净度。通过喷吹脱硫剂（如镁基脱硫剂）降低铁水中的硫含量，并应用"三脱"（脱硫、脱磷、脱硅）预处理工艺，这些措施显著提升了杂质去除效率，为生产高品质钢材奠定了基础。

江苏沙钢集团有限公司的案例展示了其在洁净钢冶炼技术上的显著进步。沙钢钢铁研究院与转炉炼钢厂合作开发了一整套铁水预处理和转炉炼钢技术，包括铁水高效脱硫、转炉高效脱磷、RH真空炉高效脱碳以及超低氧钢等工艺。通过应用这些技术，江苏沙钢集团有限公司能够生产出磷含量小于0.007%、硫含量小于0.001%、碳和全氧含量均小于0.0015%的高端钢材，达到国际先进水平。这不仅提升了钢材的洁净度，也显著降低了生产成本，为企业带来可观的经济效益。

马钢（集团）控股有限公司的改造项目则展现了其在转炉炼钢工艺上的创新。在钢铁研究总院有限公司的技术支持下，马钢（集团）控股有限公司实施了转炉洁净钢高效绿色冶炼工艺改造。根据《国家工业节能技术应用指南与案例（2022年版）》中的描述，在300吨转炉洁净钢高效绿色冶炼工艺改造项目中，转炉吨钢能耗由-29.63千克标准煤降到-32.01千克标准煤。改造项目中，煤气和蒸汽回收量分别从114.3标米^3/吨钢提升至123.57标米^3/吨钢，从86.8千克/吨钢提升至92.1千克/吨钢。该项目不仅提高了生产效率，还节约了5.3万吨/年的标准煤，年减排二氧化碳达14.7万吨，投资回收期约为一年，体现了绿色冶炼技术在节能降耗与环境保护方面的重要作用。

总体而言，江苏沙钢集团有限公司和马钢（集团）控股有限公司的案例表明，洁净钢冶炼预处理技术对提升产品质量、降低生产成本以及推动绿色发展具有重要意义。通过采取这些技术，钢铁企业能够生产出更洁净、更高性能的钢材，既满足市场需求，也为可持续发展做出积极贡献。

（二）炼钢过程中的夹杂物控制技术

在炼钢过程中，夹杂物控制是提高钢材质量的关键环节。夹杂物主要是钢液中未充分去除的非金属杂质，例如氧化物、硫化物和氮化物等，它们会影响钢材的力学性能、加工性能和耐久性。为有效控制夹杂物的数量、形态和分布，通常采用脱氧、精炼和保护浇注等工艺。脱氧过程通过加入脱氧剂（如铝、硅等）减少氧含量，减少氧化物夹杂。精炼工艺通过真空处理、炉外精炼等方法进一步去除杂质。此外，保护浇铸工艺可以防止钢液在浇铸过程中与空气接触，避免新夹杂物生成。通过采取这些措施，钢铁企业能够生产出更加纯净的钢材，提高其力学性能和产品质量。

国内钢铁企业对炼钢过程中夹杂物控制技术的创新与实践已取得一定的成果。例如，攀钢集团有限公司通过在钢包内衬使用镁碳质和镁尖晶石—碳质材料，成功减少了夹杂物的产生；中国宝武钢铁集团有限公司采用先进的RH、LF、AOD等炉外精炼技术，实现纯净钢的高效生产，显著提升了钢材洁净度和市场竞争力。

此外，中天钢铁集团有限公司开发了基于低弹性模量化的超深拉拔类线材夹杂物控制系统，攻克了超深拉拔类线材夹杂物控制的关键技术难题。通过应用低弹性模量反应层耐火材料和新型氧化钙—二氧化硅—氧化镁精炼渣系，中天钢铁集团有限公司实现高品质超深拉拔类线材的稳定生产。

这些案例表明，通过技术创新和工艺优化，钢铁企业能够有效控制炼钢过程中的夹杂物，从而提升钢材质量和性能。

（三）洁净钢冶炼技术发展过程中存在的问题

1.洁净钢生产技术落后

中国的洁净钢生产技术虽然在国防、交通等领域需求的驱动下取得了一定的进步，但与国际先进水平相比仍有一定的差距。洁净钢对杂质元素含量要求极高，通常硫、磷含量需低于0.01%。尽管中国在高效、低成本生产技术上有所突破，但在产量、品种、质量和成本方面仍存在不足，对国民经济和工业发展产生一定影响。

2. 夹杂物处理难度大

洁净钢生产依赖高纯度铁源，而中国铁矿资源普遍品位较低，处理难度较大。传统高炉—转炉流程虽能提取铁精矿，但冶炼出的铁水杂质较多，使炼钢工艺更为复杂、成本更高，并且难以稳定控制钢材的化学成分和材质。此外，高炉炼铁过程中的污染物排放也对环境造成严重的负面影响。

3. 洁净钢基料匮乏

中国的工业纯铁和超纯铁主要依赖进口，价格昂贵，制约了洁净钢的生产。这些高纯度铁材料不仅是特殊合金和钢材的生产原料，也是国防和电子工业的重要材料。因此，开发高效、低成本的洁净钢基料生产技术尤为迫切。直接还原炼铁技术以其低杂质含量，为优质钢铁材料的生产提供了新途径，是中国洁净钢工业发展的重要方向。

五　薄带铸轧工艺的发展现状

薄带铸轧技术，又称超薄带铸轧，是一种创新的近终成型工艺，可生产更薄、更均匀的钢铁产品。该工艺的核心原理是将液态钢水通过布流系统引入由侧封板和一对反向旋转的铜辊构成的熔池中。铜辊内部循环冷却水迅速吸收钢水热量，使钢液在铜辊间隙中快速凝固成连续铸带。经过简单的热轧，这些铸带可转化为高品质的热轧薄带钢。

与传统工艺相比，薄带铸轧技术跳过了"钢坯"环节，可直接将钢水凝固成厚度低至1.4毫米的钢带。其紧凑的流程和简化的工序显著降低了能耗与排放，具备环保优势。

在国家"双碳"战略的大背景下，薄带铸轧技术因其在节能减排方面的卓越表现正受到行业广泛关注。表2进一步展示了薄带铸轧技术与传统冶炼技术的显著区别。

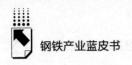

表 2　薄带铸轧技术与传统冶炼技术的区别

特性	薄带铸轧技术	传统冶炼技术
工序流程	工序简化,直接从钢水铸轧出薄带	工序复杂,包括炼钢、连铸、加热、热轧等多个步骤
能耗	低,省去了加热炉等能耗大的设备	高,需要反复加热和补热
生产效率	高,从钢水到成品时间短	相对较低,生产周期长
材料性能	优异,快速凝固带来特殊微观组织	取决于具体工艺,可能存在元素偏析
环保效益	高,减少废弃物和污染物排放	相对较低,污染物排放较多
生产灵活性	高,易于调整产品规格	相对较低,调整成本高
原料适用范围	广泛,可利用劣质矿资源	相对较窄,对原料质量要求较高
设备投资	相对较低,生产线短	相对较高,需要更多设备
产品范围	适合生产超薄规格产品	受限于工艺,超薄规格产品生产困难
表面质量	好,铸带表面氧化物少	可能存在表面缺陷
内部质量	高,夹杂物少,组织均匀	可能存在夹杂物和组织不均
工艺控制	精确,易于实现自动化	复杂,需要多环节控制

资料来源:根据公开资料整理。

(一)薄带双辊铸轧技术的应用

江苏沙钢集团有限公司引入美国纽柯公司的超薄带 Castrip 技术,并结合自主创新,建成国内首条工业化超薄带生产线。该技术使江苏沙钢集团有限公司能够直接从钢水中生产出厚度为 0.7~1.9 毫米的热轧薄带钢,省略传统工艺中的"钢坯"环节,显著减少了能耗和二氧化碳排放。

超薄带铸轧技术通过简化流程降低能耗,其能耗仅为传统热轧工艺的 16%,二氧化碳排放量也减少至 25%。此外,由于快速冷却和直接铸轧,元素偏析减少,材料均质性提高,尤其在耐候钢等合金钢生产中,减少了合金元素消耗。该产品在尺寸、板形和成型效率上满足了"以热代冷"结构钢、耐候集装箱板、高强钢及汽车用钢等领域的需求。

(二)厚度和板形控制技术的应用

厚度和板形控制是决定钢材尺寸精度和外观质量的关键环节,直接影响使用性能和后续加工便捷性。

在国内，宝钢集团新疆八一钢铁有限公司的3500毫米中厚板"三电"控制系统的稳定运行，极大地提升了厚度控制精度。山钢集团日照钢铁精品基地的"先进钢铁材料生产全流程质量智能分析和控制系统"（PQAC）则构建了钢铁工业的全流程大数据平台，实现对产品质量的实时在线监测。PQAC还在智能制造与质量管理深度融合方面进行了探索。

在冷轧板形和厚度精度控制方面，宝山钢铁股份有限公司针对吉帕钢的生产难题，研发了动态板形设定控制技术，使多种超薄规格吉帕钢冷轧得以稳定生产，轧制速度达800米/分钟。厚度控制方案则结合了新型AGC性能前馈控制和厚度扩展性能前馈控制技术，将带材头尾厚度偏差控制在2%以内。

（三）薄带铸轧工艺发展过程中存在的问题

1. 连续化生产技术有待完善

薄带铸轧工艺的连续化生产是提高生产效率和降低成本的关键。尽管无头轧制等第三代薄板坯连铸连轧技术已实现工业化，但仍需进一步优化流程，以克服连续化生产技术中存在的不足。连续化生产的完善仍依赖技术创新和工艺改进。

2. 产线竞争力不足

薄板坯连铸连轧在生产某些高附加值产品方面具备优势，但要发挥这些优势并提升产线的市场竞争力，还需进一步完善产品体系。目前，产线的竞争力限制了薄带铸轧工艺的市场应用范围和推广。

3. 废钢资源循环利用率低

中国薄板坯连铸连轧流程主要依赖传统长流程钢水供应，废钢资源尚未实现充分的循环利用。随着废钢资源的增长，如何有效利用这些资源，并根据薄带铸轧工艺特点研究废钢中残余元素的作用规律，已成为急需解决的问题。

综上所述，薄带铸轧工艺在连续化生产技术、产线竞争力、废钢资源循

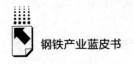

环利用方面面临挑战。解决这些问题需要行业共同努力，通过技术创新、政策支持和市场机制的多方配合，推动薄带铸轧工艺的可持续发展。

六　无头轧制技术的发展现状

无头轧制技术因其在提升生产效率和稳定性方面具有的显著优势而备受青睐。该技术通过在中间辊道上对粗轧后的带坯进行焊合，使带坯能够连续通过精轧机，优化了整个生产流程。与传统轧制技术相比，无头轧制技术显著提高了盘条的盘重和轧机的产量，同时有效消除了堆拉钢导致的断面尺寸超差及中间轧废现象。此外，减少切头和切尾的金属消耗，进一步提升了金属收得率。

无头轧制技术提高了穿带效率，提高了产品的稳定性和成材率，使生产更薄、更宽的钢板及超薄规格板成为可能。表3展示了无头轧制技术与传统冶炼技术的区别，体现了无头轧制技术在现代钢铁工业中的重要地位。

表3　无头轧制技术和传统冶炼技术的对比

特性	无头轧制	传统冶炼
工艺流程	连续轧制，无头尾接续，流程紧凑	离散轧制，每个钢坯单独轧制，流程较长
尺寸精度	高，生产过程中几何精度和板形不良比例低	相对较低，头尾部分尺寸公差和板形难以保证
生产效率	高，减少了穿带和抛尾，连续稳定生产	相对较低，需要频繁更换钢坯，有间隔时间
能耗	低，减少了加热和轧制过程中的能耗	相对较高，需要反复加热
成材率	高，减少了切头、切尾的金属消耗	相对较低，切头、切尾损失较大
金属收得率	高，可提高3%以上	相对较低
产品质量	高，可生产具有良好深冲性能的带钢	取决于具体工艺，可能存在性能波动
设备磨损	低，减少了温度较低的轧件头、尾部分对轧辊的冲击	相对较高，轧件头、尾部分对轧辊冲击较大
环保效益	好，减少了温室气体和有毒气体排放	相对较差，污染物排放较多
应用范围	可生产超薄带钢或宽幅薄板	受限于工艺，超薄规格生产困难
生产灵活性	高，易于调整产品规格	相对较低，调整成本高

资料来源：根据公开资料整理。

（一）连铸机与轧机的协同工作

无头轧制技术通过将连铸后的带坯焊合起来，使其能够连续通过精轧机，实现连铸机与轧机的高效协同。这种模式减少了传统生产中穿带、加速轧制、减速轧制、抛钢、甩尾等步骤，显著提高了生产效率和产品质量。

例如，首钢集团有限公司采用多模式全连续铸轧一体化技术，通过在连铸机与轧机之间增设多功能隧道式均热炉，实现单坯、半无头、全无头三种轧制模式的灵活切换，提升了生产效率和铸坯质量。重庆钢铁（集团）有限责任公司的双高棒产线展示了连铸机与轧机协同工作的新进展，通过技术革新使钢坯从连铸机到粗轧机的时间缩短至约 80 秒，大幅提升生产效率并降低能源消耗。宝钢工程技术集团有限公司则打造了全数字化智能连铸机，通过数字化设计和运维，提升了铸坯质量和生产管理的智能化水平。

（二）ESP 产线

ESP（Endless Strip Production）产线作为一种先进的无头轧制技术，代表了现代热轧带钢技术的最高水准。ESP 产线通过连续的生产流程，显著提升生产效率和产品质量，降低生产成本及对环境产生的负面影响。与传统热轧工艺相比，ESP 产线在节能减排方面表现优异，能耗降低 40%~70%，水消耗减少 60%~80%，为钢铁行业的绿色转型和可持续发展做出积极贡献。

ESP 产线的核心技术包括高速稳定的连铸技术、电磁制动、高效感应加热炉以及集成自动化控制系统，使其能够生产出尺寸精度高、钢质纯净、性能均匀的超薄热轧钢卷，填补了技术和市场的空白，具备极强的竞争力和发展潜力。ESP 产线已在全球范围内得到广泛应用，如意大利 ARVEDI 钢铁公司建有世界首条 ESP 产线，河北太行钢铁集团有限公司和六安钢铁控股集团有限公司也计划建设 ESP 产线，提升产品市场竞争力，并助力钢铁行业实现绿色转型。

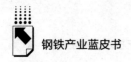

这些企业通过采用 ESP 产线，不仅提高了生产效率和产品质量，同时为钢铁行业的绿色转型和可持续发展做出积极贡献。然而，在无头轧制技术的发展过程中，仍存在一些问题。

（三）无头轧制技术发展过程中存在的问题

1. 生产调节困难

ESP 产线的连续生产周期较长，且受限于带钢宽度和厚度比、金属横向流动的复杂性，在实际操作中会出现板形控制精度不高、轧辊热凸度管理困难、轧辊磨损不均等问题。此外，无头轧制的核心技术主要掌握在国外企业手中，限制了国内钢铁企业的技术进步。

2. 工艺的灵活性和适应性较差

ESP 产线在生产低碳或微碳薄板时，面临强度和屈强比过高、塑性不足及时效性问题。相较常规工艺，ESP 产线的灵活性较差，调整空间有限。因此，进一步研究和优化无头轧制产线的控制系统，以增强其适应性和灵活性是未来发展的关键。

3. 技术融合深度不足

目前，无头轧制技术与其他技术的融合深度不足。优质的钢铁产品生产需要对材料特性有深入的了解，同时需要先进的自动控制和信息技术的支持。轧制工作者必须具备丰富的材料科学知识，以便更好地控制材料的微观结构和宏观性能。此外，轧制过程的精确控制，包括变形规律的描述、数学模型的构建，以及控制轧制和冷却策略的制定都与自动化技术紧密相关。因此，轧制技术与自动化技术、信息技术的紧密结合是行业发展的必然趋势，需要积极推进。

七　小结

本报告探讨了钢铁产业中先进工艺技术的发展现状，涵盖氢冶金、低碳冶金、洁净钢冶炼、薄带铸轧和无头轧制等关键技术领域，这些技术在推动钢铁行业绿色转型和可持续发展方面具有重要作用。

在氢冶金技术方面，高炉富氢冶炼工艺和全氢直接还原工艺的应用，展示了减少钢铁生产对化石燃料依赖的潜力。然而，技术成本较高、设备要求苛刻仍是制约其广泛应用的主要因素。

低碳冶金技术的应用，包括碳捕集、利用与封存，电炉短流程炼钢以及废热回收和资源再利用，为减少碳排放提供了有效路径。尽管这些技术显示出良好前景，但如何进一步降低成本、提升技术可行性和经济效益仍是当前需要解决的难题。

洁净钢冶炼技术在钢材预处理和夹杂物控制方面取得显著进展，有助于提升钢的质量和性能。然而，预处理成本和夹杂物控制的复杂性仍需重点关注。

对于薄带铸轧工艺而言，通过薄带双辊铸轧技术实现钢材的快速凝固和轧制，进一步提升产品的尺寸精度。然而，工艺的稳定性和成本效益仍是需要解决的关键问题。

无头轧制技术借助连铸机与轧机的协同运作，以及 ESP 产线的应用，显著提升了生产效率和材料利用率。然而，该技术在设备复杂性和维护成本方面仍有待优化。

总体而言，本报告概述的先进工艺技术在提升钢铁行业生产效率、产品质量和环境绩效方面具有重要作用。面对全球对低碳和清洁生产需求的不断增加，钢铁行业需要持续探索并应用新技术，以实现行业的可持续发展。未来的研究与开发应聚焦于解决现有技术中的问题，降低成本，提高商业化潜力，以推动钢铁行业高质量发展。

参考文献

徐匡迪等：《新一代洁净钢生产流程的理论解析》，《金属学报》2012 年第 1 期。

张剑君等：《薄板坯连铸连轧炼钢高效生产技术进步与展望》，《钢铁》2019 年第 5 期。

郑少波：《氢冶金基础研究及新工艺探索》，《中国冶金》2012 年第 7 期。

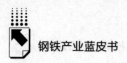
Germeshuizen L. M. , Blom P. W. E. , "A Techno-economic Evaluation of the Use of Hydrogen in a Steel Production Process, Utilizing Nuclear Process Heat," *International Journal of Hydrogen Energy* 25 (2013).

Kiessling R. , "Clean Steel-a Debatable Concept," *Metal Science* 4 (1980).

Lange K. W. , "Thermodynamic and Kinetic Aspects of Secondary Steelmaking Processes," *International Materials Reviews* 1 (1988).

Liu Z. et al. , "Challenges and Opportunities for Carbon Neutrality in China," *Nature Reviews Earth & Environment* 2 (2022).

Morrison W. B. , "Nitrogen in the Steel Product," *Ironmaking Steelmaking* 2 (1987).

Vogl V. , Åhman M. , Nilsson L. J. , "Assessment of Hydrogen Direct Reduction for Fossil-free Steelmaking," *Journal of Cleaner Production* 203 (2018).

Zhang L. , Thomas B. G. , "State of the Art in Evaluation and Control of Steel Cleanliness," *ISIJ International* 3 (2003).

B.3
钢铁产业智能制造的应用及前景

葛泽慧 郭志远 闫相斌*

摘　要： 随着钢铁产业产能过剩以及中国经济进入转型关键期，智能制造逐渐成为钢铁企业提升竞争力、优化经济结构、转变增长动能的核心策略。本报告分析了钢铁产业智能制造的五大核心技术及其应用现状，并探讨了智能制造对钢铁产业在生产效率、绿色制造与可持续发展、产业链等方面的深远影响。同时，展望了未来的发展趋势，指出尽管当前智能制造的应用已取得一定的进展，但整体上仍处于不断发展的阶段，且目前多集中于技术进步层面。未来，钢铁产业智能制造的发展不仅依赖技术进步，还要求在人力资源转型和管理模式创新方面取得同步进展。为了应对快速变化的市场和产业环境，企业必须实施多层次、全方位的战略举措，推动智能制造的深度融合与全面落实。本报告旨在通过对钢铁产业智能制造现状与未来前景的分析，为政策制定者和企业战略规划者提供管理洞见与决策参考。

关键词： 钢铁产业　智能制造　制造业

一　引言

（一）智能制造在中国的发展

智能制造（Intelligent Manufacturing，IM）已成为提升制造业整体竞争

---

* 葛泽慧，管理学博士，北京科技大学经济管理学院副教授、博士生导师，研究方向为技术创新、生产运营、供应链、企业竞合等；郭志远，北京科技大学经济管理学院硕士研究生，研究方向为供应链管理、服务管理；闫相斌，北京科技大学教授、博士生导师，研究方向为商务智能与数据分析、钢铁产业数智化与绿色低碳发展、评价理论等。

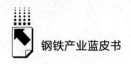

力的核心技术，尤其在第四次工业革命的背景下，它正逐步成为制造业转型升级的重要驱动力。智能制造是基于新一代信息通信技术与先进制造技术深度融合，贯穿于设计、生产、管理、服务等制造活动的各个环节，具有自感知、自学习、自决策、自执行、自适应等功能的新型生产方式。[①]

自 2015 年以来，中国的智能制造战略迈出了重要一步，旨在推动制造业朝智能化、绿色化、服务化方向发展，增强核心竞争力与创新能力。2016年，《智能制造发展规划（2016—2020 年）》明确了基本理念与目标，提出到 2020 年实现制造业的智能化转型，推动相关技术与装备的广泛应用。2017 年的《新一代人工智能发展规划》强调了人工智能在智能制造中的关键作用，加速了技术创新与应用。此后，2019 年发布的指导意见则强调了人工智能与实体经济的深度融合，助力智能制造快速发展。2020 年，针对中小企业的数字化赋能政策，为其智能制造转型提供了支持。2021 年，工业和信息化部等八部门联合发布的《"十四五"智能制造发展规划》指出应以工艺、装备为核心，构建虚实融合、知识驱动的智能制造系统，推动数字化转型与智能化变革。进入 2023 年，国家发展改革委发布的《产业结构调整指导目录（2024 年本）》强调以智能制造为主攻方向，推动技术变革与优化升级，鼓励绿色技术创新与环保产业发展。到 2025 年，预计 70% 的规模以上制造业企业将实现数字化网络化，建立 500 个智能制造示范工厂。而到2035 年，数字化网络化将全面普及。

在市场规模方面，2022 年中国智能制造市场规模已达 2.68 万亿元人民币，显示出强劲的增长势头。2023 年，这一规模增长至 3.20 万亿元，预计2024 年将达到 3.40 万亿元。这一数据表明，智能制造不仅是中国制造业转型的关键，也是经济发展的重要驱动力，反映出市场对智能制造的需求持续上升。除此之外，工业和信息化部自 2015 年开展智能制造试点示范专项行动以来，共遴选出了超过 1000 个智能制造试点示范项目，智能制造试点示范项目实现快速增长。截至 2023 年，国内超过 80% 的钢铁企业已经在推动

---

① 该定义来源于工业和信息化部、财政部发布的《智能制造发展规划（2016—2020 年）》。

智能制造。① 2015~2023 年工业和信息化部智能制造试点示范项目数量变化情况如图 1 所示。

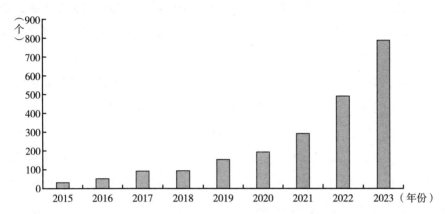

图 1　2015~2023 年工业和信息化部智能制造试点示范项目数量变化情况

资料来源：工业和信息化部。

在投资方面，从 2019 年至 2023 年，智能制造领域的并购事件频繁，2022 年达到高潮后，2023 年逐渐放缓并进入调整阶段，但总体仍保持热度，显示出市场对这一领域的信心。尽管 2023 年因宏观经济影响，投融资市场呈波动发展态势，但资本投资的品质显著提升，成熟稳定企业更受青睐。此外，2023 年召开的世界智能制造大会，其签约项目总投资超过千亿元，进一步体现了各方对智能制造未来发展的重视。

综合来看，中国智能制造在政策引导、市场扩张和投资活跃等方面形成了良性循环，为制造业的转型升级提供了坚实基础。

（二）钢铁产业实现智能制造的必要性

钢铁产业作为国民经济的重要支柱，肩负着为多个产业提供原材料的重任。然而，随着 21 世纪的到来，钢铁产业的产量已达到饱和状态。中国钢铁工业协会统计数据显示，中国钢材价格指数（CSPI）平均值同比下降 9.1%。

---

① 数据来源：中国社会科学网。

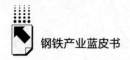

钢铁产业整体呈现"供大于求、钢价下降、成本高企、利润下滑"的运行态势，钢企的利润空间不断缩小，生产经营压力持续增大。行业竞争激烈，高端产品稀缺，新产品研发周期较长，工人效率较低，产品质量参差不齐，企业整体盈利能力偏低。这一局面要求企业转变制造模式，为客户提供更灵活的定制产品，同时缩短生产周期。

此外，中国正处于经济转型的关键时期，当前的主要特征是从高速增长转向高质量发展，着力优化经济结构，转变增长动力。在此过程中，钢铁产业作为传统制造业的重要组成部分，发挥了多重作用。首先，通过去产能、去库存、去杠杆、降成本和补短板等举措，钢铁产业实现了产能优化和供给侧结构性改革，提升了整体生产效率和竞争力。其次，钢铁产业积极响应国家"双碳"目标，即碳达峰和碳中和，通过技术创新和工艺改进，减少能源消耗和污染物排放，推动绿色低碳转型。同时，钢铁产业正积极推进智能制造，利用工业物联网（IIoT）、大数据分析、人工智能与机器学习等技术，提升生产效率和产品质量，实现生产过程的智能化与柔性化。

在此背景下，钢铁产业实现智能制造不仅是提升行业竞争力的关键途径，更是应对环境保护、市场变化和运营效率等领域多重挑战的必要战略选择。智能制造的实现不仅有助于钢铁产业的可持续发展，也为中国经济的整体转型和高质量发展提供了强劲动力。

二 钢铁产业智能制造的核心技术

在钢铁产业的智能制造中，核心技术如 IIoT、智能机器人与自动化设备、大数据分析、人工智能与机器学习，以及数字孪生相互交织，形成一个高度集成的生态系统。IIoT 通过设备、传感器和网络连接，实现对设备和生产环境的实时监控与数据采集，构成了智能制造的基础数据源。这些数据不仅为后续的大数据分析提供了必要的信息支持，还直接影响着智能机器人与自动化设备的操作与调度。智能机器人与自动化设备在生产过程中承担着重复性和危险性高的任务，它们依赖于 IIoT 提供的实时数据，以优化工作流程并提升安全性。与此同时，大数据分析通过对来自 IIoT 的海量数据进行存储和分析，帮助企业识别生产中的趋势和异常，从而优化生产计划和资源配置。人工智能与机器学习则在此基础上，对数据进行深度学习与模式识别，提升了决策的智能化水平，支持质量控制和故障预测。数字孪生通过创建生产系统的虚拟模型，实时反映实际状态，并结合大数据分析和人工智能的支持，实现对生产过程的优化与预测。整体来看，这些技术形成了一个高度集成的生态系统，各项技术相辅相成，共同推动钢铁产业向智能化、数字化转型，为实现高效、灵活的生产提供了坚实的技术基础。

（一）IIoT

IIoT 通过将设备和传感器连接到互联网，实现了钢铁生产设备的联网与实时监控。这一技术使企业能够实时获取设备的运行状态、生产数据和环境信息，从而提升生产过程的透明度和响应速度。借助 IIoT，钢铁企业可以实现远程监控和管理，及时发现潜在故障，缩短停机时间，提高生产效率。

在现代钢铁生产中，IIoT 系统通过在关键生产环节部署大量智能传感器，实现了对整个生产流程的全面监控。这包括原料处理、炼铁、炼钢、轧制等各个阶段。这些传感器能够实时采集温度、压力、流量、成分等关键参数，并将数据传输到中央控制系统。这种全面的数据采集不仅提高了生产效率，还为后续的数据分析和决策优化奠定了基础。通过对海量生产数据的实时分析，企业能够快速识别生产异常，优化工艺参数，提高产品质量的一致性。此外，这些数据还为产品追溯和质量管理提供了可靠的依据。

IIoT 技术的应用还使得钢铁企业能够从传统的被动式维修转向主动的预测性维护。通过对设备运行数据的持续监测和分析，系统能够识别潜在的故障征兆，预测设备可能出现的问题。这种预测性维护策略不仅能够缩短计划外停机时间，还能优化维护计划，延长设备寿命。例如，通过分析高炉、转

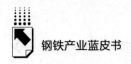

炉、轧机等关键设备的振动、温度、压力等参数，系统可以在设备发生严重故障之前就发出预警，使维护团队能够在计划停机期间进行维修，避免了突发故障导致的生产中断。

在国内，IIoT技术得到了广泛的应用。例如，首钢京唐钢铁联合有限责任公司建立了基于IIoT的智能制造系统，能够实时监控生产设备并进行数据采集。这一系统及时获取设备运行状态和性能数据，帮助企业优化生产流程并提升设备利用率。中国宝武钢铁集团有限公司通过在关键设备上安装传感器，实时监测温度、压力等参数，并将数据上传至云平台进行分析，显著提高了生产过程的可视性和可控性。宝武集团鄂城钢铁有限公司则专注于提高设备管理效率、降低故障率并优化资源配置。通过运行智能化的设备管理系统，宝武集团鄂城钢铁有限公司在设备维护和管理方面取得了显著成果。例如，该系统通过先进的监测和大数据分析技术，实现了实时设备状态监控，及时发现和处理潜在问题，大幅降低了设备故障率并提高了生产效率。引入该系统后，宝武集团鄂城钢铁有限公司的设备故障率显著下降，生产效率提高了15%，年维护成本也降低了20%。

（二）智能机器人与自动化设备

1. 自动化生产线中的智能机器人与自动化设备应用

智能机器人在钢铁自动化生产线中发挥着关键作用，能够执行焊接、搬运、装配等高强度、重复性的工作，从而显著提高生产效率和安全性。这些智能机器人不仅能在高温、高污染等恶劣环境中稳定工作，还能保证产品质量的一致性。结合人工智能技术，现代钢铁生产线上的智能机器人具备自主学习能力，能够适应不同的生产环境，持续优化生产流程。

在炼钢过程中，智能机器人系统被广泛应用于渣料处理、温度测量、样品采集等关键环节。这些智能机器人通过精准的传感器和先进的控制算法，能够在极端条件下进行高精度操作，大大降低了人工操作的安全风险，同时提高了生产过程的稳定性和可控性。

在连铸和轧制过程中，智能机器人与自动化设备系统实现了全流程的智能控制。从浇注、凝固到轧制成型，整个过程都由智能系统协调管理，确保了产品的质量稳定性和生产效率。这些系统不仅能够实时调整工艺参数，还能预测和防范可能出现的质量问题，大大降低了废品率和返工率。

例如，河钢集团有限公司开发了基于机器视觉的镀锌线锌锅智能捞渣机器人系统，通过精准检测渣液表面的图像特征，实现了炼钢过程中渣液的自动捞取，取代了传统的人工操作，显著提高了捞取的准确度和稳定性。唐山钢铁集团有限公司则应用了无人天车系统，集成信息化、自动化和过程控制技术，利用车辆识别和作业计划自动排程，实现库区钢卷的全流程自动化入库和出库作业。

此外，上海梅山钢铁股份有限公司采用机器人式自动加渣机，结合结晶器液位控制和液面异常自动处置等技术，在连铸机上实现了无人浇钢操作。这些智能化应用不仅提升了生产效率，也降低了人为操作带来的风险，推动了钢铁制造的自动化和智能化。

2. 智能物流与仓储

智能物流系统和智能仓储系统通过自动化设备与信息技术的结合，实现了钢铁生产过程中物料的高效管理。这些系统具备自动跟踪库存、优化物料配送路线的能力，并通过实时数据分析提升仓储效率。在原材料管理方面，智能堆取料机和自动化输送系统实现了从卸货到入库的全程自动化操作。这一系统能够根据生产需求自动调度和配送原材料，大大提高了资源利用效率，减少了库存积压。在成品仓储方面，智能仓储系统结合了自动导引车（AGV）、智能堆垛机和机器人码垛系统，实现了钢材产品的自动化存储和配送。这一系统不仅提高了仓储空间利用率，还优化了出货流程，显著提升了客户满意度。

例如，科尔摩根的 AGV 在钢铁企业的高炉炉前工艺中得到了应用，成功解决了高温危险环境下的无人化运输问题，在耐火材料转运等场景中展现了有效性。这些智能化应用不仅提升了物流效率，也为增强钢铁生产的安全性和灵活性提供了有力支持。

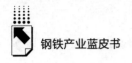

（三）大数据分析

在钢铁产业向智能制造转型的浪潮中，企业需要推进管理、技术和决策三个维度的变革，其中决策变革尤为关键。传统钢铁企业依赖经验主导的决策模式已不能完全适应当今的精益生产需求。现代企业决策必须立足于信息化基础。从上游的原料采购渠道到生产组织调度，从市场营销策略到库存管理优化，从资金调配到财务平衡等各个环节，企业运营中的重大议题都呼唤着更加科学、精准的量化决策支持。科学决策的优势在于能够从海量数据中提炼出有价值的模式和规律，为企业提供决策支持、关键特征识别和预警预测等功能。而大数据分析技术正是实现科学决策的核心支柱。它最显著的特点是能够整合分析不同类型的数据，揭示其内在联系，并通过图表或文字等直观方式呈现分析成果。

大数据分析技术已在钢铁产业得到了广泛应用。图2为来自美林数据技术股份有限公司关于钢铁产业的大数据分析应用架构，共有三层，分别为数据采集层、数据管理层和数据应用层。本部分将详细解释大数据分析的六种应用场景。

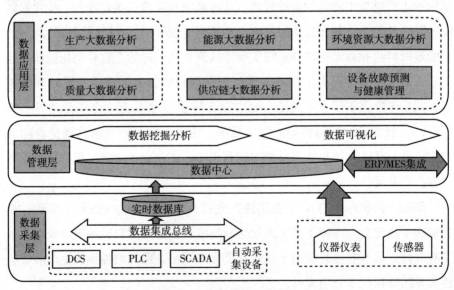

图2　大数据分析应用架构

资料来源：美林数据技术股份有限公司。

1. 生产大数据分析

作为一个典型的流程型行业，钢铁企业全年基本处于满负荷生产状态，生产订单既有来自客户的实际需求，也有来自营销部门的预测。然而，当前的预测订单大多依赖于销售人员的市场经验判断，缺乏数据分析的技术支撑，往往会导致某类成品钢材库存过高，甚至滞销。为了应对这一挑战，钢铁企业开始借助大数据分析技术，结合内部和外部的数据挖掘与分析，优化订单预测，提升决策的科学性。

通过大数据分析，钢铁企业可以整合成品钢的库存数据、历史销售记录以及当前市场动态，构建基于数学算法的预测模型。这个模型在帮助企业实现生产利润最大化的同时，将库存降至最低。例如，通过实时监控库存和销售数据，企业能够更精确地预测未来市场需求，避免由经验不足造成的产销失衡。

例如，中天钢铁集团有限公司作为国内特大型钢铁联合企业，在智能制造和数字化转型方面取得了显著成效。面对每天处理数万吨钢材与原材料的数据管理挑战，中天钢铁集团有限公司通过引入致远互联的协同运营平台（COP），实现了数据流、业务流和信息流的高效整合，提升了跨部门的协同管理效率。利用大数据分析技术，企业优化了采购和生产计划，精确预估市场需求，避免了生产过剩或库存不足，从而提高了生产效率和资金利用效率。同时，智能制造和大数据分析技术在监控能源消耗和碳排放方面发挥了作用，支持企业实现节能减排目标，推动了行业的绿色转型。中天钢铁集团有限公司的实践表明，智能制造和大数据分析技术的结合，不仅提升了企业的运营效率，也使其能够灵活应对市场变化，实现可持续发展。

2. 质量大数据分析

在冶金行业，质量控制至关重要，尤其是在面对严格的国际和国家标准，以及客户的个性化要求时。传统生产模式下，钢铁企业的技术中心负责质量设计和工艺流程制定，但复杂的现场工况使得高附加值产品的质量控制常常难以达标。为了应对这一挑战，越来越多的企业开始引入大数据分析技术，以加强质量目标控制，提升产品一致性和附加值。

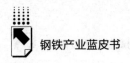

在生产流程中，企业需要在确保质量的同时控制成本，尤其是在铁前区，该环节通常占吨钢生产成本的 70%~80%。通过大数据分析，企业可以深入研究原料、能源和辅料等数据，识别成本上升的关键因素，进而进行生产调整。这种数据驱动的优化不仅降低了生产成本，还提升了市场竞争力。

此外，钢后区的质量问题在高附加值产品的精炼过程中也十分突出。传统质量控制手段无法实时监控，导致成材率低和质量波动大。大数据分析能够实时监控精炼环节的工艺状态，结合历史数据建立精准的质量预测模型，识别最佳工艺控制点，从而在提高成材率的同时保持产品一致性。

首钢集团有限公司是大数据分析技术成功应用的典型案例。通过工业大数据平台，首钢集团有限公司能够实时采集并综合分析生产数据，构建质量决策模型，快速识别并处理生产中的质量缺陷问题。例如，在高强度钢生产过程中，平台发现温度控制波动，直接影响产品性能。通过快速调整工艺流程，首钢集团有限公司确保了最终产品质量，提升了客户满意度。

总体而言，大数据分析技术正在深刻变革钢铁企业的质量控制。通过全面的数据收集和分析，企业能够精准预测和控制产品质量，降低生产成本，提升市场竞争力。随着 5G 技术和 IIoT 的进一步应用，钢铁企业将实现更加实时和全面的数据处理，进一步推动行业的高质量发展。

3. 能源大数据分析

在钢铁产业，能源管理是控制运营成本和提升效率的关键。由于生产过程中用能设备众多、流程复杂，传统的能源平衡测定方法难以实施。但大数据分析技术的应用，使得钢铁企业能够对关键耗能设备进行测试，结合历史数据优化整体能源消耗，提高能效并降低成本。

通过分析历史能源消耗，企业可以预测未来的能源需求，并通过精确的能源平衡模型实现用能优化。利用仪器仪表和设备数据，企业能够多维度评估和预测能源使用，精准预测用能需求，并根据政策制订用电计划，降低成本。

此外，详细监测高耗能工序有助于识别能耗瓶颈，通过关联分析找出能耗波动的关键因素。实时监控和多因素数据分析帮助企业优化工艺流程，准确预测能源需求，辅助能源调度和生产决策。

例如，中国宝武钢铁集团有限公司作为中国最大的钢铁企业之一，它采用 TDengine 构建的能源监控系统，实现了能源的实时监控与优化。该系统采集多种能源数据，实时监控能源使用情况，预测并优化调度，提升能源利用率，降低运营成本。

总之，大数据分析技术使钢铁企业能在复杂的能源管理中实现精准调控，降低成本，为行业的可持续发展提供技术支持。

4. 供应链大数据分析

在当前大宗商品领域，铁矿石需求的急速增加使钢铁企业在扩展产能时，面临着原材料价格波动和环境责任增加的双重压力。随着行业竞争的日趋激烈，传统的库存管理、价格谈判等手段已难以满足现代企业的复杂需求。为了提高其在供应链管理中的竞争力，钢铁企业需要借助 IIOT、大数据分析和人工智能与机器学习等新兴技术，将供应链上下游数据打通，优化库存控制和采购策略，从而推动供应链一体化与精细化管理，进而提升企业在成本控制、收入增长和整体运营稳定性提升方面的表现水平。

通过大数据分析技术，企业可建立动态采购预测模型，结合 ARMA 和指数平滑法等算法优化库存控制策略。对辅料和耗材，可使用箱形图、粒子群算法等方法确保库存水平合理。

首钢集团有限公司案例展示了大数据分析技术在库存管理中的应用。公司建立全面库存预警机制，实现实时监控和全局分析。2022~2023 年，该系统多次发现库存异动并定位风险点。通过专项梳理，首钢集团有限公司将长期库存比例降至 2.9%，带来 80 余万元经济效益。此外，首钢集团有限公司通过分析库存周转周期，有效识别并预防库存过期风险。板坯库存周期缩短 51.9%，提升了生产效率和资金周转速度。这种基于大数据的库存优化策略提高了企业的库存管理能力和市场竞争力。

5. 环境资源大数据分析

随着国家对环境保护要求的不断提升，钢铁企业在"三废"（废水、废气和固体废物）处置方面面临着更严格的监管。为满足这些新要求，企业必须利用大数据平台清晰地识别"三废"的来源，并对生产过程中的排放量进行实时监测和趋势分析，从而制定有效的控制措施，确保符合国家环保标准。同时，通过采集冶炼过程中的关键工艺数据和生产数据，深入挖掘各因素对污染物排放的影响，推动企业更加注重源头控制。

例如，中国宝武钢铁集团有限公司在面对环保要求时，借助大数据分析建立了全面的环保管理系统。该系统通过实时监测生产过程中的"三废"排放，能够及时识别排放异常并快速反馈。通过与生产数据的关联分析，中国宝武钢铁集团有限公司不仅优化了"三废"的处理流程，还在源头上减少了污染物的生成。借助这一系统，中国宝武钢铁集团有限公司有效地将废水排放降低了20%，并显著提高了资源的回收利用率，助力企业实现可持续发展。

6. 设备故障预测与健康管理

设备故障预测与健康管理（PHM）在冶金行业中尤为重要，特别是针对核心动力设备的监测和维护。这一设备的正常运行是保障生产效率的关键，任何故障都可能导致显著的经济损失，不仅涉及高昂的维修和更换费用，还可能造成工厂停产。因此，采用先进的技术手段进行设备状态监测、故障诊断和预测，对于优化运营至关重要。

设备的寿命预测也是PHM系统的关键功能之一。通过大数据算法，工厂能够评估动力系统设备的状态劣化过程，从而准确预测设备的剩余寿命。这种预测能力使得维护工作可以由计划性维护转变为基于实际状态的维保（视情维护），从而显著降低运维成本。

另外，大数据算法在关联故障分析方面的应用也极大提高了设备管理的效率。通过对设备历史数据和当前状态的深入分析，系统能够识别潜在的故障模式并提出优化建议，帮助企业实施更为精细的管理措施。

在备品备件管理方面，结合大数据算法可以优化库存管理，减少不必要的资金占用。通过分析设备故障模式及其影响因素，企业能够实现精准备品备件管理，确保在需要时能够快速响应，同时避免库存过多造成的资源浪费。

（四）人工智能与机器学习

人工智能正在深刻改变全球各行各业，钢铁产业也不例外。目前，人工智能已在钢铁产业得到了广泛的应用，并已经渗透到生产的各个环节。从通过预测性维护最大限度缩短计划外停机时间，到通过流程优化确保产品质量和能源利用效率，人工智能正在简化生产的每个环节。高分辨率计算机视觉系统提升了质量控制能力，先进的大数据分析则帮助预测市场需求、优化供应链管理。除此之外，人工智能还在开发创新钢合金和推动行业可持续发展方面扮演着重要角色。安全改进、市场洞察和劳动力管理进一步展示了人工智能在塑造钢铁产业未来中的关键作用。本部分将介绍人工智能在钢铁产业中应用的十种场景。

1. 预测性维护

预测性维护是人工智能在钢铁产业中最具潜力的应用场景之一。通过分析机械设备传感器采集的数据，制造商可以预测机器何时可能出现故障，并提前安排维护，避免问题恶化。这不仅缩短了代价高昂的计划外停机时间，还降低了维护成本，延长了设备的使用寿命。

例如，全球钢铁生产商印度塔塔钢铁公司使用人工智能模型监控其轧机，实时评估设备的磨损情况，使其能够在问题发生前采取措施，成功将计划外停机时间缩短了15%，并显著节省了维护成本。与此同时，巴西钢铁公司盖尔道（Gerdau）采用了基于人工智能的需求预测系统，使预测准确性提高了10%，降低了库存成本并提升了客户服务水平。德国钢铁公司蒂森克虏伯（ThyssenKrupp）也采用了人工智能驱动的预测性维护系统，使计划外停机时间缩短了20%。这一改进显著提高了生产效率并降低了整体运营成本。通过这些实例可以看出，人工智能在钢铁产业的预测性维护中发挥了至关重要的作用，推动了行业的数字化转型和效益提升。

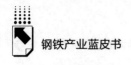

2. 流程优化

人工智能驱动的流程优化正在显著提升钢铁制造商的生产效率。通过先进的算法，实时分析生产线数据，对熔炼、铸造和轧制等工艺进行精细调控。人工智能根据对温度、压力、成分等参数进行动态调整，确保钢材质量稳定，符合客户的规格要求。这种优化不仅减少了能源消耗和浪费，还降低了运营成本，实现了更可持续的生产过程。

例如，全球领先的钢铁和采矿公司安赛乐米塔尔（ArcelorMittal）通过实时分析熔炉数据，利用人工智能系统优化钢铁冶炼过程。该系统能够自动调整温度和成分等关键参数，成功减少了 5% 的能源消耗，并提高了产量。这一实例展示了人工智能在提升生产效率和可持续性方面的实际应用价值。

3. 质量控制和缺陷检测

人工智能驱动的计算机视觉系统在钢铁产业的质量控制和缺陷检测中发挥着至关重要的作用。通过高分辨率摄像头和人工智能算法，这些系统能够检测出如裂纹、夹杂物等人类检查员可能忽略的缺陷。及早发现缺陷后，制造商可以及时重新加工或丢弃不合格产品，确保最终交付的钢材符合质量标准。

例如，奥地利的奥钢联（Voestalpine）采用人工智能驱动的计算机视觉系统检查钢板表面的缺陷。该系统的检测精度超过人类，令产品缺陷率大大降低。ArcelorMittal 则通过分析炼钢过程中的传感器数据，成功减少了 15%的钢铁产品缺陷，显著节省了成本并提升了产品质量，彰显了人工智能在制造精度和效率提升中的关键作用。

4. 供应链管理

在需求波动和全球竞争加剧的背景下，供应链管理对钢铁产业的生产效率提升至关重要。人工智能通过分析历史数据、市场趋势和生产计划，帮助预测需求并优化库存管理。这种方式不仅降低了库存过剩的风险，还确保原材料和成品能够在合适的时间到位。一些钢铁制造商还通过人工智能优化物流网络，从而降低运输成本和缩短交货时间。

例如，日本新日铁公司通过人工智能系统管理库存和物流，该系统分析市场趋势和历史数据，准确预测需求，从而优化原材料采购和运输，降低成本并避免库存过剩。这种智能化的供应链管理显著提升了企业的运营效率和市场竞争力。

5. 能源利用效率和可持续性提升

2022 年，每吨粗钢铸造消耗能源 20.99 吉焦，97.65% 的钢铁工业原材料转化为钢铁产品或副产品。[①] 尽管钢铁产业已经取得了这些进展，但仍有进一步提高能源利用效率和减少环境影响的空间。在这方面，人工智能可以帮助制造商提高能源利用效率并减少对环境的影响。通过机器学习算法分析生产数据，企业能够识别节能领域，如优化炉温或缩短闲置时间。此外，人工智能还促进了新生产技术的设计，这些技术可以减少污染物排放。例如，一些公司正在试验由人工智能优化的电弧炉，以降低炼钢过程中的排放。

瑞典钢铁制造商 SSAB 就是一个成功的案例，其通过由人工智能优化的电弧炉降低能源消耗。该系统根据生产需求调整能源投入，从而实现了 7% 的能源使用量减少，并显著降低了碳排放。这种智能化的能源管理不仅提升了生产效率，还为可持续发展做出了积极贡献。

6. 生产调度和劳动力管理

在钢铁制造中，管理生产计划和劳动力资源是一项复杂的任务。人工智能通过整合设备可用性、劳动力轮班和客户需求等因素，优化生产计划，确保生产线高效运转，并将工人合理分配到需要的岗位。智能调度系统不仅平衡了工作负荷，还减少了生产瓶颈，提高了生产力，并确保按时交付。

例如，美国钢铁公司纽柯（Nucor）采用人工智能调度系统来优化生产班次和设备使用，成功平衡了劳动力轮班和提升了设备的可用性，减少了生产瓶颈，显著提升了生产效率，使公司在竞争激烈的市场中处于有利位置。

7. 产品开发与定制

借助人工智能，钢铁制造商能够深入分析客户偏好和历史数据，准确预

---

① 数据来源：世界钢铁协会。

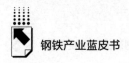

测市场趋势并开发满足需求的新产品。这种方法不仅可以设计出适用于汽车、建筑和航空航天等行业的特定钢合金，还能定制钢种，以更精准地符合客户的规格要求。这种精准的产品开发方式不仅提升了客户满意度，还有效降低了生产成本。

例如，现代钢铁公司利用人工智能技术开发了专为汽车行业设计的高强度钢。通过分析客户偏好和性能数据，其优化了轻质且耐用的钢合金，帮助汽车制造商符合排放标准并提高车辆安全性。这一策略不仅推动了产品创新，还提升了市场竞争力。

8. 安全改进

钢铁制造过程中的安全问题至关重要，尤其是在使用重型机械和高温环境的情况下。2023 年，钢铁产业的工伤率为每百万工作小时 0.76 人。[①] 人工智能通过实时监控工作环境并识别潜在危险，大大提高了安全性。例如，配备计算机视觉的监控摄像头可以实时监测工人是否进入危险区域，若发现异常，立即向主管发出警报。此外，人工智能还能分析历史事故数据，识别安全隐患的模式并提供预防措施。同时，预测性维护确保机械设备处于最佳状态，进一步降低了事故风险。

韩国钢铁巨头 POSCO 就是一个成功的案例。其将人工智能集成到工作场所的安全管理系统中，利用算法监测潜在危险，包括工人进入危险区域或设备故障，及时发出警报，成功减少了 12% 的事故发生。这些举措不仅提升了工作环境的安全性，也进一步保障了员工的生命安全。

9. 市场分析和定价策略制定

全球钢铁市场受经济、政治和环境因素的复杂影响，企业需要灵活应对这些挑战。人工智能为钢铁公司进行了深入的市场洞察，通过机器学习模型分析市场趋势、客户偏好和竞争对手的定价，从而预测市场变化，并制定适应性的定价策略，这使得钢铁制造商能够在保持竞争力的同时实现利润最大化。

---

① 数据来源：世界钢铁协会。

例如，印度的金达来钢铁电力公司（JNSP）利用机器学习分析市场趋势和竞争对手的定价，准确识别新兴市场，并制定出具有竞争力的定价策略，成功保持了市场份额并增加了收入。瑞典的 SSAB 通过人工智能驱动的客户细分系统，根据客户需求和偏好推动营销活动个性化，客户转化率大大提高。美国的 Nucor 则通过人工智能平台分析竞争对手的定价和市场趋势，预测其策略，并相应调整自己的营销活动，从而提升了品牌知名度和市场份额。这些案例展示了人工智能在优化市场策略、提升竞争力和推动收入增长方面的重要作用。

10. 研究与开发

人工智能工具通过评估大量科学文献和实验数据，帮助研究人员识别出具有高潜力的新材料和生产技术，从而缩短新钢铁产品推向市场的时间。这种应用尤其适用于满足汽车和航空航天等行业对更轻、更耐用的先进高强度钢合金的需求。

例如，美国的 AK 钢铁公司（AK Steel）利用人工智能分析实验数据，成功开发出新型高强度钢合金。其通过缩小潜在材料的范围，将新钢种的上市时间缩短了 30%，在创新方面领先于竞争对手。这一过程不仅提高了研发效率，还提升了产品的市场竞争力，体现了人工智能在材料开发中的关键价值。

总的来说，人工智能正在从多个方面改变钢铁产业——从提升生产效率和产品质量，到增强安全性和可持续性。通过采用这些技术，钢铁制造商能够应对市场挑战，满足客户期望，并推动行业向更具韧性和可持续性的未来迈进。随着人工智能逐渐成为钢铁生产的核心，未来将出现更多创新。

（五）数字孪生

1. 虚拟钢铁工厂的建设

数字孪生技术作为工业 4.0 的核心组成部分，正在钢铁产业中发挥着越来越重要的作用。这项技术通过创建物理工厂的虚拟模型，使企业能够在数字环境中模拟、分析和优化生产过程，还能帮助企业进行设计验证和方案优

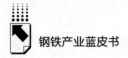

化，提前识别潜在瓶颈，从而提高生产效率、降低成本、增强安全性，并推动创新。例如，钢铁企业利用数字孪生技术优化工厂布局，减少实际建设前的调整需求。

近年来，数字孪生技术在全球钢铁厂广泛应用。国内许多钢铁企业，如广西柳州钢铁集团有限公司，已开发覆盖全流程的数字孪生系统，整合了生产数据统计、工艺参数优化、设备智能运维等功能。南京钢铁股份有限公司建设的数字孪生智慧运营系统，实现了生产全流程的跨集群协同优化，显著提高了生产稳定性，降低了能耗和质量成本。该系统整合了先进传感技术、物联网平台和5G技术，具备高效的数据采集与处理能力，并通过无人机等智能设备的应用提升了生产效率。在国际上，芬兰、法国、德国等国的钢铁厂参与了欧盟 CogniTwin 项目，旨在通过数字孪生技术提升生产效率。土耳其的 NOKSEI 公司则通过数字孪生技术消除预报错误和降低能耗。

2. 数字孪生技术在工艺优化中的应用

数字孪生技术在工艺优化中也发挥着重要作用。首先，数字孪生技术能够实时模拟和分析生产过程中的各项参数，如温度、压力、成分等，并根据这些参数的变化预测生产结果。这使得操作人员可以在虚拟环境中测试不同的工艺参数组合，找出最优的操作方案。例如，在炼钢过程中，数字孪生系统可以根据实时的炉温、原料成分等数据，推荐最佳的加料时间和数量，从而提高钢水质量，减少能源消耗。其次，数字孪生技术为新工艺的开发和验证提供了一个安全、低成本的平台。企业可以在虚拟环境中测试新的生产工艺，评估其可行性和效果，而无须在实际生产中进行高风险的试验。这大大加快了新工艺的开发和应用进程。例如，在开发新型钢材时，可以通过数字孪生技术模拟不同的合金成分和热处理工艺，预测最终产品的性能，从而缩短开发周期。最后，数字孪生技术还能实现跨流程的协同优化。通过建立覆盖从原料到成品的全流程数字孪生模型，企业可以实现各个生产环节的协同优化。例如，炼铁、炼钢、轧制等各个环节的生产计划可以根据整体模型进行动态调整，实现全局最优。南京钢铁股份有限公司建设的数字孪生智慧运营系统就实现了生产全流程的跨集群协同优化。

近年来，数字孪生技术在众多钢铁厂落地，并实现了显著的经济和社会效益。例如，JFE 钢铁株式会社在福山地区的焦炉中运用数字孪生技术进行节能减排设备开发。作为数字化转型战略的一部分，该公司计划在整个钢铁厂中利用信息物理系统（CPS）建设智能钢铁厂，数字孪生技术是CPS 的核心，能够充分模拟现实世界，即便数据量少也能使设备内部状态可视化，预测大规模操作的影响。通过数字孪生技术，2021 年高炉 CPS将从停工到重启时间缩短至约 2 个月。为改善操作，JFE 钢铁株式会社专注于 5 号焦炉的数字孪生技术开发，炼铁工序的能耗和二氧化碳的排放占比最高。通过确认控制空气供给量与燃料密度的关系，成功优化燃烧，基于此开发的新设备实现了燃料使用量减少约 5%，每年减少 6600 吨二氧化碳排放。

3. 数字孪生技术与其他智能技术的融合

数字孪生技术的强大之处在于其与其他智能技术的无缝集成。例如，结合人工智能与机器学习算法，数字孪生系统可以实现更精确的预测和优化。通过与大数据分析技术的结合，数字孪生技术可以从海量历史数据中挖掘有价值的模式，为决策提供支持。此外，随着 5G 技术的普及和边缘计算能力的提升，数字孪生系统的实时性和精确度将进一步提高。这将使得钢铁企业能够实现更加精细化的生产管理，进一步提升生产效率和产品质量。例如，宝钢湛江钢铁有限公司利用数字孪生与人工智能的核心技术，实施焦炉机车无人化系统的改造，实现了焦炉四大车上升管系统、清门清框、浇浆等自动化操作，实现无人化与操作室远程应急指挥。

三　智能制造对钢铁产业的影响

智能制造的兴起正在深刻改变全球制造业的面貌。据统计，截至 2022 年底，中国智能制造示范工厂的生产效率平均提升 32%，资源综合利用率平均提升 22%，产品研发周期平均缩短 28%，运营成本平均下降 19%，产

品不良率平均下降24%。① 智能制造不仅提升了钢铁产业生产效率，降低了成本，还推动了绿色制造和可持续发展，重塑了产业结构。

（一）生产效率的提升

1. 成本降低与产能提高

智能制造显著提升了钢铁生产的效率。从成本角度来看，通过自动化技术和数据驱动的生产流程优化，钢铁企业能够实现更高的产能，减少资源浪费和人为操作带来的不确定性。智能设备的应用减少了对劳动力的依赖，降低了运营成本，同时提升了生产的灵活性和精准性。这不仅帮助企业在市场竞争中保持优势，还能够更快地响应市场需求波动。

例如，如表1、表2所示，中国宝武钢铁集团有限公司通过实施智能制造，吨钢加工成本降低16%，车间劳动效率提升35%，机组产能提升20%。这种显著的改善不仅体现在单一指标上，而是涵盖了生产效率、资源利用和成本控制等多个方面，展现了智能制造在钢铁产业中的全面影响力。

表1　各公司实施智能制造后成本降低情况

公司	描述
中国宝武钢铁集团有限公司	吨钢加工成本降低16%
中冶赛迪集团有限公司	智慧工厂中，吨钢成本较传统生产基地平均降低100元，预计年节约成本超过2亿元
江苏沙钢集团有限公司	运营成本降低23.2%
宝武集团鄂城钢铁有限公司	设备故障率显著下降，年维护成本降低20%
鞍钢集团有限公司	生产成本降低近10%
北京建龙重工集团有限公司	运营成本降低4.2%

资料来源：根据公开资料整理。

---

① 数据来源：《人民日报》。

表2　各公司实施智能制造后生产效率提升情况

公司	描述
中国宝武钢铁集团有限公司	C008智能车间项目完成后,车间劳动效率提升35%,机组产能提升20%
首钢集团有限公司	人均生产率提升14.9%
江苏沙钢集团有限公司	生产效率提升31.5%,产品不良率降低26.8%
宝武集团鄂城钢铁有限公司	生产效率提升15%
鞍钢集团有限公司	生产效率提升大约20%
山东钢铁集团有限公司	劳动生产率提升40%
北京建龙重工集团有限公司	一次合格率提升1%,氧化烧损降低0.1%~0.2%,成品库混钢为0

资料来源:根据公开资料整理。

智能制造还带来了生产过程的精细化管理。通过实时数据采集和分析,企业可以对生产参数进行持续优化,实现精准控制。这不仅提高了产品质量的一致性,还能够根据市场需求快速调整生产计划,提高企业的市场响应速度和竞争力。

2.质量控制的优化

智能制造使得质量控制得到了显著优化。智能传感器和大数据分析使得企业能够在生产的各个阶段实时监控产品质量,发现并解决潜在问题。这种技术的引入大大降低了产品瑕疵率,提高了成品的一致性和可靠性,进而提升了品牌信誉度和客户满意度。江苏沙钢集团有限公司通过智能制造,使得产品不良率降低26.8%。

质量控制的优化不仅体现在最终产品上,还贯穿整个生产过程。通过引入机器视觉和人工智能技术,企业可以在生产线上实时检测原材料和半成品的质量,及时发现并纠正问题,大大减少了不合格品的生产。这种全流程的质量控制不仅提高了产品质量,还减少了返工,进一步降低了生产成本。

此外,智能制造还为钢铁企业带来了更高水平的可追溯性。通过数字化记录和区块链技术,每一批次的钢材都可以追溯其生产全过程,包括原材料来源、生产参数、质量检测结果等。这不仅有助于质量问题的快速定位和解决,还能为客户提供更透明、更可靠的产品信息,增强市场信心。

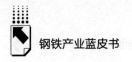

（二）绿色制造与可持续发展的实现

1. 能源消耗的降低

钢铁生产是一个能源密集型的过程，传统的生产方式往往导致高能耗和高排放。智能制造通过优化生产流程和引入节能技术，显著降低了能源消耗。例如，河钢集团有限公司通过实施智能制造，成功将单位产品的能耗降低 15.0%（见表3）。

表3　各公司实施智能制造后能耗降低情况

公司	描述
鞍钢集团有限公司	二氧化硫、氮氧化物、COD、氨氮排放量分别较计划降低 28.2%、21.9%、2.2%、60.0%
中国宝武钢铁集团有限公司	工序能耗降低 6.5%，吨钢能耗降低 18.0%，吨钢综合污染物降低 30.0%
首钢集团有限公司	能源利用率平均提升 13.9%
河钢集团有限公司	单位产品的能耗降低 15.0%
江苏沙钢集团有限公司	单位产值能耗降低 19.7%
北京建龙重工集团有限公司	吨钢燃气消耗平均降低 3.0%，氧化烧损降低 0.1%~0.2%

资料来源：根据公开资料整理。

这种能源消耗的降低不仅体现在生产过程中，还延伸到整个供应链。智能制造使得企业能够更好地管理和优化能源使用，包括余热回收、智能配电和能源调度等。通过建立能源管理平台，企业可以实时监控能源消耗情况，识别能耗高峰和低谷，从而实现更加精细化的能源管理。

此外，智能制造还推动了新能源技术在钢铁产业的应用。例如，一些领先企业开始探索利用氢能替代部分化石燃料，或者利用可再生能源为生产提供电力。这些创新不仅降低了传统能源的消耗，还为钢铁产业的可持续发展提供了新的方向。

2. 废物排放与处理的改进

智能制造技术的应用也改进了钢铁生产中的废物排放与处理。通过建立智能化的废物监测和处理系统，钢铁企业能够实时监控生产过程中产生的废物和排放物，及时采取措施进行处理。例如，中国宝武钢铁集团有限公司通过智能制造，实现了吨钢综合污染物降低 30.0%。

这种改进不仅限于污染物的减少，还包括资源的循环利用。智能制造使得企业能够更好地识别和利用生产过程中的副产品，将其转化为有价值的资源。例如，钢渣可以被智能分类并用于建材生产，废气中的一氧化碳可以被收集用作燃料。这种循环经济模式不仅降低了环境影响，还为企业创造了新的价值来源。

此外，智能制造还推动了钢铁企业向产业生态系统转型。通过数据共享和协同优化，钢铁企业可以与上下游伙伴形成更紧密的合作关系，实现资源的高效利用和废物的协同处理。这种产业生态系统不仅提高了整个产业链的资源利用效率，还为区域经济的可持续发展做出了贡献。

（三）产业链的重塑

智能制造重塑了钢铁产业链。供应链管理的智能化极大地提升了供应链的透明度和可控性，通过 IIoT、人工智能等技术手段，企业能够更好地预测原材料需求、管理库存并优化物流。这种智能化的供应链管理不仅提高了运营效率，还加快了对市场变化的响应速度，使得企业能够更灵活地调整生产计划，保持市场竞争力。例如，首钢集团有限公司的京唐智慧物流管控平台实现了运输计划编制、车辆调度、路线规划等自动化与智能化改造，物流效率整体提升 15%。

智能制造还促进了钢铁企业与客户之间的深度协作。通过建立数字化平台，钢铁企业可以与下游客户实现信息共享和需求协同，甚至参与到客户的产品设计过程中，提供定制化的钢材解决方案。这种协作模式不仅提高了客户满意度，还帮助钢铁企业开发新的高附加值产品，提升了整体的盈利能力。

此外，智能制造还推动了钢铁产业的服务化转型。一些领先企业开始探索"产品+服务"的新商业模式，利用数字技术为客户提供全生命周期的钢

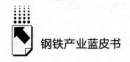

材管理服务，包括产品选型、使用监测、维护预警等。这种转型不仅拓展了企业的收入来源，还增强了与客户的黏性，提高了市场竞争力。

四　钢铁产业智能制造的未来发展前景

（一）技术发展趋势展望

未来，随着智能制造的持续推进，钢铁产业在技术领域将迎来多重变革和创新。钢铁产业对新技术的投资不断增加，2022年研发投入占营业收入的6.29%，[①]这一比例有望继续增长，以应对快速变化的市场需求和激烈的市场竞争。技术创新将在提高行业竞争力和实现可持续发展中发挥核心作用。

当前，国内已有超过80%的钢铁企业积极推动智能制造，这一趋势表明智能制造正成为行业的主流发展方向。人工智能、IIoT技术将在未来钢铁产业智能制造中扮演更加关键的角色。人工智能不仅将用于优化生产调度，还将在全方位的生产管控和产品质量预测中起到关键作用。通过不断进化的机器学习算法，人工智能能够实时监测生产状态，预测潜在问题，并做出自主决策，大幅提高生产的稳定性和效率。IIoT技术的进一步应用将使设备之间实现更高水平的互联互通，推动生产设备的智能协同和实时优化资源配置，提升整体运营效率。

增材制造（3D打印）技术也将在未来的钢铁产业中得到广泛应用。通过3D打印，钢铁企业可以更加灵活地应对定制化需求，实现复杂结构的精准制造。这一技术不仅将继续缩短产品的研发和生产周期，还将在高精度、高强度的部件制造中展现更大潜力。随着材料科学的进步，增材制造技术在钢铁领域的应用将逐步成熟，并将在航空航天、医疗器械等高附加值领域占据重要位置。

---

① 数据来源：世界钢铁协会。

材料科学的突破将是钢铁产业未来发展的另一关键驱动力。研究人员将不断开发新型钢合金，增强其性能，使之更适应现代工业对高强度、耐腐蚀、轻量化材料的需求。这些新材料将在建设、能源、交通运输等多个领域发挥重要作用，推动钢铁产品在高端市场的应用。

与此同时，纳米技术的应用前景令人期待。纳米材料的开发将赋予钢材更高的强度、更强的韧性和耐久性，这种技术在极端环境下的应用效果尤为显著，例如海洋工程、深空探测设备和核电站等领域。通过纳米技术，钢材将具备更优异的耐磨性和抗腐蚀性，延长使用寿命，并降低维护成本。

展望未来，钢铁产业的智能制造将逐步实现全面的智能化和高度的柔性化。通过引入先进的自动化技术、智能算法和新材料，钢铁企业不仅能够大幅提升生产效率，降低生产成本，还能快速响应市场需求的变化，为客户提供更加个性化的产品服务。技术进步将推动钢铁产业从传统制造模式朝智能化、绿色化、服务化的方向转型，并为行业的可持续发展奠定坚实基础。

（二）政策与市场的推动力

1. 行业标准与国家政策

（1）行业标准

钢铁行业智能制造标准体系是推动行业智能化转型的重要支撑。2023年，工业和信息化部发布了《钢铁行业智能制造标准体系建设指南（2023版）》，这一指南旨在发挥标准对推动钢铁行业智能制造发展的支撑和引领作用。它依据《国家智能制造标准体系建设指南（2021版）》和其他相关规划，为钢铁行业智能制造标准化工作提供了指导，提出到2025年建立较为完善的钢铁行业智能制造标准体系，计划累计研制45项以上钢铁行业智能制造领域的标准，这些标准将涵盖基础共性标准，以及绿色低碳、产品质量、生产安全等关键应用场景标准。

钢铁行业智能制造标准体系包括六个层次，如图3所示。这些层次共同构成一个全面的框架，以指导钢铁行业的智能化。中国钢铁行业的智能制造

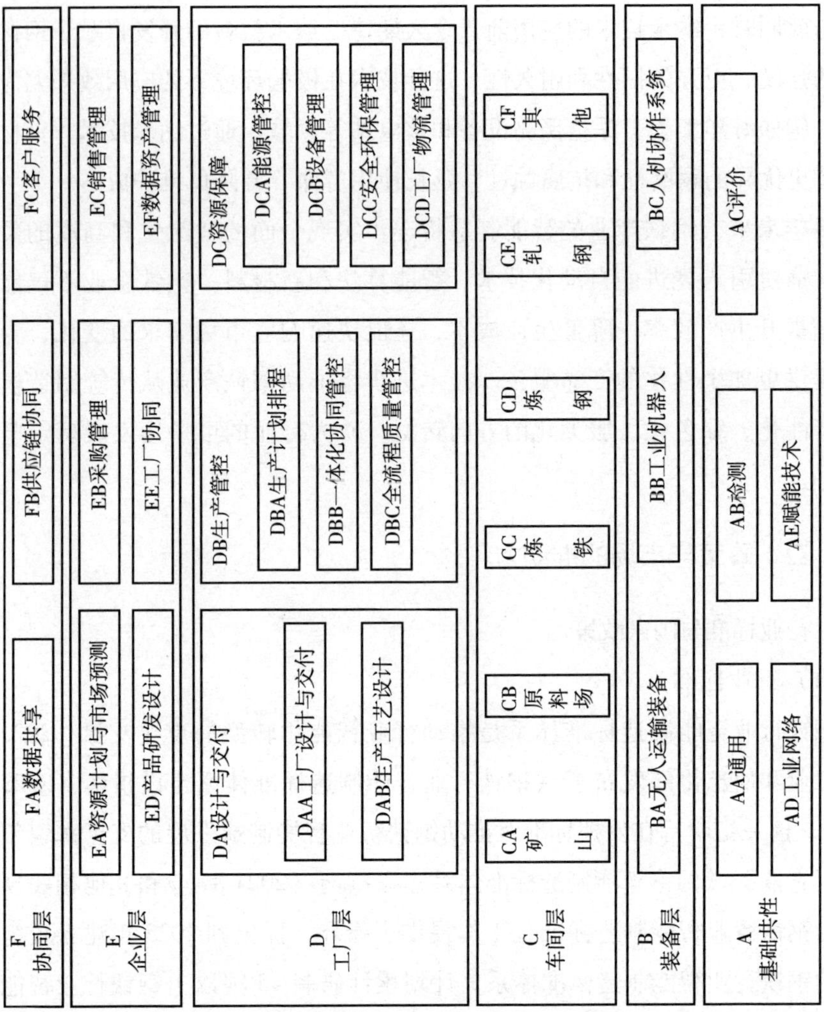

F 协同层	FA数据共享	FB供应链协同	FC客户服务		
E 企业层	EA资源计划与市场预测	EB采购管理	EC销售管理		
	ED产品研发设计	EE工厂协同	EF数据资产管理		

DA设计与交付
- DAA工厂设计与交付
- DAB生产工艺设计

DB生产管控
- DBA生产计划与排程
- DBB一体化协同管控
- DBC全流程质量管控

DC资源保障
- DCA能源管控
- DCB设备管理
- DCC安全环保管理
- DCD工厂物流管理

D 工厂层

C 车间层	CA 矿山	CB 原料场	CC 炼铁	CD 炼钢	CE 轧钢	CF 其他

B 装备层	BA无人运输装备	BB工业机器人	BC人机协作系统

A 基础共性	AA通用	AB检测	AC评价
	AD工业网络	AE赋能技术	

图 3　钢铁行业智能制造标准体系

标准化工作自 2020 年全面启动，截至 2023 年，已有 54 项具有钢铁行业特征的智能制造标准发布实施。在 2023 年，首项钢铁行业智能制造领域国际标准《钢铁行业智能制造指南》在 ISO 成功立项，这标志着中国在该领域取得了国际话语权，并为全球智能制造发展贡献了中国智慧。

（2）国家发展规划

《"十四五"智能制造发展规划》指出要加强国家重大科技项目、国家重点研发计划等对智能制造领域的支持。例如，落实首台重大技术装备研发费用加计扣除等支持政策；鼓励国家相关产业基金、社会资本加大对智能制造的投资力度；发挥国家产融合作平台作用，引导金融机构为企业智能化改造提供中长期贷款支持，开发符合智能制造特点的供应链金融、融资租赁等。

（3）地方政府政策

各地方政府也积极出台相关政策，支持钢铁行业的智能制造和创新发展。

河北省人民政府办公厅印发《河北省支持钢铁行业创新发展的若干措施》，提出对符合条件的钢铁企业提供研发费用加计扣除政策补助，对新认定的国家级技术创新示范企业给予 100 万元资金支持，省级制造业创新中心奖励 300 万元，晋级全国重点实验室或技术创新中心奖励 300 万~500 万元，计划到 2024 年底实现钢铁企业环保 A 级和绿色工厂全覆盖。

山东省工业和信息化厅发布了《山东省制造业数字化转型揭标行动方案（2023—2025 年）》，旨在推动制造业与数字技术的深度融合，尤其是针对钢铁等重点行业。方案的主要内容包括：提升智能制造水平，支持骨干企业应用数字技术和网络技术进行多场景试点示范，计划到 2025 年建成 50 家国家级智能工厂和 500 家 5G 工厂；推动数字化车间和智能工厂建设，鼓励企业按照国家标准建设数字化车间，以提升生产效率和资源利用率；以及推动工业互联网平台建设，确保重点产业链的工业互联网平台全覆盖，支持"链主"企业构建高效协同的工业生态系统。

河南省在《河南省钢铁行业转型发展行动方案（2018—2020 年）》中，

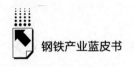

强调了智能制造在提升装备工艺、产品质量、资源利用和节能减排水平等方面的重要性。

综合来看，通过行业标准的制定、国家发展规划的支持和地方政府政策的实施，各级政府和相关机构正在积极推动钢铁行业朝智能化、绿色化方向转型升级。各方在合力推动钢铁行业可持续发展的同时，也为全球智能制造贡献了中国智慧。

2. 市场需求的变化与机遇

随着全球经济和技术的不断发展，市场对钢铁产品的需求正经历深刻的变化。这种变化为钢铁产业的智能制造提供了机遇，但也使之面临挑战。客户对个性化、高品质产品的需求日益增加，推动钢铁企业向更灵活、更智能的生产模式转型。如今，客户希望能够根据具体需求定制钢铁产品，从尺寸、形状到性能都要符合个性化要求，这对钢铁企业提出了极高的有关响应速度和柔性生产的要求。传统的生产模式已难以适应这一变化，而智能制造正是应对这一市场需求转型的有效途径。通过引入智能制造技术，钢铁企业能够建立高度自动化和柔性化的生产体系，不仅能提高定制化生产的效率，还能在保障质量的同时缩短产品交付周期，从而增强企业的市场竞争力。

与此同时，全球对环保和可持续发展的关注也为钢铁产业的智能化转型带来了新的机遇。随着国际社会对碳排放、能源效率和环境保护要求的提高，智能制造技术能够有效帮助企业优化生产流程，减少资源消耗和环境污染。通过智能化手段，钢铁企业可以更加精准地控制生产过程，减少能源浪费，并最大限度地减少污染物排放。此外，企业通过智能制造的升级改造，能够进一步提升其在社会责任履行方面的表现，从而提升其在全球市场中的品牌形象和竞争力。环保和智能制造的结合，不仅符合可持续发展的全球趋势，也使企业在竞争日趋激烈的国际市场中站稳脚跟。

未来，持续的城镇化和基础设施建设也将为钢铁产业带来巨大的市场需求，尤其是在新兴市场国家。随着人口的快速增长和城市扩张，住宅、商业建筑和工业基础设施的需求将大幅增加。钢铁作为这些建设项目中不可或缺的材料，仍将在桥梁、铁路等基础设施建设中扮演重要角色。同时，世界各国政府正在大力投资大型基础设施项目，如智慧城市和可持续交通系统，以促进经济增长并提升民众生活质量。这些项目不仅增加了对钢铁的需求，也为钢铁产业智能制造的进一步发展提供了良好的市场环境和增长机会。

此外，市场对循环经济和资源效率的关注日益增加，也为钢铁产业的未来发展创造了新的商机。钢铁产业正在逐步采纳循环经济原则，将产品的可重复利用性和可回收性纳入设计和生产的核心理念。通过减少浪费、提高资源利用效率，企业不仅能够减少对环境的影响，还能创造全新的商业模式。例如，产品即服务模式正在钢铁产业内逐渐兴起，企业不再仅仅出售钢铁产品，还提供钢铁产品的租赁服务。这种模式促使制造商设计出更加耐用、易于维护和回收的钢铁产品，从而推动钢铁产业朝资源节约型和可持续发展方向迈进。

综合来看，市场需求的变化为钢铁产业智能制造的未来发展提供了多重机遇。无论是个性化需求的崛起，还是环保压力的增加，抑或基础设施建设的推动，都为钢铁企业提供了通过智能制造技术应对市场挑战的契机。随着技术的不断进步，钢铁产业有望在未来迎来更加广阔的市场发展空间，同时在智能化和可持续发展的道路上持续前行。

五　主要结论

（一）智能制造在钢铁产业中的应用现状

当前智能制造在钢铁产业中的应用已经取得了一定的进展，但整体上仍处于不断发展的阶段。智能制造在钢铁产业中的应用呈现出显著的技术进步和绿色转型趋势。各类先进技术如 IIoT 和人工智能与机器学习正在深刻改变钢铁生产流程，推动生产效率的提升和成本的降低。通过智能传感器和自动化技术，企业能够实现预测性维护，缩短设备停机时间，并提升生产线的整体效率。同时，数字孪生技术的应用使得钢铁企业能够模拟和优化生产流程，预测潜在问题并提升运营效率，从而提高生产率和减少资源浪费。

在可持续发展方面，环境保护日益成为钢铁产业的重要关注点。"绿色钢铁"这一理念正在广泛普及，促使钢铁企业不仅关注生产效率提升和成本降低，还积极致力于能源利用效率的提升、排放控制以及废物处理的改进。首先，智能制造技术的引入使得企业能够更加精准地监控和管理能源使用。通过 IIoT、大数据分析和人工智能与机器学习等技术，企业可以实时优化能源分配，减少能源浪费。其次，智能制造为钢铁企业提供了先进的排放监控和控制工具，使其能够实时监测生产过程中产生的废气、废水等污染物。最后，智能制造技术还促进了碳捕集与封存（CCS）等新兴环保技术的应用，帮助企业进一步减少碳足迹。

智能制造在钢铁产业中的应用虽处于发展阶段，但其技术进步和绿色转型的趋势显著。各类先进技术不仅提高了生产效率和资源利用率，也在推动行业朝着更加环保、可持续的方向发展，展现了智能制造在未来发展的巨大潜力。

（二）对未来发展的期望与建议

未来，钢铁产业智能制造的发展不仅依赖技术进步，还要求人力资源转型和管理模式创新。为了在快速变化的市场环境中保持竞争力，企业必须采取多层次的措施推动智能制造的全面发展。

智能制造的推进不仅是技术应用的深化，更是对企业人力资源的一项全新挑战。先进技术的应用需要具备相关技能的人才，因此企业应高度重视人才的培养和引进。通过培训现有员工、提高其技术水平，并积极引入具备智能制造知识的高素质人才，企业能够建立一支与新技术相适应的专业团队。这些人才不仅要掌握 IIoT、大数据分析和人工智能与机器学习等技术，还需具备系统思维，能够将技术与实际生产需求相结合，从而推动企业的智能化转型。

此外，智能制造带来的挑战不仅仅体现在技术层面，也体现在如何有效运用新技术解决生产中的实际问题上。企业应通过多样化的培训项目，持续提升员工的技能储备和技术适应能力，使其在面对复杂生产场景时能够做出灵活、科学的决策。

随着市场需求变化加速，传统的层级化管理结构可能显得僵化。为了适应这种变化，企业需要打造更加灵活的组织架构，能够快速响应市场需求和技术革新。通过引入智能管理工具，企业可以实现对生产流程的实时监控和数据驱动的智能决策，提高整体运营的灵活性和效率。

总体而言，钢铁产业的智能制造发展不仅需要技术的不断进步，还需要企业在人才培养和组织结构方面进行全面调整。通过培养具备智能制造技能的人才、建立灵活的组织架构，并引入智能管理系统，企业将能够更好地应对快速变化的市场和技术环境，实现更高效、更科学的运营管理。技术与人力资源的协同发展以及数据驱动的智能决策，将成为企业保持长期竞争力的关键因素。

参考文献

《产业结构调整指导目录（2024 年本）》，国家发展和改革委员会网站，2023 年 12 月 29 日，https：//www.ndrc.gov.cn/xxgk/zcfb/fzggwl/202312/P020231229700886191069.pdf。

《工业和信息化部办公厅关于印发钢铁行业智能制造标准体系建设指南（2023 版）的通知》，中国政府网，2023 年 9 月 27 日，https：//www.gov.cn/zhengce/zhengceku/202310/content_ 6910757.htm。

《工业和信息化部办公厅关于印发〈中小企业数字化赋能专项行动方案〉的通知》，中国政府网，2020 年 3 月 24 日，https：//www.gov.cn/zhengce/zhengceku/2020-03/24/content_ 5494882.htm。

《关于印发〈山东省制造业数字化转型提标行动方案（2023—2025 年）〉的通知》，山东省工业和信息化厅网站，2023 年 10 月 31 日，http：//gxt.shandong.gov.cn/art/2023/10/31/art_ 103885_ 10337936.html。

《国务院关于印发新一代人工智能发展规划的通知》，中国政府网，2017 年 7 月 20 日，https：//www.gov.cn/zhengce/content/2017-07/20/content_ 5211996.htm。

《河南省人民政府办公厅 关于印发河南省钢铁行业转型发展行动方案（2018—2020 年）等 4 个方案的通知 豫政办〔2018〕82 号》，平顶山市人民政府网站，2021 年 9 月 6 日，https：//www.pds.gov.cn/contents/22444/133288.html。

《"十四五"智能制造发展规划》，中国政府网，2021 年 12 月 28 日，https：//www.gov.cn/zhengce/zhengceku/2021-12/28/5664996/files/a22270cdb0504e518a7630fa318dbcd8.pdf。

《〈智能制造发展规划（2016—2020 年）〉正式发布》，中国政府网，2016 年 12 月 8 日，https：//www.gov.cn/xinwen/2016-12/08/content_ 5145162.htm。

B.4
钢铁产业智能管理的现状及发展

葛泽慧　何晓辉　闫相斌*

摘　要： 在产业智能化的背景下，智能管理作为关键分支，涉及管理工作的自动化、网络化、科学化和智能化，通过智能化系统能提升管理的效率和决策的精确度。智能管理的应用不仅提升了生产效率和产品质量，还促进了资源的最优配置和运营成本的降低。然而，与智能交通和智能城市等其他领域的智能化相比，钢铁产业在战略规划、组织结构、风险管理与人员管理和技能提升等方面存在明显差距。钢铁产业的智能管理是实现行业长期健康发展的关键，通过智能化改造，企业能更好地应对市场变化，提升服务水平，提高安全性。因此，本报告通过分析钢铁产业智能管理的典型应用案例，揭示了行业现状和存在的问题，并从智能质量、智能能源、智能碳、智能人力和智能库存管理五个方面探讨钢铁产业未来的发展趋势和改进方向。本报告旨在推动钢铁产业的顶层设计与管理创新，以提高其在全球市场中的竞争力，缩小钢铁产业与其他领域的智能管理差距，提升管理架构智能化水平，助力国家工业竞争力的提升和经济结构的优化升级。

关键词： 钢铁产业　智能化转型　智能管理

---

* 葛泽慧，管理学博士，北京科技大学经济管理学院副教授、博士生导师，研究方向为技术创新、生产运营、供应链、企业竞合等；何晓辉，北京科技大学经济管理学院硕士研究生，研究方向为供应链管理、服务管理；闫相斌，北京科技大学教授、博士生导师，研究方向为商务智能与数据分析、钢铁产业数智化与绿色低碳发展、评价理论等。

一　引言

中国产业数字化迅猛发展，不仅推动实现了经济总量的稳健攀升，而且使数字经济在国民经济体系中占据越来越重要的位置，并发挥日趋显著的作用。如图1和图2所示，从2014年到2023年，中国数字经济规模持续增长，占GDP比重持续提升，表明数字化转型正成为经济增长的关键动力。特别是在产业数字化方面，数字技术与实体经济的深度融合，不仅提高了生产效率，还促进了新业态的涌现，增强了经济发展的韧性和活力。

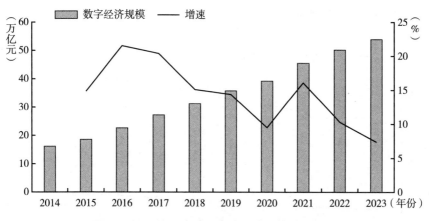

图1　2014~2023年中国数字经济规模及其增速

资料来源：中国信息通信研究院。

此外，如图3所示，数字经济在第一、第二、第三产业中的渗透率持续上升，显示出数字化转型正在向更广泛的经济领域扩散。这种渗透不仅改变了传统产业的运作方式，还为产业升级和结构优化提供了新的动力。随着数字经济与各产业的深度融合，我们可以看到，数字化已经成为推动中国经济高质量发展的重要支撑，对于提升国际竞争力和实现可持续发展具有重要意义。

随着产业数字化的深入推进，智能化转型成为中国经济高质量发展的新

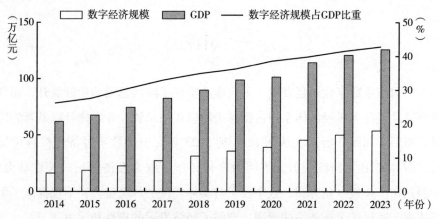

图 2　2014~2023 年中国数字经济规模、GDP 及数字经济规模占 GDP 比重

资料来源：国家统计局。

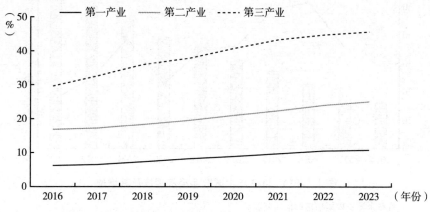

图 3　2016~2023 年中国数字经济在第一、第二、第三产业中的渗透率

资料来源：中国信息通信研究院。

引擎。数字化为智能化提供了丰富的数据资源和强大的计算能力，使得生产流程更加自动化、决策过程更加精准化、服务模式更加个性化。在制造业，智能化系统能够通过实时数据分析提高生产效率、降低能耗、提升产品质量；在服务业，智能化应用如智能客服、推荐系统等，正在重塑消费者体验，提高服务效率。因此，智能化不仅是一种技术发展趋势，更是产业数字化发展的必然方向，对于增强中国在全球经济中的竞争力发挥着举足轻重的作用。

在智能制造和智能管理这两大智能化的分支中（如图4所示），智能管理扮演着至关重要的角色。它融合了自动化、网络化、科学化和智能化等多个方面，其目标是通过智能系统的应用来提升管理的效率和决策的精准度。这一理念最初由北京科技大学的涂序彦教授所提出，他将智能管理视作人工智能（AI）、管理学、知识工程、系统工程、计算机技术、通信技术、软件工程和信息工程等多学科交叉融合的结果。智能管理学科探索的是如何提升管理系统的智能化程度，以及如何设计、开发智能管理系统的相关理论和技术。从企业管理角度来看，管理智能化就是利用机器设备、软件程序等完成管理工作的方法。管理智能化思想产生于1995年，当时国内许多学者从管理内容智能化、智能化管理技术、管理信息系统智能化、智能化信息管理系统、智能人机系统、智能决策系统、管理专家系统等方面进行了探讨。

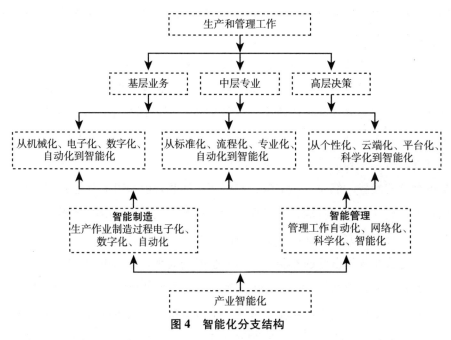

图4　智能化分支结构

资料来源：笔者自制。

总而言之，在智能管理的推动下，组织能够实现资源的最优配置，降低运营成本，同时提高产品和服务的创新能力。智能化的管理系统能够通过分析大量的数据,预测市场趋势,从而为高层决策提供科学依据。此外,智能管理还能提高组织的透明度和协同效率,确保信息在不同层级和部门间流畅传递,支持中层和基层管理的专业化和科学化运作。

因此,智能管理不仅是产业数字化的必然结果,也是企业提升竞争力、实现可持续发展的关键。它标志着管理实践从依赖经验和直觉向依赖数据和算法的转变,这对于任何希望在快速变化的市场中保持领先地位的组织来说都是至关重要的。随着智能管理技术的进步,如生成式 AI 的发展,企业将能够更有效地处理复杂的管理事务,提高生产效率和生产力。

钢铁产业的智能管理是指利用先进的信息技术、自动化技术和大数据分析技术,对钢铁产业生产、管理和运营过程进行优化,以提高生产效率、降低成本、减少资源浪费,并提高产品质量和环境友好性。钢铁产业的智能管理不仅仅是技术层面的提升,还涉及管理流程、组织架构和决策机制的智能化。

钢铁产业作为国民经济的重要支柱,其智能管理的研究与实施对于推动整个行业的转型升级至关重要。在全球化竞争日益激烈的背景下,钢铁产业的智能化不仅能够提高生产效率、降低成本,还能通过精确控制生产过程,提升产品质量,满足市场对高端钢材的需求。此外,智能管理有助于实现生产过程的自动化和信息化,减少对环境的影响,符合当前全球可持续发展和绿色制造的趋势。然而,在中国,与智能交通和智能城市等其他领域的智能化相比,钢铁产业的智能管理仍存在较大差距,尤其是在战略规划、组织结构、风险管理等方面,这可以从一些国内事实中看出。

一是战略规划方面的差距。中国在智能交通和智能城市的顶层设计上投入了大量资源,例如,"智能城市"项目已在多个城市实施,旨在通过信息技术和大数据分析技术优化城市管理。上海、杭州等城市的智能交通管理系统已实现大规模应用,实时交通数据和智能信号灯系统有效缓解了交通拥堵问题,提升了市民的出行体验。相比之下,钢铁产业虽然在《钢铁产业调整和振兴规划》中提到智能化的要求,但没有像智能交通那样形成系统化的国家战略。以河北省为例,作为中国钢铁大省,其智能化发展更多依赖于个别企业的自主投资与技术升级，缺乏行业层面全面推动智能管理的规划。

二是组织结构上的挑战。在智能城市管理中，多个城市部门通过数据共享和智能平台实现跨部门协作。比如，深圳市的相关平台整合了城市交通、能源、水务等多个管理部门的数据，实现了扁平化管理，缩短了反应时间。然而，钢铁产业的组织结构依然相对传统。以中国宝武钢铁集团有限公司为例，中国宝武钢铁集团有限公司作为中国最大的钢铁企业之一，尽管已开始实施智能制造和自动化生产，但整体管理架构的扁平化进程仍然缓慢，信息在不同部门之间的共享程度有限，管理效率较低。

三是风险管理方面的滞后。智能交通管理系统通过传感器、摄像头和大数据分析对风险进行实时监控和预测。例如，北京的智能交通管理系统可以根据道路实时状况对交通信号灯进行动态调整，提前疏导拥堵情况，降低事故发生率。相较之下，钢铁产业在风险管理上的智能化程度较低，尤其是在供应链和市场波动管理方面。例如，鞍钢集团有限公司虽然在生产线上应用了智能监控系统来提升生产安全和设备维护的水平，但在面对市场需求波动和原材料供应风险时，企业缺乏快速、智能的响应机制。钢铁产业仍然依赖传统的市场预估和人工调整，面对外部市场变化时反应速度相对较慢。

四是人员管理和技能提升的差距。在国内的智能交通和智能城市管理系统中，管理人员经过专门的培训已熟练掌握智能化平台。例如，杭州通过对政府部门的智能化培训，提高了管理者使用大数据分析、人工智能进行城市治理的能力。而钢铁产业在智能化管理方面的人员培训力度则相对不足。即使像中国宝武钢铁集团有限公司这样的企业，虽然在智能制造上领先全国，但其管理层和基层员工对智能管理系统的操作能力仍需加强。许多中小型钢铁企业在引入智能化技术后，缺乏有效的培训体系，导致员工对智能管理系统的利用率较低，智能管理的潜力未被充分发挥。

尽管如此，钢铁产业的智能管理依然是实现行业长期健康发展的关键。通过智能化改造，钢铁企业能够更好地应对市场变化，快速响应客户需求，提升服务水平，从而在激烈的市场竞争中占据有利地位。同时，智能管理还能够提高钢铁产业的安全性，通过先进的监控和预警系统，有效预防和减少

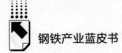

工业事故，保障员工的生命安全和身体健康。因此，缩小钢铁产业与其他领域的智能管理差距，特别是提升管理架构的智能化水平、推进人员技能提升和完善供应链互动，将是中国钢铁产业智能管理未来发展的重点方向。

综合来看，尽管中国钢铁产业已经在生产自动化方面取得了进展，但其智能管理在多方面与国内先进领域仍有差距，存在管理架构未智能化、战略缺乏系统性、人员培训不足以及外部互动和供应链响应不够智能化的问题。基于此，本报告通过钢铁产业智能管理典型应用案例，分析行业现状，从智能质量、智能能源、智能碳、智能人力和智能库存管理五个方面入手（如图 5 所示），探讨钢铁产业智能管理存在的问题和未来发展趋势，推动顶层设计与管理创新。通过推进智能管理在钢铁产业中的应用，钢铁产业有望在全球市场中获得更强的竞争力，助力国家工业竞争力提升和经济结构优化升级。2022~2023 年钢铁企业工业互联网平台创新应用案例如表 1 所示。

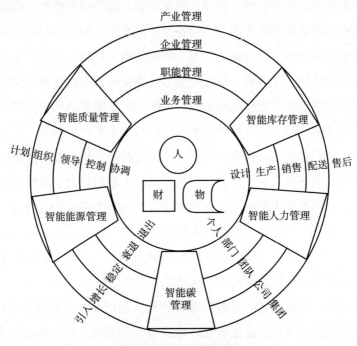

图 5　智能管理研究结构

资料来源：笔者自制。

表 1 2022~2023 年钢铁企业工业互联网平台创新应用案例

年份	案例名称	应用企业	服务商企业
2022	新天钢冷轧薄板智慧园区创新应用	天津市新天钢冷轧薄板有限公司	树根互联股份有限公司
	基于工业互联网的智慧物流平台创新领航应用	攀钢集团西昌钢钒有限公司	成都蓉通微链科技有限公司
	基于工业互联网的钢铁生产制造数字化管理创新应用	广西柳州钢铁集团有限公司	广西柳钢东信科技有限公司
	基于云边融合与数字孪生的钢铁企业一体化智慧运营创新应用	南京钢铁股份有限公司	江苏金恒信息科技股份有限公司
	基于 INECO 平台的智慧运维综合解决方案创新应用	山西建龙实业有限公司	昆岳互联环境技术（江苏）有限公司
2023	基于工业互联网的钢铁企业数字化转型创新应用	上海梅山钢铁股份有限公司	上海宝信软件股份有限公司
	钢企全流程协同平台创新应用	天津铁厂有限公司	阿里云计算有限公司
	金恒科技双碳背景下的智慧能源平台建设	南京钢铁股份有限公司	江苏金恒信息科技股份有限公司
	河钢集团衡板公司镀锡基板产线智能化提升	河钢集团衡板公司	—
	鞍钢股份基于数据驱动的钢铁全流程智能工厂	鞍钢股份有限公司	—

资料来源：根据公开资料整理。

二 钢铁产业智能质量管理

（一）智能质量管理系统

钢铁产业的智能质量管理是一个涵盖广泛领域的复杂系统，它包括原材料采购、生产过程监控、产品质量检测、产品交付以及售后服务等多个方面。该系统旨在通过采用先进的技术实现自动化和智能化生产，以提高生产效率并确保产品质量始终符合高标准。智能质量管理对于钢铁产业来说至关重要，它不仅可以提高生产效率和经济效益，还能推动产业的可持续发展，

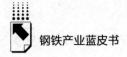

并增强企业的市场竞争力。通过智能化改造，钢铁企业能够更灵活地应对市场变化，满足客户需求，并响应国家对环保的要求。

中国钢铁企业大多已构建了全面的质量管理体系，并通过ISO等一系列国际质量管理标准保障其产品质量的稳定性和可靠性。中国质量管理系统（QMS）软件市场规模在2022年达9.77亿元，同年全球质量管理系统软件市场规模达508.00亿元。质量管理系统是一种利用现代信息技术，如人工智能、大数据分析、云计算等，来提升企业质量管理水平的软件系统。它通过集成和自动化质量管理流程，帮助企业提高产品质量、符合法规要求、提升客户满意度，并促进质量管理流程持续改进。质量管理系统软件行业调研报告结合行业发展环境和市场动态，对预测期间质量管理系统软件市场趋势做出了合理预测。预计全球质量管理系统软件市场在预测期间将以9.77%的复合增长率增长，并预测至2028年全球质量管理系统软件市场总规模将会达到893.76亿元。质量管理系统蓝图如图6所示。

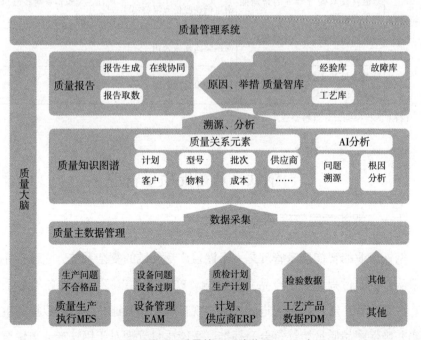

图6 质量管理系统蓝图

资料来源：笔者自制。

通过这种全面而细致的质量管理体系，钢铁企业能够确保产品质量的稳定性和可靠性，同时提高生产效率和经济效益，增强市场竞争力，并推动产业可持续发展。

（二）智能质量管理实践

首钢集团有限公司在追求高质量发展的过程中，实施了全流程质量管控系统，以应对高端家电、汽车以及制造钢铁领域对产品质量稳定性的严格要求。该系统通过集成高新技术，实现了自动化、智能化的生产方式，提升了产品过程质量的管控能力。

首钢集团有限公司在引入质量管理体系后，产品生产稳定性有了显著增强，同时在质量管理的效率和准确性上也有了大幅度提高。系统的自动判断能力达到了满分，将决策所需时间从 30 分钟缩短至 5 分钟，实现了质量监控和预警从手动到自动化的飞跃。

此外，首钢集团有限公司通过智能化的改造，增强了对整个生产过程中表面缺陷的迅速检测、准确定位和跟踪的能力。这使得公司能够快速确定缺陷的来源和原因，从而显著促进产品质量的提升。在汽车板领域，PPM 值不断下降，2021 年奔驰的平均 PPM 值达到了 0，宝马为 39.6，日系产品为 7.3，大众为 6.8。这些产品质量的提升，为公司带来了约 1733 万元的经济效益。

首钢集团有限公司的全流程质量管控系统不仅提高了生产效率和经济效益，还促进了钢铁产业的可持续发展，提高了企业的市场竞争力。通过智能化改造，首钢集团有限公司能够更好地适应市场变化，满足客户需求，并响应国家对环保的要求。

（三）智能质量管理挑战

1. 用户需求的个性化与标准化生产的矛盾

钢铁产业的生产往往依赖于标准化流程，以确保产品的一致性和可靠性。然而，用户的需求日益个性化，对产品特性有着独特的要求。这种需求的多样性和不断演变的特性，使得标准化生产难以完全实现。例如，即使产品在出厂时完全符合质量标准，用户在实际应用中仍可能遇到问题，如在特定工艺中出现开裂。这通常是因为用户工艺的改进导致对材料性能的要求提高，而现有的生产标准未能及时更新以适应这些变化。这种供需不匹配的现象，即产品虽然符合标准但不符合实际应用需求，是钢铁企业需要解决的一个关键问题。

2. 整体质量管理体系的缺失

钢铁生产是一个涉及众多环节和变量的复杂过程，任何一个环节的疏忽都可能导致最终产品的质量下降。尽管一些企业致力于改进生产流程中的各个环节，但这种局部的改进往往难以实现整体质量的显著提升。例如，耐火材料的不合格可能导致夹杂物的增加，或者轧辊材质的问题可能导致产品表面缺陷。如果企业仅仅采取"救火"式的质量管理策略，那么它们将始终处于被动应对问题的状态。为了实现长期的质量提升，企业需要建立一套全面的质量管理体系，而不仅仅关注局部的改进。

3. 短期利益与长期发展的权衡

提高产品质量通常需要额外的投入，这可能包括增加生产成本、在初期减少产量等。在短期利益和长期发展之间找到平衡点是一项挑战。企业决策者在面对这种权衡时，往往难以做出果断的选择，这可能导致改进工作的停滞。例如，为了生产特种钢材，企业可能需要增加工艺件的消耗，提高采购成本，这些都是开发高标准产品所必需的投入。然而，这些短期的牺牲可能会带来长期的收益，如市场竞争力的提升和品牌声誉的提升。

钢铁企业在追求高质量发展的过程中，需要不断调整和优化生产流程，建立全面的质量管理体系，并在短期利益与长期发展之间找到合适的平衡点。通过这些努力，企业可以更好地满足用户的需求，提升产品的市场竞争力。

三 钢铁产业智能能源管理

（一）智能能源管理平台

在钢铁产业的能源管理中，基于全流程数字化的钢铁企业能源一体化智能管控系统正成为推动行业绿色、低碳发展的关键因素。这一系统通过集成先进的信息技术，如大数据分析、云计算、人工智能、5G 等，实现了生产过程的自动化、网络化、科学化和智能化，从而提升能源利用效率并减少环境污染。

如图 7 所示，首先，基于全流程数字化的钢铁企业能源一体化智能管控系统以能源生产的高效集成为目标，针对能源动力生产站的大规模远距离集中操作监控需求研发能源动力集控技术。这实现了钢铁能源生产信息流和控制流的全面融合与再造。其次，基于能源流、物质流与信息流高度耦合的全流程能源大数据平台的构建，支撑精细化节能管理、全局层面能源优化调度、重点用能设备提效节能调控技术与应用的研发，形成钢铁能效精益管控平台。最后，结合技术创新，基于工业互联网平台架构，进行能源生产管控组织变革的顶层设计研究，推进能源一体化智能闭环管控模式创新。

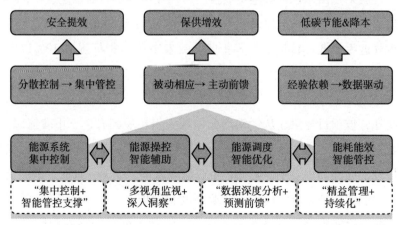

图 7　基于全流程数字化的钢铁企业能源一体化智能管控系统

资料来源：笔者自制。

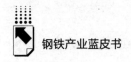

在该系统的推动下，钢铁产业的能源管理正逐渐实现从粗放型向精细化的转变。通过数字化技术，企业能够更有效地监控和管理能源消耗，优化生产流程，提高能源使用效率，从而推动整个行业的绿色低碳发展。这不仅有助于企业降低运营成本，提高市场竞争力，也对实现国家的碳达峰碳中和目标具有重要意义。随着技术的不断进步和应用的深入，预计未来该系统将在钢铁产业中发挥更大的作用。

（二）智能能源管理实践

在以上系统的应用中，山东永锋临港项目展现了显著的效益。中冶赛迪在山东永锋临港依托全流程的工业互联网平台的基础上，构建了以"全流程数字化平台+精益能效管控+动力能源集控"的能源一体化智能管控系统，实施了动力能源—制氧（含压空）、煤气、水、发电、供电五大工序的专业化集控，建设了融合能源精细化管理、能效平衡优化、设备能效智能分析等多项智能管控应用，实现"集中管理、集中操作、集中调度"的智能闭环管控模式，岗位优化率达30%。通过精益能效管控持续挖掘节能潜力，各项能源管理指标得到有效改善，实现了能源管理集中化、扁平化、精细化，提高了岗位作业效率，有效保障能源系统动态平衡和生产稳定运行。

项目成果在山东永锋临港上线投用后，经过几个月的稳定运行，帮助企业实现了煤气、蒸汽、电以及氧气等系统的实时动态优化，实现了高炉煤气、氧气近零放散，转炉煤气零拒收，自发电率等指标提升10%以上，电力需求量降低30%，吨钢动力介质平均成本降低20元，年创效达8653万元。

此外，该项目成果还从钢铁冶金领域应用拓展到有色、市政能源领域。如镔鑫钢铁通过实施全流程数字化的能源管控系统，实现了能源的精细化管理，提升了能源利用效率，降低了企业能源成本。中国一重通过采用全流程数字化的能源管控系统，优化了能源调度和管理，实现了能源的高效利用。凤宝管业通过实施高效清洁煤制气项目，实现了能源的高效利用和环保排放，推动了企业的绿色发展。铜陵泰富通过建设能源供应中心，实现了能源的集中管理和优化调度，提升了能源利用效率和经济效益。

这些项目的成功实施，不仅提升了钢铁企业的能源利用效率，还为企业的绿色、低碳、可持续发展提供了强有力的支持，进而为用户节能减碳、降本增效持续创造条件。

（三）智能能源管理挑战

1. 环境污染问题

在 21 世纪的工业领域中，钢铁产业扮演着制造业核心的角色，其影响力和价值是显而易见的。但随着全球工业化进程的加快，钢铁产业生产过程中的能源消耗和环境污染问题日益凸显。尤其是在全球气候变化的大背景下，钢铁产业的能源管理问题已经成为制约其可持续发展的关键因素。钢铁制造不仅占用大量的能源，还释放出大量的二氧化碳及其他温室气体，给自然环境带来了沉重负担。据相关数据，全球范围内钢铁产业的能源消耗占能源总消耗的 7%~9%，其二氧化碳排放量也约占全球排放总量的 6%。这些数字背后，是钢铁产业在能源利用效率提升、清洁能源替代、排放控制等方面面临的巨大挑战。

2. 生产流程复杂

钢铁产业的生产流程复杂，涉及多个环节和工序，这些环节之间的能源流和物质流高度耦合，使得能源管理的难度进一步增加。传统的能源管理模式往往依赖于人工经验和简单的计量统计，缺乏对能源消耗和排放的精准控制和优化。在新的环保要求和市场压力下，钢铁产业必须转变思路，采用更加智能化、精细化的能源管理方式，以实现能源的高效利用和排放的显著降低。

3. 余热余能回收利用效率低

钢铁企业余热余能的回收利用是一个关键的环节，它不仅关系到企业的能源成本，也影响着企业的绿色发展和市场竞争力。钢铁生产过程中会产生大量的余热余能，如高温废气、废渣等，如果不加以回收利用，不仅浪费资源，还会增加环境负担。因此，高效回收利用这些资源，成为钢铁企业实现

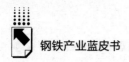

绿色发展的关键。将能耗管理反映为成本管控，及时揭示、客观反映成本差异，服务于经营决策的成本管理体系。通过能源管理的信息化，实现能源数据的实时跟踪和分析，优化能源配置，提高企业能效，降低能源成本。有效利用余热余能不仅能降低能源成本，还能提高资源利用效率，减轻企业碳排放压力，符合可持续发展目标的要求。

综上，钢铁产业的智能能源管理挑战是多方面的，涉及环境污染问题、生产流程复杂、余热余能回收利用效率低等挑战。这些挑战需要行业内外的共同努力和创新解决方案来应对，以实现绿色、低碳、可持续的发展目标。

四　钢铁产业智能碳管理

（一）智能碳管理架构

在越来越重视可持续发展的时代背景下，智能碳管理成为解决钢铁产业碳排放问题的创新途径。通过物联网、大数据分析、人工智能、区块链等先进技术的应用，钢铁企业能够实时监控、分析和优化碳排放，实现低碳生产的目标。同时，智能碳管理还能够帮助企业降低碳管理成本，提高数据的准确性和透明度，增强国际市场竞争力。因此，智能碳管理不仅是一项环保技术创新，更是钢铁产业实现绿色转型和可持续发展的关键驱动力。

为了有效应对钢铁产业复杂的碳排放结构，智能碳管理架构通过集成先进的数字技术，实现了对碳排放的实时监控、数据处理和优化管理。这一架构的核心在于全流程的智能化和自动化，不仅涵盖生产过程中的碳排放监测，还包括供应链管理、碳交易以及政府监管等多个方面。智能碳管理架构可以分为四个主要层次：基础设施层、数据运算层、业务应用层以及用户层（如图8所示）。

1. 基础设施层

基础设施层是智能碳管理架构的技术基础，负责数据的实时采集与传输。它由传感器、物联网、区块链和企业现有的信息化系统组成。这个层次

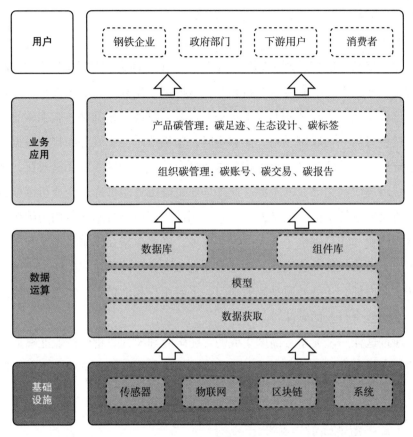

图8 智能碳管理架构

资料来源：笔者自制。

的关键任务是确保数据采集的准确性、实时性以及数据传输的安全性。

2. 数据运算层

数据运算层是智能碳管理架构的核心，它负责对采集到的碳排放数据进行处理、分析和计算，并通过大数据分析技术对碳排放情况进行全方位评估。

3. 业务应用层

业务应用层是企业直接使用的核心模块，它基于数据运算层的计算结果，提供了全面的碳排放管理和优化功能。通过这一层，企业可以开展实时

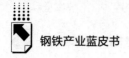

的碳排放监控、流程优化、碳交易等活动。

4. 用户层

用户层是智能碳管理架构的外部接口，主要面向钢铁企业、政府部门、下游用户和消费者。它是各利益相关方获取碳数据和进行决策的终端入口。

这种智能碳管理架构有以下优势。一是实时性与精准性。智能碳管理架构通过传感器和物联网设备，能够实时、精确地采集和处理碳排放数据。二是系统集成与灵活扩展。该架构可以与现有的生产管理系统无缝对接，确保企业可以高效利用已有的资源。此外，通过微服务组件库，企业可以根据需要灵活扩展系统功能。三是安全性与透明性。区块链技术的应用为碳数据的采集、传输和交易提供了强大的安全保障，确保数据在采集、传输和交易过程中的不可篡改性和透明性。四是多利益相关方协同。这一架构不仅服务于钢铁企业内部，还能够联动政府部门、下游用户和消费者，实现多方协同合作，推动整个行业的碳减排。

通过这样一个完整且高度集成的智能碳管理架构，钢铁产业能够显著提高碳管理效率，实现智能化、系统化的碳排放控制，并在全球大力发展低碳经济的背景下保持竞争优势。

（二）智能碳管理实践

包头钢铁（集团）有限责任公司（以下简称"包钢集团"）具备专业的绿色设计、能源环保管理机构和人才队伍，负责全集团绿色制造体系的建设及管理工作，建成绿色设计系统，将绿色化与信息化有效融合，通过不断创新和实践，形成基于绿色设计的管理体系。该体系由"两个循环""四个支撑"构成主体，以解决三个问题为出发点，最终实现在绿色制造、碳中和等方面的协同增效。

经过多年的积累应用，包钢集团在全生命周期绿色设计和绿色研发模式、绿色运营评价体系、全流程碳排放数据管理系统三方面取得了重要的创新成果。一是建成绿色设计系统，依托产品设计绿色化、生产过程清洁化、能源利用高效化、回收再生资源化和产业耦合一体化，实现钢铁绿色制造协同发展，树立包钢集团良好形象。二是发挥标准引领作用，推行企业绿色运营评价体系，以"包钢产品生命周期生态设计评价系统"为支撑，建立全生命周期评价体系，编制系列绿色制造相关标准，全面提升了企业及行业的技术水平，填补了行业技术空白，实现技术引领。三是以绿色发展工作计划为统领，量化碳排放数据，开展全流程治理，建成国内首个集成 ERP 系统的全流程碳排放数据管理展示系统，获得国家计算机软件著作权，并完成全部钢铁产品和重点稀土产品的碳足迹计算，形成一整套应用体系，建立了覆盖公司全部钢铁产品和重点稀土产品的环境绩效数据库，真正对公司钢铁、稀土产品绿色制造全流程节能减排发挥作用。

通过该项目的实施，包钢集团取得了良好的企业效益、产业效益与社会效益。首先，包钢集团绿色发展水平飞速提高，荣获首批国家级"绿色设计产品示范企业"称号，其开展的绿色制造示范工程不仅显著增强了企业自身的可持续发展能力，也为当地乃至整个行业的环保进步提供了积极助力。其次，包钢集团勇担社会责任，发布的绿色制造系列标准不仅为包钢集团的绿色制造工作奠定了坚实的基础，也为钢铁、稀土产业绿色高质量发展做出了贡献。截至 2023 年，全国采用包钢集团发布的 3 项绿色设计产品标准申报国家级绿色设计产品的企业有 20 家，产品数量为 42 个。最后，包钢集团依托于钢铁产品的生态化设计和低排放制造流程，向下游市场供应了低碳环保的产品，例如帮助天盛重工有限公司对车厢斗全生命周期减碳26.42%，从而助力下游及全社会实现碳中和目标。

（三）智能碳管理挑战

1. 碳排放量巨大

钢铁产业在生产过程中消耗大量的能源，主要依赖煤炭和电力等高碳能源，因此碳排放量巨大。据统计，钢铁产业的碳排放量占中国工业部门总排放量的 15% 左右，成为推动碳减排的重要领域。

2. 碳排放来源复杂多样

钢铁产业碳排放来源复杂，既有源于生产过程的直接排放，也有源于上

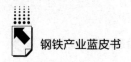

下游供应链的间接排放。这种多层次的碳排放结构使得钢铁产业的碳管理充满挑战。传统的碳管理方法依赖于手动监测、数据分析和报告，这种方式效率低下、精度不高，难以满足现代企业对实时、高效、精确碳管理的需求。同时，钢铁产业生产流程复杂，碳排放来源多样，如何精准掌握各环节的碳排放情况，并通过智能化手段进行优化管理，成为行业亟须解决的问题。

3. 碳关税制度制约

此外，国际贸易中的碳关税制度也给中国钢铁产业带来了新的挑战。欧洲推出的碳边境调节机制（CBAM）将对进口到欧洲的高碳排放产品征收碳关税，这意味着中国钢铁企业如果不能有效减少碳排放量，将面临巨大的出口成本压力。因此，钢铁产业的碳减排不仅是国内政策推动的结果，也是参与全球竞争、规避贸易壁垒的重要任务。

面对这些挑战，中国的钢铁产业必须采取行动，通过采取创新和智能化手段来提高碳管理的效率和精确度，同时确保在全球贸易中保持竞争力。这不仅是一个环境问题，也是一个经济问题，关系到中国在全球经济中的长期地位。

五　钢铁产业智能人力管理

（一）智能人力管理系统

在科技迅猛发展的当今时代，AI 已成为社会发展的核心驱动力。作为当代企业管理体系中的关键一环，人力资源管理（HRM）也正在面临着关键的转型机遇。在此背景下，AI 与 HRM 的深度融合，不仅重新激发了传统人力资源管理的潜力，还为公司的长期稳定发展奠定了坚实的基础。

智能人力管理系统是一种能够实现企业管理智能化和高效化的系统，它是信息技术和人力资源管理理论的结合，旨在提升企业管理效率和减少人力资源管理成本。它的出现弥补了传统人力资源管理的不足，涵盖了招聘、员工培训、绩效评估、薪资福利管理等多个方面。通过利用自然语言处理、机器学习等先进技术，AI 能够实现对人才数据的深度挖掘和分析，帮助企业更加精准地识别和选拔人才。同时，AI 还能够根据员工的个人特点和需求，提供个性化的培训计划和激励措施，从而提高员工的工作积极性和满意度。在钢铁产业中，智能人力管理系统还可以帮助企业应对行业特有的挑战，如高污染、高能耗等问题，通过优化人力资源配置和提升员工技能，支持企业的绿色转型和可持续发展。

（二）智能人力管理实践

德龙钢铁集团是一家涵盖钢铁生产、冷轧、焦化、金属制品制造等核心业务，以及贸易、物流、能源环境优化等配套业务的大型综合性钢铁企业，2022 年跻身《财富》杂志评选的世界 500 强企业之列。

德龙钢铁集团拥有尖端的技术水准、突出的研发能力和非凡的创新精神，不仅拥有多家钢铁实体，还拥有科研工作站、国家级企业技术中心等科研组织机构，员工达四万余人。数据是数字化建设的核心。数据质量的高低，将直接决定数据应用的效果。对于德龙钢铁集团这种体量大、人员密集且用工结构复杂的企业，员工信息数据的完整性、准确性、易用性是人力资源数字化转型升级的基础。

2020 年 12 月，德龙钢铁集团选择与红海云合作，推进企业人力资源数字化转型升级，以红海 eHR 系统为基座，打造面向全集团一体化人力资源信息数据共享平台，以自动化、自助化、智能化提升人事运营工作效率，通过深度的流程驱动和数据联动，实现人力资源数据与业务数据的深度融合，高效支撑业务发展。

一方面，德龙钢铁集团通过红海 eHR 系统建立全员 360°信息"数字档案"，人员入、转、调、离及考勤、绩效、薪资福利等全方位信息实现集中线上管理，智能同步员工档案记录，实现各产业集团内人员信息共享和业务协同，管理者可以高效地从上万名员工中快捷查阅任意员工信息，不需要HR 费力调档案，避免信息延滞性，人事业务在线流转、集中办理，保证了各项业务的流程规范、数据准确，比如全面应用电子合同管理，降低异地员

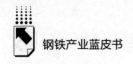

工管理成本，通过提供自助服务，提升员工端体验等，高效实现超大型企业组织人员信息的智能化管理。

另一方面，德龙钢铁集团通过对组织人员数据的统一、规范、集中管理，在提升 HR 工作效率与服务质量的同时，实现人员主数据统一，依托红海 eHR 系统将人员主数据同步至 OA、企业微信等系统，并与企业数据中台等诸多业务系统智能联动，为业务开展赋能。

人力资源管理系统上线，是德龙钢铁集团推动人力资源数字化建设的关键一步，未来，红海云也会和德龙钢铁集团继续深入合作，拓展人力资源数字化应用的深度和广度，持续升级系统，用数字化、智能化连接组织、人才和业务，推动德龙钢铁集团高质量发展迈上新台阶。

（三）智能人力管理挑战

钢铁产业作为国家工业的重要组成部分，一直面临着转型升级的挑战。在资源节约和环境保护的大背景下，高污染、高能耗的钢铁企业逐渐被淘汰，而存活下来的企业则在不断引进新技术和设备，以提高生产效率和降低环境影响。

然而，尽管钢铁企业在技术和设备上进行了更新换代，但在人力资源管理方面仍存在一些问题。首先，尽管企业有足够的员工数量，但在员工素质和专业技能方面还有待提高。其次，钢铁产业的人力资源结构存在矛盾：一方面，有大量技能单一的劳动力；另一方面，缺乏具备管理、技术等多方面能力的复合型人才。这种结构性矛盾主要表现在以下几个方面。

1. 人才供需不平衡

钢铁产业面临着普通员工过剩与高素质人才严重不足的矛盾局面。这种供需不平衡导致了"人多但人才少"的现象，即普通劳动力富余，而能够胜任关键岗位的专业技术和管理人才相对匮乏。这种结构性的人才矛盾限制了产业向高端化、智能化转型。

2. 人才引进和留存困难

钢铁产业的传统形象和相对艰苦的工作环境，使得行业在引进和留存优秀人才方面面临挑战。许多大学生和专业人才在选择职业发展道路时，往往倾向于选择更具吸引力和发展前景的行业，导致钢铁产业难以引进新鲜的专业血液，同时也难以留存已有的优秀人才。

3. 人才激励机制缺乏

在钢铁产业中，缺乏有效的激励机制是导致人才流动性大、优秀人才难以长期发展的重要原因。由于激励措施的不完善，员工的工作积极性和创新能力未能得到充分发挥，进而影响了企业的整体竞争力和发展潜力。这种激励机制的缺乏，不仅影响了员工的个人职业发展，也对企业的长期稳定和持续创新构成了挑战。

六　钢铁产业智能库存管理

（一）智能库存管理系统

在钢铁产业中，智能库存管理系统的应用正逐步深入各个环节，不仅有效提升了库存管理效率，还为整个行业的数字化转型提供了强有力的支持。对于智能库存管理系统而言，其在钢铁产业中的应用远不止于简单的货物存储和提取，它更是涵盖了物流链中的诸多环节，为企业的精益生产提供了有力保障。

1. 智能化入库管理

在钢铁企业中，原材料的入库是生产流程的第一步。传统的入库方式往往依赖人工操作，容易出现错误且效率低下。而采用智能库存管理系统后，通过条形码或 RFID 技术，可以实现物料的自动识别和信息录入，大大提高了入库的准确性和速度。例如，某大型钢铁厂的原料仓库采用了基于 RFID 技术的自动化入库系统。当原材料到达时，只需将 RFID 标签贴附在货品上，系统便会自动读取信息并完成入库登记。这一过程不仅减少了人工录入的工作量，也避免了由人为因素导致的信息错误。

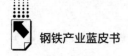
2. 精细化库存控制

库存控制是企业管理中非常重要的一环。传统钢铁企业由于产品种类多、规格复杂，库存管理难度较大。而智能库存管理系统通过实时监控库存变化，并结合先进的数据分析技术，能够实现对库存的精细化控制。以一家中型钢铁制造企业为例，引入智能库存管理系统后，通过对历史销售数据的分析，预测未来市场需求发展趋势，从而制订合理的采购计划。这不仅有助于减少库存积压的风险，还能保证生产所需原材料的及时供应。

3. 高效化出库作业

出库作业直接影响到产品的交付速度和服务质量。智能库存管理系统通过优化拣选路径、提高搬运效率等方式，显著提升了出库作业的整体效率。具体来说，在一家采用自动化立体仓库技术的钢铁加工厂中，当接到客户订单后，智能库存管理系统会根据订单信息自动生成拣选任务，并通过自动导引车（AGV）将所需物料从指定位置取出送至打包区。相较于以往依靠人力寻找货物的方式，这种方式极大地缩短了拣选时间。

4. 信息化决策支持

随着大数据时代的到来，企业越来越重视数据的价值。智能库存管理系统不仅能够收集各类运营数据，还能通过数据分析为企业提供决策支持。例如，某钢铁企业在实施智能库存管理项目后，利用收集到的数据建立了预测模型，用于分析市场趋势、评估供应链风险等。这些信息对于制定长远发展战略具有重要意义。

5. 绿色化节能减排

在全球倡导可持续发展的背景下，节能减排已成为各行各业关注的焦点。智能库存管理系统通过优化物流布局、减少无效搬运等措施，在一定程度上促进了绿色物流的发展。比如，在一家注重环保理念的钢铁公司里，通过部署智能调度系统，实现了对物料运输路线的科学规划，有效减少了运输过程中产生的碳排放量。同时，该系统还能智能调控仓库内的温度、湿度等环境参数，既保证了产品质量，又降低了能源消耗。

总而言之，智能库存管理系统在钢铁产业中的广泛应用不仅提高了企业的生产效率和服务水平，更为其实现可持续发展奠定了坚实基础。

（二）智能库存管理实践

北京首钢冷轧薄板有限公司（以下简称"首钢冷轧"）成立于2008年8月，产品定位于高端汽车板及家电板，目前拥有高端汽车板整车供货能力，是宝马、北汽、长城和福田等公司的第一大供应商，是奔驰、大众、本田、日产、比亚迪、吉利等公司的重要供应商。投产以来，首钢冷轧通过管理创新、技术创新，持续提升板材生产管理能力，通过数字化转型，提高公司智能化水平。

首钢冷轧智慧库区物流一体化管理以"灯塔工厂"为引领，以产销一体化为基础，不断挖掘数据价值，从技术层面深化5G、大数据分析、AI等场景的应用，集成PES仓储管理系统、制造系统、物流系统、经营决策系统，以先进技术支撑公司运营；从业务层面统一规划和建立了智能仓储系统、智慧物流系统、库存动态管理系统，实现钢卷信息互联互通，开发天车远程集控、RGV小车自动运输、仓储智能调度、车辆智能配载、物流管理协同、过程可视化跟踪等功能，利用大数据模型优化发运计划，并通过手持工具便捷化操作各项作业功能；从组织层面组建数字化转型办公室，培养员工数字化能力，打造适应未来发展的数字化管理文化。

强化顶层战略布局，构建智能库区管理体系。首钢冷轧以"灯塔工厂"为引领，依据智能制造发展规划，制定了智慧库区物流一体化管理的整体战略，即做好"1334"：打造世界一流的钢铁企业库存管理体系，聚焦三大领域（精益、精备、精诚），完善三大业务平台（智能仓储系统、智慧物流系统、库存动态管理系统），建设四大支持体系（组织架构、培训体系、先进的工业互联网架构、完善的数据治理体系）。

优化组织机制设计，提供项目实施资源保障。一是成立推进机构，统筹与支撑项目战略落地。首钢冷轧把智慧库区物流一体化管理作为公司"一把手工程"，在原有的"六部四区一中心"的组织架构上，组建了由董事长

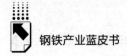

作为主任、公司各业务主管副总经理为副主任、各单位一把手为成员的数字化转型办公室，统一组织推进，同时组建了库存管理推进团队，明确项目负责人以及业务核心成员。二是建立例会机制，协调与促进项目有序推进。为了保证项目按照进度推进及对推进过程中的问题进行协调，公司召开项目例会（项目例会分周例会和月例会），同时与公司年度经营指标相融合。

在经济效益方面，智慧库区物流一体化管理推进过程中经济效益明显，为公司节约了巨大的经济成本。在管理效率方面，智慧库区物流一体化管理极大地提升了首钢冷轧的管理水平和工作效率，从传统的依靠经验管理转变为依靠精确的数字分析管理，从事后管理转变为事中管理和实时管理，加速库存周转、降低劳动强度、优化作业流程、实现无人化操作、实现信息共享，库存钢卷账物一致准确率提高到98%以上，轧后库、成品库仓储指令投入率分别达到95%、80%以上，从而增强企业的整体竞争力，为企业建设"灯塔工厂"奠定良好基础。在社会效益方面，探索路径，促进创新发展。首钢冷轧探索山高效库存管理的新路径，为其他企业开辟了一条新道路。推广经验，助推数字化。有助于更多制造企业实现数字化转型，加快中国制造业的数字化进程。夯实基础，强化示范引领作用。为"灯塔工厂"的建立夯实基础。目前已助推公司获得国家级高新技术企业、北京市智能制造标杆企业等荣誉称号，起到良好的示范引领作用。培育人才，支撑数字化转型。增强职工数字化意识，提升了高技能人才比例，为公司以及北京市数字化转型储备人才。

（三）智能库存管理挑战

智能库存管理系统的主要功能是对仓库内的物流运作进行高效管理，包括货物的接收、存储、拣选、发货等环节。在钢铁产业中库存管理的复杂性与日俱增，这主要体现在以下几个方面。

1.物料种类繁多

钢铁产业的产品线涵盖了不锈钢、碳钢等多种材质，每种材质又包含了丰富的规格和尺寸。这种多样化的产品种类增加了仓库管理的复杂性，要求智能库存管理系统能够精确地追踪和分类各种物料。物料的复杂性不仅影响了存储和检索的效率，也增加了出错的可能性，从而对库存的准确性和及时性提出了更高的要求。

2. **库存周转要求高**

由于钢铁市场的需求量波动频繁，企业必须具备快速响应市场变化的能力。这意味着钢铁企业需要维持一个具备高周转率的智能库存管理系统，以减少资金占用和仓储成本。高周转率的要求使得企业必须精准预测市场需求，提升库存水平，以及加快物料的出入库速度，以保持供应链的灵活性和响应能力。

3. **安全管理挑战大**

因为钢铁产品具有重量大、体积大的特性，所以对其仓库管理提出了特殊的安全要求。除了追求操作的高效性以外，企业还必须确保作业过程的安全性，以降低事故发生率。这包括对仓库布局的合理规划、对重型起重设备的严格管理，以及对员工进行安全操作培训等。安全管理的挑战要求钢铁企业在智能库存管理中融入先进的安全监控技术和应急响应机制。

七　总结与未来展望

钢铁产业作为现代工业的基石，在全球经济发展中扮演着举足轻重的角色。随着全球对环境保护和资源节约的日益关注，以及工业4.0的推进，钢铁产业正面临前所未有的转型压力。智能管理系统的引入，为这一传统产业带来了革命性的变革，不仅提升了生产效率，优化了资源利用，还降低了运营成本，提升了环保水平。

智能管理在钢铁产业中的应用涵盖了质量管理、能源管理、碳管理、人力管理以及库存管理等多个方面。这些应用展示了现代技术在提升生产效率、优化资源利用、降低运营成本以及提升环保水平方面的巨大潜力。通过智能质量管理，钢铁企业能够确保产品质量的一致性和可靠性；智能能源管理有助于降低能耗和提高能源利用效率；智能碳管理则有助于减少温室气体

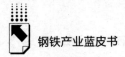

排放，应对全球气候变化的挑战；智能人力管理提升了员工的工作效率和安全性；智能库存管理则通过提升库存水平，减少了资金占用和仓储成本。

智能管理系统的引入不仅仅是技术的应用，更是钢铁企业管理理念的转型。这种转型使得企业能够实时响应生产过程中的变化，精细化管理资源，降低运营风险，提高整体效益。这不仅提升了企业的竞争力，也为全球钢铁产业的可持续发展做出了积极贡献。

展望未来，随着技术的不断进步和应用的深入，钢铁产业的智能管理将迎来更多的机遇和挑战。企业需要不断探索和创新，结合实际情况应用合适的智能管理技术，才能在激烈的市场竞争中立于不败之地。通过智能化转型，钢铁产业将实现更加智能、高效、绿色的发展，为全球工业和环境保护做出更大的贡献。预计到 2035 年，钢铁产业的智能化发展将取得显著成就，届时企业将在其运营、战略规划和决策管理等核心领域实现深度的技术融合与应用。生产流程将经历根本性的设计和优化，使得整个产业链的协同效应得到显著增强。行业领军企业的创新研发实力、生产效率、环保水平和现代化管理能力有望实现质的飞跃，从而推动整个钢铁产业的智能化转型迈向新的高度。

参考文献

《2023 年钢铁行业经济运行报告》，国家统计局网站，2024 年 5 月 27 日，http：//lwzb. stats. gov. cn/pub/lwzb/bztt/202405/W020240527578179251652. pdf。

胡艳平、石禹：《深化管理创新，助推钢铁行业培育新质生产力——第二十一届（2023 年）冶金企业管理现代化创新成果奖述评》，《冶金管理》2024 年第 5 期。

李涛等：《中国钢铁行业数字化碳管理发展探讨》，《工程科学学报》2024 年第 2 期。

林安川等：《近年钢铁主业智能制造发展综述（上篇）》，《昆钢科技》2020 年第 1 期。

林安川等：《近年钢铁主业智能制造发展综述（下篇）》，《昆钢科技》2020 年第 3 期。

卢有雄：《钢铁企业成品库存智能化管理探索》，《中国储运》2021年第5期。

涂序彦编著《人工智能及其应用》，电子工业出版社，1988。

张金昌：《管理智能化：理论方法、系统建设与发展路径》，《企业经济》2022年第9期。

《中国钢铁工业高质量发展需妥善应对五大挑战——全球及中国钢铁市场形势回顾与展望》，中国五矿集团有限公司网站，2024年7月9日，http：//mr. minmetals. com. cn/spqh/jbmyj/202407/P020240709355620263234. pdf。

B.5
中国钢铁行业节能降碳进展分析

邵燕敏　李俊龙*

摘　要： 钢铁工业是国民经济的重要支柱产业，对经济社会发展有着巨大的支撑作用。2023年，中国钢铁行业生产保持稳定，钢铁消费缓慢下降，钢铁行业节能降碳方面取得显著进展。在生产方面，中国钢铁产量稳居全球前列，企业纷纷通过技术创新提升生产效率。在消费方面，绿色低碳驱动的新能源用钢等钢铁新需求增长，而地产投资下行则导致需求端疲软。在贸易方面，中国钢铁贸易多元化发展，出口势头强劲。在低碳发展方面，钢铁行业积极响应国家号召，各工序能耗总体下降，低碳技术如高炉富氧、氢冶金等取得了突破性进展。同时，钢铁资源的回收再利用发展迅速，高炉炼钢技术不断优化，绿色并购也助力企业提升能源利用效率。然而，钢铁行业仍面临产能过剩、环保压力等挑战，需继续加大节能降碳力度，以推动行业的高质量发展。未来，钢铁行业将更加注重绿色、低

---

* 邵燕敏，北京科技大学经济管理学院副教授，研究方向为绿色技术创新、效率评价方法与应用；李俊龙，北京科技大学经济管理学院博士研究生，研究方向为绿色经济与低碳发展。

碳、可持续发展，为构建生态文明社会贡献力量。

关键词： 钢铁行业 低碳发展 能源利用 技术创新

一 中国钢铁行业发展现状

党的二十届三中全会审议通过的《中共中央关于进一步全面深化改革 推进中国式现代化的决定》（以下简称《决定》）强调经济体制改革，描绘了中国式现代化的宏大蓝图。《决定》强调加快推进传统制造业结构优化和技术升级，以国家标准提升引领传统产业优化升级，支持企业用数智技术、绿色技术改造提升传统产业。这为钢铁行业深化供给侧结构性改革、推进绿色转型提供了坚实保障。同时，深化改革将加速创新驱动，提升自主研发能力，推动钢铁企业在智能制造和技术革新领域取得新突破，全面提升中国钢铁产业的国际竞争力。

（一）钢铁行业的生产现状

中国钢铁行业是国家工业化进程中的重要支柱。在 2000～2010 年"黄金十年"期间，我国钢铁生产经历了空前的扩张。2010 年后，由于经济增长速度有所放缓，中国粗钢产量小幅下降。如图 1 所示，根据国家统计局数据，2020 年中国粗钢产量首次突破 10 亿吨，达到历史峰值 10.65 亿吨。随着产能调整政策深入实施，2021 年、2022 年粗钢产量分别为 10.35 亿吨和 10.18 亿吨，同比分别下降 2.8% 和 1.7%。2022 年，工信部、国家发展改革委、生态环境部联合发布《关于促进钢铁工业高质量发展的指导意见》，明确钢铁工业实现高质量发展的目标和路径，提出力争到 2025 年，钢铁工业基本形成布局结构合理、资源供应稳定、技术装备先进、质量品牌突出、智能化水平高、全球竞争力强、绿色低碳可持续的高质量发展格局。2023 年，中国的粗钢产量为 10.19 亿吨，与 2022 年基本持平。在全球经济低迷的复杂环境下，中国钢铁行业虽遭遇市场需求萎缩、原材料价格波动、国际贸易摩擦加剧等多重挑战，但中国钢铁产业仍展现出强大的韧性，转型升级的步伐加快。近年来，国家通过供给侧结构性改革，进一步优化了产能布局，推动行业结构升级，避免了无序扩张和低效产能的继续增长。尤其是"十四五"以来，国家对过剩产能的淘汰工作成效显著，部分低效、高污染的小型钢铁企业逐渐退出市场，为大企业和高效企业腾出了更多发展空间。一揽子政策不仅有效抑制了无效产能的扩张，还使钢铁产业的整体效率和环保水平提升。

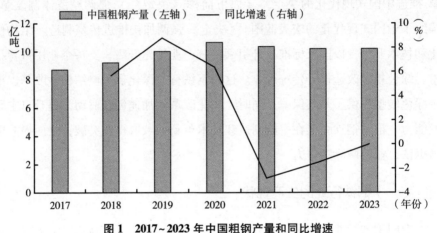

图1 2017~2023年中国粗钢产量和同比增速

资料来源：国家统计局。

2023年中国的钢铁产能依旧比较集中，主要在河北、江苏、山东等地区。这些省份凭借优越的资源禀赋、完善的产业链以及相对低廉的生产成本，成为中国钢铁行业的中坚力量。如图2所示，河北作为中国粗钢生产的核心区域，产能占全国总产能的20%以上，是中国乃至全球最大的粗钢产地之一。河北的钢铁工业起步较早，且经过多年的发展，形成了相对完整的产业链布局，涵盖了从原材料供应到最终产品制造的各个环节。江苏、山东等地凭借区位优势和雄厚的工业基础，也在钢铁产业中占据了重要位置。

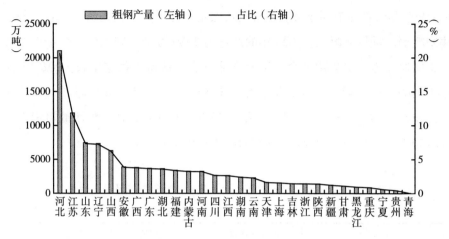

图2 2023年全国粗钢产量分布和占比情况

资料来源：中国钢铁工业协会。

（二）钢铁企业的生产现状

从企业层面来看，中国钢铁行业的产能分布表现出国有企业和民营企业共同发展的格局。尽管国有企业仍然在总产能中占据主导地位，但民营企业近年来的快速扩张也不容忽视。像宝武钢铁集团、鞍钢集团和河钢集团这样的国有钢铁企业，凭借雄厚的资金实力和先进的技术能力，继续在行业内保持领先地位。与此同时，民营企业如江苏沙钢、德龙钢铁等也通过不断技术升级和产能扩张，在市场上获得了更大的份额。根据全国工商联发布的"2024中国民营企业500强"榜单，共75家钢铁企业上榜，其中，青山控股、敬业集团、江苏沙钢、建龙集团和德龙钢铁分别排在第15名、第17名、第21名、第26名和第30名。这种双轮驱动的产能格局，既有利于国有企业发挥在资源整合和技术引领方面的优势，又为民营企业的灵活经营模式提供了更多的市场机会。

从全球来看，2023年，全球经济增长放缓和需求疲软，全球粗钢产量排名前十钢铁企业中，有7家企业的粗钢产量下降（见表1）。宝武钢铁集团粗钢产量继续保持全球第一位，2023年的产量为1.308亿吨，同比下降

0.81%。尽管产量有所下降，但规模依然是全球最大，且远超第二名。鞍钢集团粗钢产量位居第三，2023年的产量为5589万吨，同比增长0.43%。鞍钢集团通过与本钢集团的合并以及产能整合，保持了稳定增长。2023年河钢集团的产量为4134万吨，同比增长0.83%，表现出稳定的增长。江苏沙钢以4054万吨位居第六，同比下降2.20%。2023年，建龙集团的粗钢产量和首钢集团的粗钢产量分别3699万吨和3358万吨。

表1　2022年和2023年全球十大产钢企业粗钢产量及同比增速

单位：百万吨，%

公司	2023年产量	同比增速	2022年产量
宝武钢铁集团	130.77	−0.81	131.84
安赛乐米塔尔	68.52	−0.54	68.89
鞍钢集团	55.89	0.43	55.65
日本制铁株式会社	43.66	−1.60	44.37
河钢集团	41.34	0.83	41.00
江苏沙钢	40.54	−2.20	41.45
浦项控股	38.44	−0.52	38.64
建龙集团	36.99	1.18	36.56
首钢集团	33.58	−0.71	33.82
塔塔钢铁集团	29.50	−2.25	30.18

资料来源：世界钢铁协会。

根据中国钢铁工业协会数据，中国重点钢铁企业粗钢产量于2020年达到巅峰，为8.38亿吨。2023年，中国重点钢铁企业粗钢产量8.25亿吨，较2022年增长1.12%，较2020年减少1.59%（见图3）。

（三）钢铁行业的消费现状

2019~2023年中国和全球钢铁表观消费量如表2所示，全球表观消费量从2019年的17.79亿吨下降至2023年的17.63亿吨；中国的表观消费量从2020年10.09亿吨下降到2023年的8.96亿吨，跌至近5年最低值。中国表

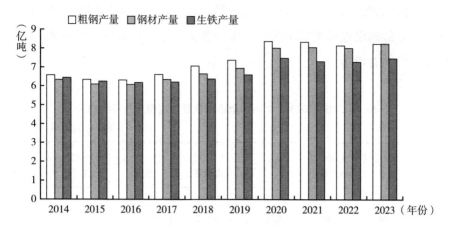

图 3 2014～2023 年中国重点钢铁企业粗钢、钢材和生铁产量

资料来源：中国钢铁工业协会。

观消费量占全球表观消费量比重常年稳定在 50% 以上，表明中国的用钢量在全球占据了较大份额，反映了中国经济和基础设施建设对钢材需求增长的强劲推动作用。近年来，受粗钢压减政策影响，中国钢铁表观消费量虽然出现下降，占全球比重减少，但更多体现于淘汰落后产能，实现更高质量的钢铁生产和消费。

2023 年中国钢铁表观消费量占全球比重为 50.81%。中国不仅是全球最大的钢铁生产国，也是最大的钢铁消费国。中国钢材消费结构也发生了重要变化，中国钢铁需求从传统的建筑和基础设施领域向高端制造业转移，特别是新能源、高端装备制造、光伏等新兴领域，正成为支撑中国钢材需求增长的主要领域。这些行业也对钢材的品质和性能提出了更高的要求，正在拉动中国钢铁产业的转型升级。为了满足市场的需求，中国钢铁企业正在不断加大技术研发和创新力度，提升产品质量和性能。与中国表观消费量下降相比，2023 年全球其他地区的钢铁需求呈现同比上涨趋势。该数据表明全球钢铁需求的增长重心正逐渐由中国转移至全球其他地区。这一格局强化了中国在全球钢铁供应链中的重要性，也增强了全球市场对中国钢铁行业变化的敏感性。尤其是 2021 年和 2023 年，全球除中国外其

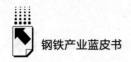

他地区的钢铁需求上升，这反映出虽然发达国家工业化进程趋于平缓，但新兴国家基础设施用钢需求增加。中国作为钢铁出口大国在全球新一轮经济发展中大有可为。

表2　2019~2023年中国和全球钢铁表观消费量及同比增速

单位：百万吨，%

年份	中国表观消费量	全球表观消费量	中国占比	全球除中国外表现消费量	中国同比增速	全球同比增速	全球除中国外同比增速
2019	911.9	1779.3	51.25	867.4			
2020	1008.7	1790.4	56.34	781.7	10.62	0.62	-9.88
2021	954.4	1843.7	51.77	889.3	-5.38	2.98	13.76
2022	926.7	1783.0	51.97	856.3	-2.90	-3.29	-3.71
2023	895.7	1763.0	50.81	867.3	-3.35	-1.12	1.28

资料来源：世界钢铁工业协会。

从人均表观消费量来看，2019~2023年全球人均表观消费量整体基本持平。中国、美国、日本、韩国人均表观消费量整体高于全球平均水平，而印度人均表观消费量整体低于世界平均水平。2019~2023年，中国的人均表观消费量总体呈现先增长后下降的趋势，中国人均表观消费量从2019年的641.3千克增加到2020年的707.9千克，在2020年达到高点后持续下降至2023年的628.3千克，2023年较2019年下降2.03%。美国的人均表观消费量从2019年的292.1千克下降到2023年的266.3千克，下降8.83%。美国的钢材需求相对稳定，这与其成熟的工业体系和制造业相关。2019~2023年日本的人均表观消费量保持在460千克上下。2019~2023年韩国的人均表观消费量存在波动，最高点出现在2021年，达到1081.2千克。韩国整体数值保持在一个相对较高的区间，说明韩国的钢铁需求依然强劲。这与韩国作为工业化国家制造业发达，尤其是钢铁和汽车等重工业的强劲需求相关。印度的人均表观消费量从2019年的74.2千克增长到2023年的93.4千克，增长25.88%，总体保持上涨趋势（见图4）。印度作为新兴市场国家，正在快速推进工业化和基础设施建设，因此其人均表观消费量总体上升，尽管仍远低于其他工业化国家。

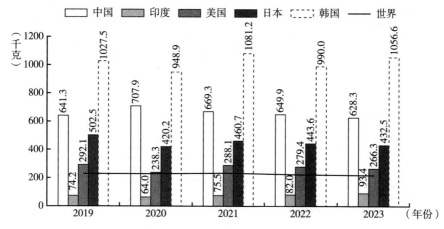

图4 2019~2023年部分国家和全球钢铁人均表观消费量

资料来源：世界钢铁协会。

（四）钢铁贸易的发展现状

在贸易方面，中国钢材出口量整体呈下降趋势，从2015年的1.124亿吨下降到2020年的5367.2万吨。2021年开始有所回升，2023年显著增长，达9026.4万吨，较2022年的6627.6万吨增长36.19%，创2017年以来新高，为历史第四高位。2023年，中国进口钢材764.5万吨，较2022年的1056.4万吨下降27.6%，是1995年有公开数据记录以来首次低于1000万吨（见图5）。与此同时，中国钢材市场正经历结构性变化，内需驱动的市场转型逐步加快，对进口钢材的依赖减少。在全球经济形势波动、国内政策调整及市场需求变化的共同作用下，中国钢材的进出口贸易结构正在不断优化调整。未来，中国钢铁行业的高质量发展将更加关注绿色生产、智能生产，适应新的国际和国内市场需求。

从国内钢材出口目的地的分布来看，我国向东南亚地区钢材出口量大幅增长。中国海关总署数据显示，2023年中国钢材出口到亚洲其他国家

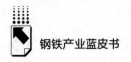

图5　2014~2023年中国钢材进出口量

资料来源：中国海关总署。

6139万吨，同比增长43.37%，占钢材总出口量的68%；出口到拉丁美洲和非洲分别为1145万吨和993万吨，同比分别增长44%和24%；出口到大洋洲93万吨，同比增长10%；出口到欧洲508万吨，同比增长3.7%；出口到北美洲143万吨，同比下降16%。越南是中国钢材出口的最大市场，越南自中国钢材进口量达925万吨，且增量也为最大，为379万吨。中国第二大钢材出口伙伴是韩国，出口量达到840万吨，增量为66万吨。韩国作为全球重要的制造业基地，对高质量钢材有大量需求，特别是在汽车制造、造船和电子产业方面。中韩之间的贸易往来密切，加上地理上的邻近，中国钢材在韩国市场具有较强竞争力。虽然中国钢材对菲律宾、土耳其、阿联酋、沙特阿拉伯、印度和巴西等国出口总量不大，但增长较快，这些国家表现出较高的市场需求。总体来看，2023年中国钢材出口的主要市场集中在东南亚、中东及部分新兴市场国家（见图6）。这些国家大多处于工业化、基础设施建设的快速发展阶段，因此建筑、交通和工业制造领域的钢材需求旺盛。中国凭借强大的生产能力、价格优势以及灵活的供应链，为这些国家提供有竞争力的产品。

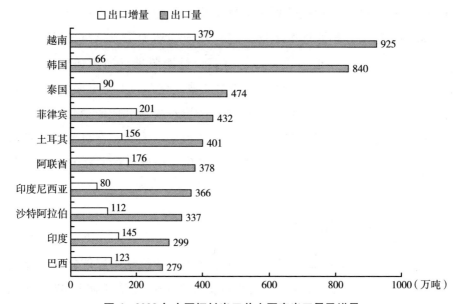

图6　2023年中国钢材出口前十国家出口量及增量

资料来源：中国海关总署。

二　中国钢铁行业主要生产工序的能耗分析

　　钢铁企业生产主要由烧结、球团、炼焦、炼铁、转炉、电弧炉、钢加工等工序组成。烧结和球团工序都是铁矿粉处理环节，目的是将铁矿粉加工成适合高炉使用的烧结矿或球团矿。两者的区别在于烧结使用较粗颗粒的矿粉，而球团则通过添加黏结剂将更细的铁矿粉压成球状。炼焦是将煤转化为焦炭的过程，焦炭是高炉炼铁的主要还原剂和燃料。高质量的焦炭能提高高炉的生产效率、降低能耗。炼铁是将铁矿石、焦炭等在高炉中通过化学反应转化为生铁的过程。炼铁是钢铁生产的核心工序，能耗和环境影响较大。转炉炼钢主要使用高炉生铁和废钢，通过吹氧去除杂质，生产出钢水。转炉炼钢能耗相对较低，主要消耗氧气。电弧炉炼钢主要使用废钢作为原料，通过电力加热熔化废钢，适用于合金钢和特殊钢的生产。电弧炉相比转炉灵活性更高，但能耗主要为电力。钢加工包括轧钢、锻造、热处理等工序，将钢水或钢坯加工成钢材成品。轧钢是钢铁生产的最后一道核心工序，需要大量能源进行加热和机械加工。整个钢铁生产流程中，各工序密切相关，彼此依存。上游工序（如烧结、炼铁）影响下游工序（如炼钢、轧钢）的原料质量和能源消耗，而下游工序的废料可以回流到上游工序实现循环利用。因此，有必要了解钢铁企业主要生产工序的能耗情况，有助于优化整个流程的每个环节，降低总体能耗。

（一）烧结工序的能耗

图 7 显示了 2014~2023 年中国重点钢铁企业烧结工序能耗的动态变化情况。从趋势上看，烧结工序的能耗值在 2015 年显著下降至 47.2 千克标准煤/吨，随后几年有所回升，至 2018 年达到峰值 49.16 千克标准煤/吨，随后能耗值进一步降低，并保持在 48.5 千克标准煤/吨左右，表明烧结工序的能耗趋于稳定。其中，京唐公司通过创新研发"烧结综合喷吹系统"取得了显著成果。其将废烟气循环与天然气喷吹等多项技术集成，成功降低了烧结工序的能耗。京唐公司烧结机固体燃料消耗降低了 14.6%，整体能耗下降 15.5%，并显著减少了 30% 以上的污染物排放。此外，该工艺还提高了烧结矿的冶金性能，入选 2023 年"钢铁行业优秀环保技术案例"。

（二）球团工序的能耗

图 8 显示了 2014~2023 年中国重点钢铁企业球团工序能耗值的演变趋势。中国重点钢铁企业球团工序能耗值总体呈现显著的下降趋势，在 2019 年达到阶段性低点后小幅上升，2021 年后再次进入下行通道，2023 年降至 23.07 千克标准煤/吨，是近十年的最低水平。在球团工序能耗降低方面，鞍钢矿业东烧厂取得了显著进展。该企业通过建设省内首条带式焙烧机球团生产线，成功降低了工序能耗。这条新生产线能耗预计将减少 55%，每年

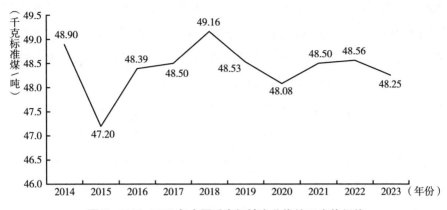

图 7　2014~2023 年中国重点钢铁企业烧结工序能耗值

资料来源：中国钢铁工业协会。

可节约 79 万吨标准煤，并减少 48 万吨碳排放。这不仅提升了生产效率，还极大地提高了环保效果。

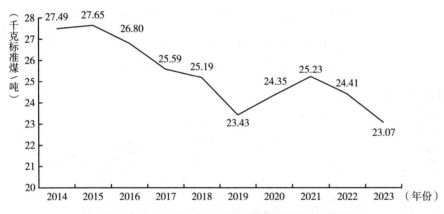

图 8　2014~2023 年中国重点钢铁企业球团工序能耗值

资料来源：中国钢铁工业协会。

（三）炼焦工序的能耗

图 9 展示了 2014~2023 年中国重点钢铁企业炼焦工序的能耗值变化

情况。整体而言，炼焦工序能耗值呈现波动变化趋势，主要是随着环保政策的严格执行，企业加大脱硫、脱硝、除尘等环保投入，推动炼焦过程的清洁化，这使部分炼焦企业的能耗有所上升。2014~2016 年中国重点钢铁企业炼焦工序能耗值先升后降，随后 2016~2019 年持续上升，并于 2019 年达到峰值 105.81 千克标准煤/吨。此后，能耗值在 2020 年出现明显下降，降至 102.38 千克标准煤/吨，随后 2021 年再次上升，然后小幅波动。这一趋势表明，尽管钢铁企业在炼焦工序面临能耗挑战，但相关企业通过技术改进、政策引导或市场调整等措施，能耗控制取得了一定成效。炼焦工序的能耗降低主要依赖余热回收、干熄焦等技术的广泛应用以及智能化的能源管理优化。兖矿能源集团国际焦化公司通过引入焦炉烟气余热回收系统、优化设备布局等措施，不仅有效降低了系统能耗，还显著提高了发电效率，每天可多发电 5 万度。这一技术创新减少了干熄焦汽轮机抽汽量，节省了大量能源。此外，行业内还广泛推广干熄焦技术，这种技术利用惰性气体降温并回收余热，每吨焦炭可节省46 千克标准煤。通过进一步优化焦炉上升管余热回收技术，以及开发循环氨水余热利用系统，部分企业成功实现了工序的整体能效提升，进一步降低了单位能耗。

图 9 2014~2023 年中国重点钢铁企业炼焦工序能耗值

资料来源：中国钢铁工业协会。

（四）炼铁工序的能耗

图 10 展示了 2014~2023 年中国重点钢铁企业炼铁工序能耗值的变化情况。整体而言，能耗值呈现波动下降的趋势，从 2014 年的 395.31 千克标准煤/吨降至 2023 年的 387.42 千克标准煤/吨，表明企业在提高能源利用效率方面取得了积极进展。在炼铁工序上，宝钢通过数字化转型和智慧制造提高了炼铁工序的效率。其创新的智慧高炉诊断平台利用大数据资源，提高了智慧化水平，从而实现能耗降低。宝钢的大规模协同研发使其在炼铁工序的自动化和信息化方面取得了显著进展。武钢通过延长高炉寿命和优化高炉操作实现了能耗降低。武钢的高炉长寿技术体系通过设计选材和施工管理的改进，延缓了冷却壁和炭砖的损耗，从而实现了炼铁工序的节能。

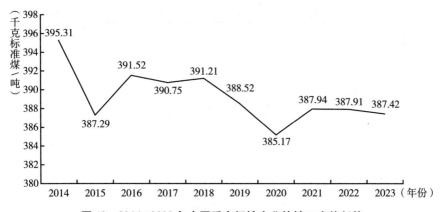

图 10　2014~2023 年中国重点钢铁企业炼铁工序能耗值

资料来源：中国钢铁工业协会。

（五）转炉工序的能耗

图 11 显示了 2014~2023 年中国重点钢铁企业转炉工序能耗变化趋势。中国重点钢铁企业转炉工序能耗从 2014 年的-9.99 千克标准煤/吨降至 2023 年的-19.55 千克标准煤/吨，表明钢铁行业在节能减排方面取得了明显进步。转炉炼钢过程会产生大量的余热和煤气，这些热能和气体可以被回收用

于发电或供热。这种回收利用的能量可以计算为转炉的"能源来源",从而使计算后的能耗为负值。例如,转炉炼钢过程中收集的煤气如果用于发电,那么在计算整体能耗时,可以将发电所产生的能量扣除,从而实现负值的结果。另外,一些转炉装置配备了余热发电系统,能够将炼钢过程中释放的热能转换为电能。这种电力生产不仅满足了自身的能量需求,还可以将多余的电力回送到电网中,从而产生额外的能量输入,进一步降低了转炉工序的能耗值。江苏沙钢的能耗显著降低,江苏沙钢转炉工序单位产品能耗达到−30.80千克标准煤/吨,优于标准先进值2.7%。江苏沙钢通过引入新技术和工艺,全面实施节能减排措施,比如汽化冷却余热蒸汽回收和煤气高效回收等。同时,江苏沙钢还建立了能源管理中心,进行全过程的能耗监控和优化调度。

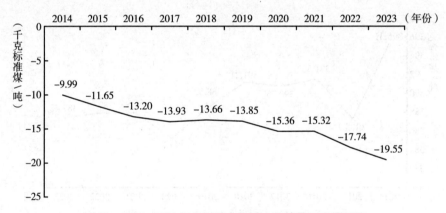

图11　2014~2023年中国重点钢铁企业转炉工序能耗值

资料来源:中国钢铁工业协会。

(六)电弧炉工序的能耗

图12展示了2014~2023年中国重点钢铁企业电弧炉工序能耗值的波动变化趋势。总体上看,电弧炉工序能耗值在十年间虽有起伏,但整体保持相对稳定。随着钢铁行业对可持续发展和环境保护的日益重视,预计电弧炉工序的能耗值将继续受到严格监控,这也推动企业不断进行技术创新和管理优

化。企业也在积极采取有效措施提升能源利用效率，以实现经济效益与环境效益的双赢。例如，新余钢铁集团正在进行一项电弧炉节能环保升级项目，计划通过使用达涅利的 ECS 水平连续加料电弧炉，达到 100 万吨电炉钢及特棒线的生产能力。该电弧炉采用了先进的电极调节系统和自动化控制技术，以提高能效并减少碳排放。这项工程还致力于推进新钢集团的智能化、绿色化转型。

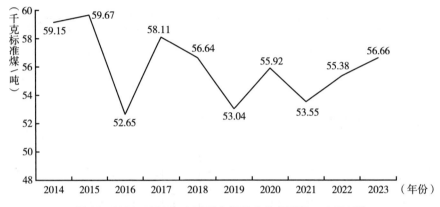

图 12　2014~2023 年中国重点钢铁企业电弧炉工序能耗值

资料来源：中国钢铁工业协会。

（七）钢加工工序的能耗

图 13 展示了中国重点钢铁企业钢加工工序能耗的显著下降趋势。中国重点钢铁企业钢加工工序能耗从 2014 年的 59.22 千克标准煤/吨下降至 2023 年的 50.57 千克标准煤/吨，显示出钢铁企业在节能减排上的积极进展。近年来，该环节能耗值趋于稳定，表明企业在节能降耗方面已建立较为稳固的基础，并有望在未来继续优化能源使用效率。

（八）炼焦煤气排放

如图 14 所示，2023 年中国重点钢铁企业炼焦煤气放散量为 1.41 亿立方米，相比于 2022 年的 3.72 亿立方米，显著下降 62%，放散率从 2022 年

图13 2014～2023年中国重点钢铁企业钢加工工序能耗值

资料来源：中国钢铁工业协会。

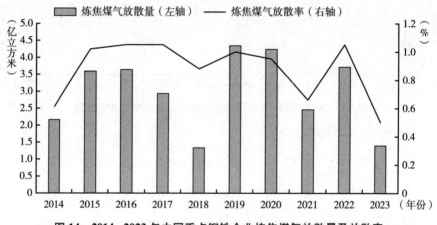

图14 2014～2023年中国重点钢铁企业炼焦煤气放散量及放散率

资料来源：中国钢铁工业协会。

的1.05%下降至2023年的0.5%。这表明，2023年企业在控制煤气放散方面取得了较大进展。近年来，钢铁企业开始探索将炼焦煤气转化为氢气的技术，这种方法不仅提高了煤气的附加值，还有效减少了二氧化碳的排放。研究表明，焦炉煤气转氢具有较好的经济效益和环境效益，成为未来低碳技术的重要发展方向。中海油菏泽焦炉气制合成天然气项目利用焦炉煤气与二氧化碳混合后，通过甲烷化工艺制取合成天然气，并进一步制成液化天然气。

该项目每年能够回收焦炉尾气2.6亿立方米和二氧化碳3万吨，生产约10万吨的液化天然气。该项目不仅能够减少有害气体排放，还能改善当地大气质量，同时推动地方经济发展，符合国家的节能减排政策。常州江南冶金科技有限公司通过研发高效回收技术，将焦炉上升管中产生的荒煤气余热转化为可用蒸汽，从而大幅提高了能源利用效率并减少了二氧化碳排放。

（九）高炉煤气排放

如图15所示，2023年全国重点钢铁企业高炉炼铁煤气放散量为53.35亿立方米，相对于2022年的68.07亿立方米显著下降22%，煤气放散率从1%下降至0.8%，这表明随着环保政策的强化和技术水平的提升，钢铁企业在减少煤气放散方面已经取得显著成效。总体来看，重点钢铁企业在高炉炼铁过程中有效降低了煤气放散量和放散率，显示出钢铁行业在环保和资源利用方面的持续努力和成效。例如，河钢集团在"绿色制造"战略推动下，实施了焦炉煤气零重整氢冶金示范工程，成功将煤气转化为清洁氢能源，减少了传统煤气放散带来的环境污染。高炉煤气回收利用的成效在多个钢铁企业的实践中得到了体现，显示出显著的节能和减排效果。柳钢集团通过建设

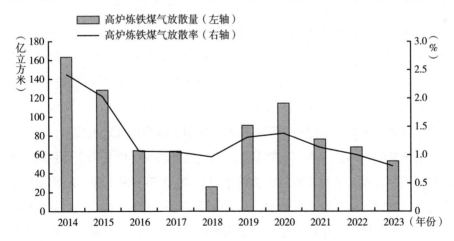

图15　2014~2023年中国重点钢铁企业高炉炼铁煤气放散量及放散率

资料来源：中国钢铁工业协会。

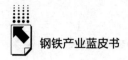

高炉煤气回收利用项目，实现了135MW的发电能力，整体热效率达到41.5%。该项目利用高炉煤气发电，不仅提升了能源利用效率，还减少了煤气的放散，从而降低了温室气体的排放。山西建龙钢铁有限公司在实施棒线材生产线的节能改造时，也采用了高炉煤气回收利用技术，预计该技术的普及将进一步推动整个行业的节能减排能力提升。

（十）煤气回收

如图16所示，2023年全国重点钢铁企业转炉冶炼煤气回收量为675.59亿立方米，相比于2022年的651.95亿立方米增长3.62%。煤气吨钢回收量也从2022年的124.24立方米，提高至2023年的125.11立方米，同比增长0.70%。从变化趋势来看，2014~2023年，全国重点钢铁企业转炉冶炼煤气回收量总体呈上升趋势，从451.10亿立方米增加到675.59亿立方米，增长显著，这显示了钢铁行业在提升煤气回收利用率方面的努力和成效。2014~2023年煤气吨钢回收量也从106立方米提升至125.11立方米，说明单位产钢所回收的煤气量大幅增加。整体来看，重点钢铁企业在转炉冶炼过程中，通过技术改进和管理创新，显著提升了煤气的回收量和吨钢煤气回收效率。这一趋势不仅反映了企业对环保的重视，也为实现国家的"双碳"目标贡献了力量。例如，河钢集团在焦炉煤气的回收利用方面走在前列。该集团首创了焦炉煤气零重整技术，以焦炉煤气作为直接还原铁生产原料，降低了生产成本并实现了高品质特钢的生产。该项目不仅提高了焦炉煤气的利用率，而且使粗钢的碳排放强度相较于传统高炉—转炉流程降低了约65%。宝钢集团也在煤气回收方面进行了积极探索，采用了新型煤气发电技术，将高炉煤气用于发电。该技术不仅有效减少了煤气的放散量，而且为企业创造了新的能源供应方式。通过该项目，宝钢集团在2023年实现了煤气利用率的显著提升，煤气的回收量大幅增加，从而降低了生产成本并减少了二氧化碳排放。安赛乐米塔尔在中国的子公司也积极进行煤气回收与利用，其在山东的生产基地采用了循环经济模式，对煤气与其他废气进行回收和处理，利用先进的燃烧技术转化为清洁能源。通过这些措施，该公司在2023年减少了大量的温室气体排放，并提升了生产效率。未来，随着技术的进一步发展和政策的推动，钢铁行业的煤气回收利用率有望继续提高。

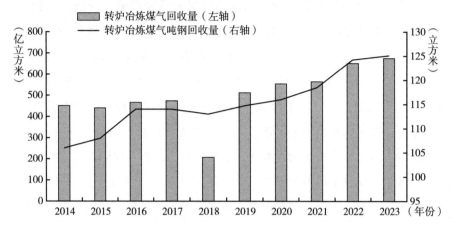

图16　2014~2023年中国重点钢铁企业转炉冶炼煤气回收量及吨钢回收量

资料来源：中国钢铁工业协会。

三　中国钢铁行业节能降碳进展分析

党的二十大报告指出："统筹产业结构调整、污染治理、生态保护、应对气候变化，协同推进降碳、减污、扩绿、增长，推进生态优先、节约集约、绿色低碳发展。"钢铁行业作为高耗能和高排放的传统行业，其碳排放量在全球范围内占据显著份额，是应对气候变化挑战的关键一环。中国钢铁行业的碳排放约占全国工业碳排放总量的15%，这无疑对中国的碳达峰与碳中和战略目标构成了重大挑战。

面对严峻的节能降碳形势，钢铁行业亟须探索并实施有效的节能降碳策略，以减轻环境负担并促进产业的可持续发展。因此，深入分析中国钢铁行业节能降碳进展，不仅有助于识别减排的潜力和障碍，还能为制定科学合理的减排路径提供重要依据。

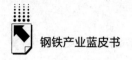

（一）供给侧结构性改革推动钢铁产业低碳发展

供给侧结构性改革是当前中国经济发展的重要战略，特别是在钢铁行业，影响深刻且深远。"十三五"时期，中国钢铁行业开启供给侧结构性改革。在"双碳"政策影响下，"十四五"时期，中国钢铁行业重心转为产能产量"双控"，从能耗"双控"向碳排放总量和强度"双控"转变。截至2024年，国家出台了一揽子政策，以引导和推动钢铁行业的转型升级，确保资源的有效配置和高质量供给。通过加快淘汰落后产能和压减过剩产能，供给侧结构性改革为行业的发展注入了新的活力。但目前钢铁行业面临产能过剩的问题，导致市场供大于求、价格低迷。在这一背景下，2024年5月，国家发展改革委、工业和信息化部、生态环境部、国家市场监管总局、国家能源局联合印发《钢铁行业节能降碳专项行动计划》，提出要深入挖掘钢铁行业节能降碳潜力，加快改造和设备更新，以支撑"十四五"能耗强度降低的约束性指标。到2025年底，钢铁行业高炉和转炉工序单位产品能耗要降低1%以上，电弧炉冶炼单位产品能耗降低2%以上，吨钢综合能耗降低2%以上，并希望实现余热余压自发电率提高3个百分点以上。到2030年底，主要工序能效进一步提升，碳排放明显降低，行业实现绿色低碳高质量发展。

从整体来看，中国吨钢综合能耗从2014年的584.7千克标准煤开始下降，到2023年时，吨钢综合能耗为557.15千克标准煤，较2014年减少了27.55千克标准煤（见图17）。这表明钢铁企业在生产过程中通过技术改造、设备升级等手段，实现了能效的提升，逐渐减少了能源的消耗，符合国家推动绿色低碳发展的政策导向。与此同时，中国吨钢可比能耗从2014年的542.75千克标准煤下降到2020年的484.99千克标准煤，但在2023年回升至492.62千克标准煤。这一变化表明，虽然在一定阶段企业通过提升生产效率降低了可比能耗，但在全球经济波动、市场需求变化等因素的影响下，企业在能效提升上仍面临一定压力。

供给侧结构性改革对钢铁产业的主要影响体现在以下几个方面。

图 17　2014~2023 年中国重点钢铁企业吨钢综合能耗和吨钢可比能耗

资料来源：中国钢铁工业协会。

首先，绿色发展是供给侧结构性改革的重要组成部分，钢铁行业的环保要求日益严峻，企业必须加大对环境保护的投入，推动绿色技术的应用。近年来，国家对大气污染治理和碳排放的重视程度不断提高，钢铁企业面临的环保压力日益增加。2023 年，国务院印发《空气质量持续改善行动计划》，严禁新增钢铁产能。推行钢铁、焦化、烧结一体化布局，大幅减少独立焦化、烧结、球团和热轧企业及工序，淘汰落后煤炭洗选产能；有序引导高炉—转炉长流程炼钢转型为电弧炉短流程炼钢。到 2025 年，短流程炼钢产量占比达 15%。京津冀及周边地区继续实施"以钢定焦"，炼焦产能与长流程炼钢产能比控制在 0.4 左右。这促使企业积极寻求绿色转型，提升环境治理水平，减少生产过程中的污染排放。

其次，技术创新是供给侧结构性改革的重要驱动力，钢铁行业通过智能制造和数字化转型实现了生产方式的根本性变革。在全球制造业向数字化、智能化转型的浪潮中，钢铁行业面临前所未有的机遇与挑战。钢铁企业纷纷加大研发投入，推动智能化设备和自动化生产线的建设，提高生产效率和产品质量。通过应用大数据、人工智能等先进技术，钢铁企业能够实现生产过程的实时监控和优化，增强了市场竞争力。此外，智能制造还提升了资源的利用效率，降低了生产过程中的资源浪费，使企业在实现高效生产的同时，更好地响应了市场需求的变化。通过技术创新，钢铁企业逐步实现了高质量发展，向全球高端市场迈进。在数字化方面，2024 年 7 月，华院计算发布了针对钢铁行业的工业大模型。该模型通过人工智能算法提升了生产流程、设备监控、质量控制等方面的智能化水平，进一步推动了钢铁行业从传统制造向数字化和智能制造的升级。2024 年 10 月底，宝武钢铁集团发布了自主研发的钢铁行业大模型。该大模型包括基础大模型、行业垂类大模型、应用场景领域模型三层架构，总体达到垂类模型国内领先水平，是宝武钢铁集团推动钢铁行业绿色低碳发展的创新举措。

再次，产品结构的优化升级是供给侧结构性改革的重要任务，钢铁行业必须调整生产方向，满足市场对高端钢材的需求。随着经济结构的不断优化，钢铁市场的需求结构也在发生变化。传统的低端钢材生产逐渐被高附加值、高技术含量的产品所取代。钢铁企业加大对新材料的研发力度，积极探索高强度、耐腐蚀和特殊用途的钢材生产，满足航空航天、新能源汽车等高端制造业的需求。此外，企业还通过提升产品质量和技术含量，实现产品的差异化竞争，增强抗风险能力。供给侧结构性改革推动钢铁企业在提升产品附加值、增强技术创新能力方面取得了显著成效，为行业的可持续发展注入了强大动力。本钢集团在高端钢材研发方面取得了多项突破，尤其是在汽车用钢领域。通过技术创新，本钢集团开发了轻量化高强度钢材，广泛应用于新能源汽车和高铁等领域。这些技术成果提升了本钢集团的市场竞争力和产品附加值。宝武钢铁集团通过绿色技术和新材料的布局，积极推进海外和国内的钢铁技术创新。宝武钢铁集团与沙特阿拉伯合作建设全球首家绿色低碳厚板工厂，推动镁基轻合金项目进入试生产阶段，标志着高性能轻合金材料技术的重大突破。

最后，市场机制的有效发挥是供给侧结构性改革的重要保障，钢铁行业应充分利用市场竞争的力量，实现资源的优化配置。近年来，政府逐步减少对市场的干预，推动钢铁企业更加依赖市场机制，通过公平竞争实现优胜劣汰。在这一过程中，优秀企业脱颖而出，带动整个行业的进步和发展。通过提升市场集中度，钢铁企业可以更好地应对价格波动和市场风险，提高行业整体的抗风险能力。同时，企业也更加关注市场需求的变化，灵活调整生产计划和产品结构，增强市场适应性。供给侧结构性改革为钢铁行业创造了良好的市场环境，使企业能够在激烈的市场竞争中实现自身的快速发展，为整个行业的可持续发展奠定了坚实的基础。2023年末，宝武钢铁集团签署收购山东钢铁集团协议，宝武钢铁集团将持有山东钢铁集团49%的股份。2023年8月，鞍钢集团完成了与本钢集团的合并，成为中国第二大钢铁生产商，仅次于宝武钢铁集团。合并后的新实体年产粗钢达5500万吨。这次合并标志着中国钢铁行业加速整合，为中国在全球原材料价格谈判中获取更大话语权奠定基础。

（二）钢铁生产工艺不断优化

电炉炼钢作为现代钢铁生产的重要技术之一，对钢铁产业的整体结构和发展路径产生了深远影响。据全球能源监测（GEM）组织最新发布的年度报告，2024年初以来，全球范围内宣布新建的炼钢产能中，高达93%的比例为电炉钢产能。但是，中国电弧炉总体产钢占比偏低。

根据世界钢铁协会数据，2023年，中国电弧炉粗钢产量占比为9.9%，较2022年提高了0.4个百分点，但与《钢铁行业节能降碳专项行动计划》中提到的电弧炉产钢占比要在2025年达到15%仍有较大差距。从生产成本和利润看，影响电弧炉发展的主要因素有以下四个。

第一，电弧炉以废钢为主要原材料，而废钢的价格波动较大，这对生产成本产生了直接影响。当废钢价格上涨时，电弧炉的成本竞争力就会下降。相较于传统的高炉-转炉工艺，电弧炉依赖废钢资源，如果废钢供应不足或价格过高，将直接影响企业的生产成本，进而压缩利润空间。但目前，部分电弧炉炼钢厂炼钢过程中添加一定量铁水，即铁水热装的电弧炉炼钢工艺，该工艺有效缩短电弧炉冶炼周期，同时帮助企业灵活应对废钢市场价格波动。[①] 第二，电弧炉在生产过程中消耗大量的电力。虽然电弧

---

① 姜周华等：《电弧炉炼钢技术的发展趋势》，《钢铁》2020年第7期。

炉的能源效率较高，但电力价格的波动会直接影响生产成本。在中国实行差别电价政策后，电价较高的情况会削弱电弧炉的经济性。第三，虽然电弧炉的设备和工艺相对高炉-转炉流程简单，但初始投资和设备维护成本依然较高，需要建设专门的废钢处理、熔炼、精炼设施，且设备的维护和更新费用也是一大笔支出，高额的初期投资可能会使中小型企业望而却步。电弧炉通常用于生产长材（如螺纹钢、型钢），与转炉工艺相比，生产的钢材品质在某些特定场合下存在差距。因此，电弧炉生产的钢材可能在高端市场上面临挑战，价格也相对较低，利润率相应下降。第四，市场对长材需求波动也会影响电弧炉的盈利能力，尤其是在经济不景气或基建投资减少的情况下，利润空间会受到挤压。钢铁市场竞争激烈，特别是一些大型钢铁企业依然使用高炉-转炉工艺，产能庞大，能够以低成本供应钢铁产品。这种竞争压力可能导致电弧炉企业需要以较低的价格出售产品，压缩了盈利空间。

如图 18 所示，电弧炉 4 条生产成本曲线在整体上表现出相似的波动趋势。从 2022 年 6 月开始，所有成本在初期出现了一次较大的波动，随后在

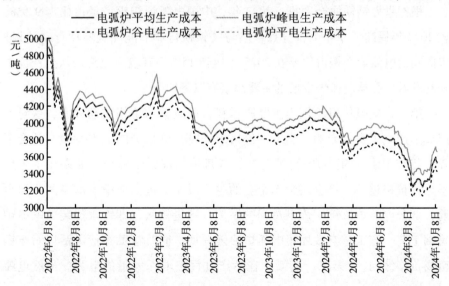

图 18　2022 年 6 月至 2024 年 10 月中国电弧炉平均、峰电、谷电和平电生产成本

资料来源：中国钢铁工业协会。

2023 年中进入相对稳定的区间，但在 2023 年末到 2024 年中又出现了较大的下降趋势。这些波动反映出中国钢铁行业电弧炉产钢成本总体呈现下降趋势。峰电生产成本曲线与谷电生产成本曲线之间始终保持较大的差距。峰电生产成本明显高于谷电生产成本，这也符合电价在高峰时段较高的规律。

从图 19 可以看出，不同电价条件下电弧炉的利润差距较大，但走势基本一致。从总体来看，2024 年 9 月电炉利润大幅度攀升以前，利润走势呈现季节性特征，每年都有一段时间保持高利润，如 2022 年 12 月至 2023 年 3 月，以及 2023 年 11 月至 2024 年 2 月，剩余时间则处于低利润月段。

分不同电价水平来看，电炉平均利润与平电利润基本持平，谷电利润显著高于平电利润，再高于峰电利润。其中，峰电利润绝大部分时间（除 2024 年 2 月和 9 月外）都处于负利润状态，尤其是在 2024 年 6 月至 8 月，亏损超过 300 元/吨。这反映出在电价高峰时段电弧炉的生产成本过高，难以实现盈利。因此，电弧炉在峰电时段的运营并不具备经济性，企业可能需要通过调整生产时段来规避高峰电价带来的成本压力。而谷电利润能在高利润月段保持正利润，如 2022 年 12 月至 2023 年 3 月，以及 2023 年 11 月至 2024 年 2 月。在低利润月段，也能有部分时间处于正利润，如 2024 年 4 月和 5 月。这表明电弧炉在谷电时段的运营具有明显的成本优势。在电价较低的时段，电弧炉能够大幅降低生产成本从而实现较高的利润。平电利润仅能在部分高利润月段保持正利润，其余月段均是负利润或在零利润附近波动。这表明总体上电力生产的盈利仍然较为有限。

值得注意的是，2024 年 9 月之后，所有电价条件下的利润都有显著回升。尤其是谷电利润再次大幅攀升，突破 300 元/吨，创近两年来的新高。峰电利润也从负值上升至超过 100 元/吨的正利润。这种趋势可能与电价下降、市场需求回升或政策调整有关。在这一时期，企业可能通过优化生产计划、减少高峰时段的生产，将生产集中在谷电和低电价时段，从而有效提升整体利润水平。总的而言，我国钢铁企业仍在有序推进产能置换节奏。展望 2025 年，政策支持下，钢铁企业将继续逐步扩大电炉钢产能，企业发展也趋向于设备大型化、生产产品多样化转型，从而带来更多的电炉利润空间。

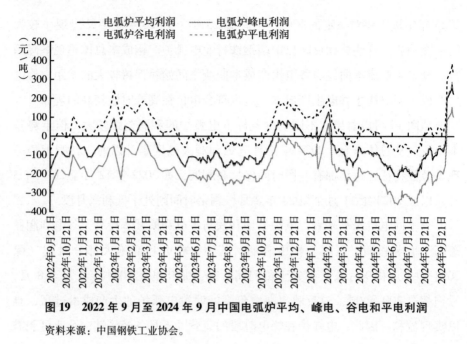

图19 2022年9月至2024年9月中国电弧炉平均、峰电、谷电和平电利润

资料来源：中国钢铁工业协会。

（三）钢铁资源回收再利用发展迅速

废钢再利用是低碳钢铁生产的关键途径之一。正如前文所述，相较于传统的高炉-转炉工艺，电弧炉以废钢为主要原料，因此电弧炉生产每吨钢的碳排放量要比传统工艺低得多。高炉炼钢需要焦炭和铁矿石，焦炭的生产和铁矿石的还原过程会产生大量的二氧化碳，废钢的回收和再利用无需这些高能耗的冶炼步骤，大幅减少了碳排放。据估算，每回收1吨废钢可减少1.5吨二氧化碳排放，减少使用1.4吨铁矿石和740千克煤，1吨废钢生产出来的钢铁产品所消耗的能量约为长流程消耗能量的1/3，因此，提高废钢的利用率是钢铁行业实现碳中和的重要路径。如图20所示，根据中国钢铁工业协会数据，2014~2023年，钢铁企业的废钢回收量总体呈现显著的增长趋势，虽然整体表现出了一定的波动性。具体来看，废钢回收量从2014年的0.43亿吨增加至2023年的1.00亿吨，增长132.56%，表明钢铁行业在废钢回收利用方面逐步向更高水平发展。

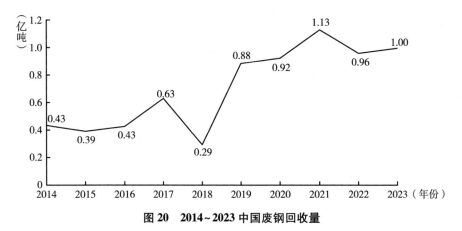

图 20 2014~2023 中国废钢回收量

资料来源：中国钢铁工业协会。

2023 年，中国转炉废钢消耗量达 0.77 亿吨，电弧炉废钢消耗量为 0.2 亿吨，中国废钢消耗量主要集中在转炉。从时间趋势来看，2019~2023 年电弧炉废钢消耗量相对稳定，2019~2023 年电弧炉废钢消耗量较 2014~2018 年有所提高。2019 年转炉废钢消耗量显著提升，2021 年达到最高峰，为 0.89 吨（见图 21），这主要是由于中国的废钢回收体系尚未完全成熟，废钢的供应受到一定限制，电弧炉难以获得足够的高质量废钢原料。从生产结构讲，中国电弧炉产钢比重较低，仅为 9.9%，导致电弧炉废钢消耗量相对较低。中国钢铁行业应加快完善废钢回收体系，加大对废钢回收利用的投资力度，保障电弧炉的原料需求。钢铁企业也应加大电弧炉技术的研发投入，提升冶炼过程的废钢利用效率，揭高电弧炉废钢消耗量。同时，国家应出台更多支持电弧炉发展的政策，鼓励企业在环保和资源回收方面的投资，并给予适当的财政补贴。总的来看，尽管电弧炉在废钢利用上具有显著优势，但由于市场需求、成本和政策等多重因素的制约，电弧炉产钢量依然较低，废钢消耗量也较低。随着钢铁行业高质量发展的持续推进，预计电弧炉的废钢消耗量有望进一步提升。

（四）高炉冶炼技术不断优化

高炉冶炼技术作为钢铁生产中的核心环节，承担将铁矿石转化为生铁的

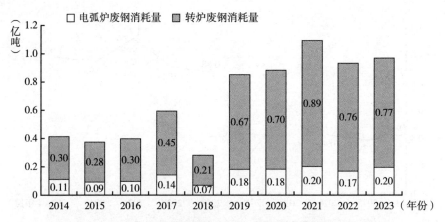

图21 2014~2023年中国钢铁企业电弧炉和转炉的废钢消耗量

资料来源：中国钢铁工业协会，统计范围为中国钢铁工业协会会员企业。

关键任务。这一过程不仅复杂，而且能源需求巨大，其中焦炭和煤粉作为主要燃料，焦炭和煤粉消耗量直接关系整个生产线的能耗和碳排放水平。由于高炉操作的能耗密集型特点，其产生的碳排放量占钢铁生产全流程总碳排放量的73.6%。根据世界钢铁协会的数据，高炉-转炉流程生产每吨粗钢的二氧化碳排放强度显著高于以废钢为原料的电弧炉流程和以直接还原铁为原料的电弧炉流程（见图22）。这表明，高炉冶炼在钢铁生产中是一个碳排放的

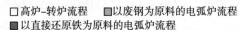

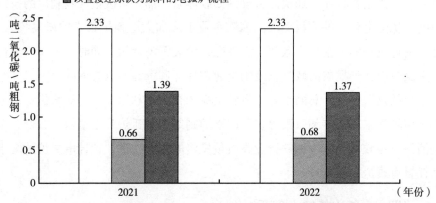

图22 2021年和2022年按工艺路线划分的二氧化碳排放强度

资料来源：世界钢铁协会。

高点，高炉冶炼技术的优化对于钢铁企业实现节能降碳目标显得尤为关键和紧迫。可以说，高炉冶炼技术的改进和创新决定了企业在节能减排方面的成效和可持续发展能力。因此，探索和实践高炉冶炼技术的优化路径，不仅是提升企业经济效益的必要手段，更是推动整个钢铁行业向绿色低碳转型的必由之路。

2022年1月，工业和信息化部、国家发展改革委、生态环境部联合印发《关于促进钢铁工业高质量发展的指导意见》，强调要推动氢冶金、低碳冶金等先进工艺技术取得突破进展，制定氢冶金行动方案，加快推进低碳冶炼技术研发应用。

中国钢铁企业积极响应国家绿色低碳发展战略，积极探索和实践高炉技术优化路径，取得了显著成效。钢铁企业纷纷将先进技术应用于实际生产，并通过技术创新和管理提升，实现了能源消耗和碳排放的双降。2021年，中冶京诚研发的高炉炉顶均压煤气全回收技术将回收率从70%~80%提升至100%，创造了显著的经济效益和社会效益。中钢国际在中国宝武八钢实施了富氢碳循环氧气高炉项目，该技术采用了前瞻性的低碳炼铁新工艺，通过富氧、富氢冶炼和煤气自循环喷吹，实现了固体燃料消耗降低达30%，碳减排超21%。首钢集团的"五效一体"高效循环利用技术、大型高炉高比例球团矿低碳冶炼技术、白灰窑尾气二氧化碳捕集用于二氧化碳-氧气混合喷吹炼钢工艺技术等，在国务院国资委2022年度碳达峰碳中和行动典型案例评选中获得三等奖。这些技术不仅实现了经济效益，还大幅降低了钢铁企业的温室气体及污染物排放。2023年，中冶赛迪开发的3R碳氢高炉技术在河北纵横集团丰南钢铁成功实施。该技术通过循环利用煤气中的还原性气体，提高煤气利用效率，从而减少高炉的固体碳素消耗。3R碳氢高炉技术在纵横集团丰南钢铁的2座2000立方米级高炉上运行一年后，每年二氧化碳减排约40万吨，较国内同级别高炉持续稳定减碳5%~10%。

高炉冶炼技术优化是钢铁企业实现节能降碳目标的关键，可以有效提升高炉冶炼效率，降低能源消耗和碳排放，推动钢铁行业向绿色低碳转型。然而，高炉冶炼技术的优化并非一蹴而就，需要钢铁企业不断进行技术创新，并与上下游产业链协同发展，才能真正实现绿色可持续发展。此外，还需要加强政策引导和资金支持，建立健全绿色低碳发展机制，为钢铁行业的转型升级提供强有力的保障。

（五）绿色并购提升企业能源利用效率

在"双碳"背景下，对于钢铁企业而言，作为全球高耗能、高碳排放的主要行业之一，绿色并购是一项重要的战略工具，能够帮助钢铁企业在环境约束日益强化的背景下实现低碳转型、提升市场竞争力和优化生产效率。中国钢铁企业在绿色并购方面采取了积极行动，动因主要如下。

一是为应对环境规制和政策压力，钢铁企业需要通过绿色并购快速获取绿色技术，进而创造经济收益。Sharma 和 Vredenburg[1]指出，企业通过加强环境管理来获取竞争优势，这一趋势在环境法规日趋严格的背景下尤为明显。企业通过并购绿色技术或绿色资产，能够更快满足日益严格的环保法规要求，从而降低合规风险。Zollo 和 Meier[2]强调了知识和技术的转移在并购中的重要性，绿色并购为企业提供了获取绿色创新技术的机会，特别是在可再生能源、碳捕集与封存等快速发展的领域。面对日益严格的环境规制和碳排放目标，钢铁企业通过绿色并购获取低碳技术和环保资产，能够快速提升环境绩效，减少合规成本，避免因超标排放而面临高额罚款和政策约束。例如，宝钢集团收购武钢集团形成了中国最大的钢铁企业之一。该并购不仅提高了产量，还推动了两家公司在技术和资源方面的整合，尤其是绿色制造技术的研发，宝钢集团通过并购可以在短期内掌握武钢集团减排核心技术。这种方式比自主研发更为高效，能够快速响应政策要求，规

---

① Sharma, S., Vredenburg, H., "Proactive Corporate Environmental Strategy and the Development of Competitively Valuable Organizational Capabilities," *Strategic Management Journal*, 1998, 19 (8): 729-753.

② Zollo, M., Meier, D., "What is M&A Performance?" *Academy of Management Perspectives*, 2008, 22 (3): 55-77.

避环境风险。宝钢集团在并购后，积极整合和提升绿色产品线。公司致力于研发低碳和环保的钢铁产品，比如高效工业电机用的无取向硅钢和专为电动汽车设计的轻量化材料。这些产品有助于降低整个产业链的碳排放，并符合全球对可持续发展日益增长的需求。

二是随着全球市场对低碳产品和绿色生产的需求不断增加，钢铁企业面临的外部竞争环境正在发生变化。越来越多的客户在采购钢铁产品时更倾向于选择具有绿色认证、碳排放较低的产品。绿色并购为钢铁企业提供了满足这一需求的机会，帮助企业通过获得绿色技术或低碳生产能力，提升产品的绿色竞争力，进而赢得更多市场份额，提高企业绩效。Schaltegger 和 Synnestvedt[①]认为企业通过并购绿色资产，可以实现经济效益与环保效益的双赢。绿色并购不仅能帮助企业提升环境合规性，还能提高市场竞争力和品牌形象。King 和 Lenox[②]的研究也指出，绿色并购作为企业环境战略的一部分，能够在长期内提高企业的经济效益。通过并购，钢铁企业可以更好地将绿色技术整合到运营中，从而提升整体绩效。

例如，宝武钢铁集团一直在收购规模较小的钢铁公司，以提升技术能力。2019 年 9 月，宝武钢铁集团完成收购安徽地方国企马钢控股有限公司，总产能增至 9000 万吨；2020 年 8 月，宝武钢铁集团再兼并产能 1294 万吨的太原钢铁有限公司；2020 年 9 月，宝武钢铁集团将重庆钢铁股份有限公司收入囊中，集团总产能增至 1.11 亿吨；2020 年 11 月，宝武钢铁集团再收购新兴铸管、新疆伊犁钢铁，产能增至 1.15 亿吨。宝武钢铁集团持续整合国内钢铁行业，以增强在绿色钢铁技术方面的竞争力。宝武钢铁集团还在氢基钢生产和电弧炉技术上投入了大量资金，能够生产出符合绿色环保标准的高附加值产品，从而获得更多的绿色订单和市场认可。这不仅有助于提升企

---

① Schaltegger, S., Synnestvedt, T., "The Link Between 'Green' and Economic Success: Environmental Management as the Crucial Trigger Between Environmental and Economic Performance," *Journal of Environmental Management*, 2002, 65 (4): 339-346.

② King, A. A., Lenox, M. J., "Does it Really Pay to be Green? An Empirical Study of Firm Environmental and Financial Performance," *Journal of Industrial Ecology*, 2001, 5 (1): 105-116.

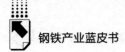
业的利润率，也使企业能够进入那些对碳排放要求较高的国际市场，扩大全球影响力。

三是应对资本市场与社会责任的压力。Clark、Feiner 和 Viehs[1]指出，越来越多的投资者将 ESG 因素纳入投资决策，企业的环保表现成为吸引资本的重要标准。绿色并购帮助企业提升 ESG 得分，从而吸引更多的可持续投资。Sullivan 和 Gouldson[2]强调了绿色金融在推动绿色并购中的关键作用，尤其在清洁能源和环保技术领域，资本市场对绿色资产的需求增加，使得绿色并购成为实现投资回报和环境责任的双重手段。与此同时，Renneboog、Ter Horst 和 Zhang[3]提出，绿色金融市场的扩展和绿色债券的发展为企业提供了更多的融资选择，使其能够更顺利地进行绿色并购。通过利用绿色金融工具，企业能够以较低的资本成本完成并购，同时提升环保声誉和市场竞争力。

钢铁企业面临的社会责任压力越来越大，尤其是在资本市场和公众对企业环境绩效的要求日益严格的背景下，绿色并购成为提升企业社会责任形象的重要手段。越来越多的投资者和基金开始关注企业的环境、社会和公司治理表现，环境绩效不佳的企业可能会面临资本市场的惩罚，难以获得可持续的资金支持。而通过绿色并购，钢铁企业可以快速提升环境表现，增强在资本市场中的吸引力，获取更多绿色融资和投资机会。同时，钢铁企业的绿色并购也有助于提升自身社会形象，树立环保责任感和可持续发展的品牌形象。良好的社会责任表现不仅能够吸引投资，还可以提高企业的声誉，增强市场竞争力。

① Clark, G. L., Feiner, A., Viehs, M., "From the Stockholder to the Stakeholder: How Sustainability can Drive Financial Outperformance," *Journal of Sustainable Finance & Investment*, 2015, 5 (4): 210-221.

② Sullivan, R., Gouldson, A., "Does Voluntary Carbon Reporting Meet Investors' Needs?" *Journal of Cleaner Production*, 2012, 36: 60-67.

③ Renneboog, L., Ter Horst, J., Zhang, C., "Socially Responsible Investments: Institutional Aspects, Performance, and Investor Behavior," *Journal of Banking & Finance*, 2008, 32 (9): 1723-1742.

四 小结

首先，本报告通过对钢铁生产、消费及贸易的现状进行分析，明确了中国钢铁行业在全球市场中的地位，为后续的低碳发展分析奠定了基础。其次，本报告深入探讨了钢铁行业各个生产工序的能耗分布与碳排放特征，并识别了主要的减排潜力领域，为低碳发展路径提供了清晰的框架。

在节能降碳进展方面，本报告详细分析了生产工艺优化、资源回收与再利用技术的发展现状，展示了通过改进工艺和提升能源效率降低碳排放的成效。同时，本报告也关注高炉炼钢技术的创新发展，钢铁企业通过对高炉温度、气流控制等环节的优化，实现了资源利用效率的显著提升。此外，绿色采购作为一种新的管理模式，帮助钢铁企业在原材料和供应链环节有效减少碳排放，进一步提升企业的能源利用效率。

本报告建议：第一，加快低碳技术研发与应用。鼓励钢铁企业积极投资低碳技术的研发与创新，特别是氢还原、电弧炉和碳捕集与封存等前沿技术。通过研发适合行业特点的低碳技术，可降低传统高炉炼钢过程中的碳排放强度。第二，加强资源回收与循环利用。完善政策引导机制，鼓励钢铁企业在生产过程中回收利用废气、废水和废渣，提高副产品的循环利用率。第三，推动优化工艺流程与能源管理新变革。支持钢铁企业通过数字化和智能化手段改进生产流程，完善炉温控制、气流优化等技术手段，提高能源使用效率，减少不必要的能耗和碳排放。建立能源管理系统，实时监测各工序的能耗情况，有针对性地优化高耗能环节。第四，完善碳管理体系与碳排放监测机制。不仅在政策层面，还要在企业层面建立全面的碳管理体系，通过碳排放监测与评估机制，实时跟踪生产过程中的碳排放情况。这不仅有助于企业合规经营，也能够帮助识别减排机会，从而实现更科学的碳管理。第五，加强政策支持与技术交流合作。政府应完善碳排放标准和激励政策，通过补贴、税收优惠、碳市场等措施，鼓励企业进行低碳转型。同时，发挥行业协会推动企业间技术交流与合作的作用，形成资源共享的低碳发展生态。

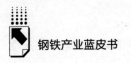

参考文献

姜周华等:《电弧炉炼钢技术的发展趋势》,《钢铁》2020年第7期。

Clark, G. L., Feiner, A., Viehs, M., "From the Stockholder to the Stakeholder: How Sustainability can Drive Financial Outperformance," *Journal of Sustainable Finance & Investment*, 2015, 5 (4): 210-221.

King, A. A., Lenox, M. J., "Does it Really Pay to be Green? An Empirical Study of Firm Environmental and Financial Performance," *Journal of Industrial Ecology*, 2001, 5 (1): 105-116.

Renneboog, L., Ter Horst, J., Zhang, C., "Socially Responsible Investments: Institutional Aspects, Performance, and Investor Behavior," *Journal of Banking & Finance*, 2008, 32 (9): 1723-1742.

Schaltegger, S., Synnestvedt, T., "The Link Between 'Green' and Economic Success: Environmental Management as the Crucial Trigger Between Environmental and Economic Performance," *Journal of Environmental Management*, 2002, 65 (4): 339-346.

Sharma, S., Vredenburg, H., "Proactive Corporate Environmental Strategy and the Development of Competitively Valuable Organizational Capabilities," *Strategic Management Journal*, 1998, 19 (8): 729-753.

Sullivan, R., Gouldson, A., "Does Voluntary Carbon Reporting Meet Investors' Needs?" *Journal of Cleaner Production*, 2012, 36: 60-67.

Zollo, M., Meier, D., "What is M&A Performance?" *Academy of Management Perspectives*, 2008, 22 (3): 55-77.

B.6
中国钢铁企业碳排放强度的
影响因素研究

邵燕敏　李俊龙*

摘　要： 本报告分析中国钢铁企业碳排放强度的主要影响因素，并建立模型实证分析了钢铁企业碳排放强度的影响因素，这对推动钢铁产业绿色转型、实现碳中和目标具有重要意义。政策层面，中国积极推动钢铁产业转型升级，为低碳发展提供了有力支持。碳交易市场机制的实施，刺激了钢铁企业持续减排。技术创新方面，钢铁企业不断探索低碳技术，推动产业低碳发展。劳动生产率的提升也有助于降低单位产品的碳排放。同时，利益相关者的积极参与，如投资者、消费者等，共同助推了钢铁产业的低碳进程。本报告采用科学的方法与可靠的数据，深入分析了技术创新、劳动生产率、利益相关者参与对钢铁企业碳排放强度的影响，并得出了一系列研究结论，为钢铁企业进一步降低碳排放强度提供了重要参考。

关键词： 钢铁企业　碳排放强度　劳动生产率

一　中国钢铁企业碳排放强度影响因素的研究意义

在当前全球气候变化和环境保护日益受到重视的背景下，减少碳排放、实现碳中和已成为全球共识。2024 年 7 月，党的二十届三中全会审议通过

---

* 邵燕敏，北京科技大学经济管理学院副教授，研究方向为绿色技术创新、效率评价方法与应用；李俊龙，北京科技大学经济管理学院博士研究生，研究方向为绿色经济与低碳发展。

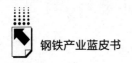

了《中共中央关于进一步全面深化改革 推进中国式现代化的决定》，强调了深化改革与推进现代化的重要性，为中国钢铁产业的绿色转型和高质量发展指明了方向。钢铁产业作为能源消耗和碳排放的主要行业之一，碳排放问题尤为突出。中国作为世界最大的钢铁生产国之一，钢铁产业的碳排放量占据全国总排放量的较大比例，对中国乃至全球的碳排放控制具有重要影响。

近年来，虽然中国钢铁产业在绿色发展和低碳转型方面取得了一定进展，但仍面临诸多挑战。生产方式、能源结构、环保技术水平等因素制约了钢铁产业节能降碳的步伐。同时，经济发展与环境保护之间的矛盾也使钢铁产业在节能减排降碳方面面临巨大压力。从国际角度讲，在全球气候变化和环境保护日益受到重视的背景下，减少碳排放、实现碳中和已成为全球共识。钢铁产业作为能源消耗和碳排放的主要行业之一，其碳排放问题尤为突出。因此，研究中国钢铁企业碳排放强度的影响因素，对制定有效的减排策略和政策、推动钢铁产业的可持续发展具有重要意义，具体如下。

第一，研究碳排放强度影响因素有助于在保持经济发展的同时，有效控制环境污染和碳排放，实现经济与环境的协调发展。这不仅对于推动中国自身的可持续发展至关重要，也对全球的气候变化应对和环境保护努力产生积极影响。

第二，通过深入研究中国钢铁企业碳排放强度的影响因素，可以揭示钢铁生产过程中碳排放的特征和规律，为政府制定针对性的减排政策提供科学依据。这有助于政府更加精准地把握钢铁产业的碳排放状况，制定更加符合实际情况的减排目标和政策措施，从而推动钢铁产业的低碳转型和绿色发展。

第三，通过对中国钢铁企业碳排放强度影响因素的深入研究，可以为企业提供具体的节能降碳指导和建议。企业可以根据研究结果，结合自身实际情况，制定有效的节能降碳措施和方案，降低碳排放强度，提升环保绩效。同时，有助于企业更好地响应国家减排政策，实现绿色发展和可持续发展。

综上所述，研究中国钢铁企业碳排放强度的影响因素具有重要的理论和实践意义。通过深入研究和分析，可以为政府制定减排政策、钢铁产业的技术进步和产业升级、经济与环境的协调发展、钢铁行业的节能降碳提供有力的支持和保障。

二 中国钢铁企业碳排放强度影响因素分析

推动钢铁产业的低碳转型是落实中国"双碳"目标的重要举措,对实现高质量发展具有深远意义。在钢铁产业高质量发展转型的过程中,政策和市场的协同推进是关键所在。政策提供了明确的方向和支持,引导钢铁企业设定减排标准,推动优化生产结构,促进废钢再利用的循环经济发展,激励低碳技术创新,加快钢铁行业绿色升级步伐。与此同时,市场机制则为企业提供了创新和效率提升的激励动力,碳交易市场的建设为行业提供了市场化减排机制,将有效提升钢铁企业的碳减排效率和碳经济性。两者相辅相成,构建一个支持钢铁产业绿色发展、提升国际竞争力的生态体系。

(一)中国政策推动钢铁产业转型升级

2020 年以来,中国政府出台了一系列政策措施,推动钢铁产业的低碳转型。2020 年 9 月 22 日,在第七十五届联合国大会一般性辩论上,习近平主席郑重宣布:"中国将提高国家自主贡献力度,采取更加有力的政策和措施,二氧化碳排放力争于 2030 年前达到峰值,努力争取 2060 年前实现碳中和。"① 中国政府设定了"双碳"目标,为整个工业领域的碳减排指明了方向。这一政策目标意味着中国的钢铁产业需要在未来数十年内大幅降低碳排放强度,逐步向低碳甚至零碳排放模式转型。

"双碳"目标不仅是宏观政策层面的方向性指导,还意味着具体的分阶段任务和行业路线图。从近两年的政策特点来看,钢铁产业的低碳发展要求越来越明确且具体。2022 年 1 月,工业和信息化部、国家发展改革委、生

---

① 《习近平在第七十五届联合国大会一般性辩论上的讲话(全文)》,光明网,2020 年 9 月 23 日,https://m.gmw.cn/baijia/2020-09/23/34214329.html。

态环境部三部门联合出台《关于促进钢铁工业高质量发展的指导意见》（以下简称《指导意见》）。《指导意见》对钢铁产业绿色发展进行了全面部署，为推动钢铁行业绿色转型、实现减污降碳目标提供了政策支持与路径指引。一是坚持绿色低碳理念，注重从源头治理、过程控制到末端治理的全流程控制。通过全面推进超低排放改造，严格执行绿色环保标准，钢铁企业应在污染物排放、碳排放和能耗方面采取多种措施，推动低碳技术的研发和推广。通过技术进步降低排放负荷，形成钢铁产业绿色生产的新格局。二是推进资源的循环利用与产业耦合发展。钢铁行业需要建立跨产业的资源循环利用体系，支持钢铁、建材、电力、化工等多行业形成产业耦合模式，实现废弃物的资源化、能源化利用，最大限度减少资源消耗和环境污染。特别是废钢资源利用方面，应加快废钢回收、拆解、加工、分类、配送一体化发展，形成更为完善的废钢加工配送体系，有效减少钢铁生产对矿石资源的依赖。此外，要建立和推广钢渣等固废资源的综合利用技术，为固废资源找到高效的处理和再利用途径。三是加快绿色低碳技术创新与推广，强化氢冶金、低碳冶金等技术的研发。氢冶金技术作为未来钢铁行业碳减排的重要突破口，能有效替代传统高碳排放的煤基冶炼方式，从源头上大幅降低二氧化碳的排放。同时，《指导意见》提出加快构建钢铁生产全过程碳排放数据管理体系，要求行业逐步参与全国碳排放权交易，通过市场机制提高企业减排的主动性与经济性。这种技术创新与市场机制的双重驱动，将为钢铁行业提供绿色发展的内生动力。四是推动绿色能源的应用及差别化电价政策的实施。通过支持企业逐步提高绿色能源的使用比例，优化能源结构，钢铁行业将减少对传统高碳能源的依赖，有助于实现整体碳排放的持续下降。此外，差别化电价政策的实施将使高耗能、高污染企业承担更高的用电成本，从而激励企业不断进行节能减排改造，加快清洁生产步伐，形成行业内清洁、高效的能源使用格局。五是大力推行水资源的循环利用，提高非常规水源的应用比例。水资源作为钢铁生产中的重要生产资料，《指导意见》要求在钢铁行业内加快推进综合废水、城市生活污水等非常规水源的利用，减少对自然水资源的依赖。这一举措对于缓解钢铁生产中的水资源消耗具有重要意义，是推进水资源节约型社会建设的关键环节。六是推动绿色消费，扩大绿色产品市场，建立钢铁绿色设计产品评价体系。通过推行钢结构住宅和农房建设的试点，积极引导下游建筑、制造等行业优先选用低碳钢铁材料，逐步形成以绿色消费引导绿色生产的良性循环。在标准引领上，《指导意见》提出要建立健全钢铁绿色设计产品评价体系，并鼓励行业企业积极推进钢铁结构建筑，优化建筑材料标准体系，使绿色低碳产品在钢铁产业链各环节的价值显著提升。七是加快钢铁行业的智能化转型，为绿色发展注入数字化动力。智能制造与绿色低碳相结合，通过5G、工业互联网、人工智能等先进技术在钢铁行业的深度应用，优化生产流程，减少能源浪费，提升生产效率。这种数字化、智能化升级不仅能降低钢铁企业的资源和能耗成本，也有助于提升整个行业的竞争力和可持续发展水平。政策保障方面，《指导意见》要求加大对绿色低碳技术的资金投入和金融支持力度，推动金融机构为钢铁企业兼并重组、转型升级等提供综合性金融服务，确保钢铁行业在绿色转型过程中获得稳定的资本支撑。同时，加强法律法规的执行，遏制违法违规新增产能，实施超标排放的处罚措施，营造绿色低碳发展所必需的法治环境。

2022年8月，科技部、国家发展改革委、工业和信息化部等九部门印发《科技支撑碳达峰碳中和实施方案（2022—2030年）》。该方案在《指导意见》基础上对钢铁产业的低碳转型提出了更具体的要求。方案明确提出，到2030年，要实现低碳流程再造技术在钢铁领域的规模化应用，形成一批切实可行的科技成果支撑行业碳排放削减。围绕清洁生产和节能降碳技术综合解决方案，钢铁行业需要引入先进的节能技术和标准，减少化石能源消耗，以原料燃料替代、短流程制造和低碳技术集成耦合优化为核心，深度融合大数据、人工智能、5G等新兴技术，引领高碳工业流程的零碳和低碳再造及数字化转型。在碳捕集、利用与封存（CCUS）技术方面，方案要求钢铁产业加快CCUS技术应用，在全生命周期实现能效提升与成本降低，以切实推动碳排放强度显著下降，构建绿色低碳、安全高效的现代钢铁产业体系，为实现国家"双碳"目标提供坚实支撑。

2023年8月21日，工业和信息化部、国家发展改革委、财政部、自然资源部、生态环境部、商务部、海关总署等七部门联合印发《钢铁行业稳增长工作方案》。该方案要求，2023 年，钢铁行业供需保持动态平衡，全行业固定资产投资保持稳定增长，经济效益显著提升，行业研发投入强度力争达到 1.5%，工业增加值增长 3.5%左右；2024 年，行业发展环境、产业结构进一步优化，高端化、智能化、绿色化水平不断提升，工业增加值增长 4%以上。

2024 年 5 月，国家发展改革委、工业和信息化部、生态环境部、国家市场监管总局、国家能源局联合印发《钢铁行业节能降碳专项行动计划》。该计划要求，到 2025 年底，钢铁行业高炉、转炉工序单位产品能耗分别比 2023 年降低 1%以上，电弧炉冶炼单位产品能耗比 2023 年降低 2%以上，吨钢综合能耗比 2023 年降低 2%以上，余热余压余能自发电率比 2023 年提高 3 个百分点以上。2024～2025 年，通过实施钢铁行业节能降碳改造和用能设备更新形成节能量约 2000 万吨标准煤、减排二氧化碳约 5300 万吨。到 2030 年底，钢铁行业主要工序能效进一步提升，主要用能设备能效基本达到先进水平，吨钢综合能耗和碳排放明显降低，用能结构持续优化，高炉富氧技术、氢冶金技术等节能降碳先进技术取得突破，行业绿色低碳高质量发展取得显著成效。与以往的政策相比，该计划在四个方面做出了更细化的政策保障。一是强化激励约束，通过差异化电价、环保绩效考核等手段，引导高能耗企业提升能效，鼓励优质产能发挥作用，并落实余热余压发电等政策支持。二是加强资金支持，发挥政府投资带动放大效应，积极发展绿色金融和转型金融产品服务，支持钢铁行业节能降碳改造和用能设备更新。三是推进标准提升，制定和完善钢铁行业能效、碳排放技术规范，加快国际标准的采纳与制定，推动节能降碳技术提升。四是加快技术创新，完善首台（套）重大技术装备、重点新材料首批次应用保险政策，支持企业研发智能化、氢冶炼、绿色电炉短流程等低碳技术，并推广节能降碳先进技术应用。

（二）碳交易市场刺激钢铁产业持续减排

碳交易市场在钢铁行业碳减排中扮演至关重要的角色。通过建立碳交易市场机制，政府能够激励企业自愿采取减排行动，并为企业提供了一种有效的市场化手段以控制和降低碳排放。具体而言，碳交易市场机制的影响体现在配额分配、成本控制、市场透明度等多个方面。

第一，配额分配激励企业减排。碳交易市场通常基于配额制度运行，政府对重点排放行业或企业设定碳排放配额，配额的分配有多种方式，如免费分配和拍卖分配。免费分配常用于初期，以减少企业的合规成本，而拍卖分配则将碳排放权的价格透明化，使企业为自身的排放行为付出真实成本。在配额有限的情况下，企业必须优化自身的排放结构，减少过剩排放。对于超出配额的排放，企业可以通过市场购买配额或碳减排项目产生的碳信用额来实现合规，这种方式促使企业加强减排措施，从而推动钢铁行业整体碳排放强度的降低。同时，政府还会根据不同行业和地区的碳排放基准，对配额进行动态调整，这样有助于平衡区域经济发展和碳减排需求的矛盾。

2024 年 7 月，国务院办公厅印发《加快构建碳排放双控制度体系工作方案》，明确提出将碳排放指标纳入国民经济和社会发展规划，并要求建立健全地方碳考核、行业碳管控、企业碳管理、项目碳评价、产品碳足迹等政策制度和管理机制。该方案对钢铁企业的影响主要体现在碳排放管理的全方位强化上，进一步利用碳配额刺激企业减碳。首先，随着碳排放"双控"制度逐步实施，钢铁企业需要在碳达峰目标下进行强度与总量控制，面临更严格的碳排放考核压力。其次，地方碳排放目标考核和重点行业碳排放预警机制的建立，将促使钢铁企业优化生产流程、降低碳排放强度，并增加对碳排放的监测与报告。再次，碳足迹管理和项目碳排放评价的要求，将使钢铁企业在新建、扩建项目及产品设计阶段更注重低碳技术应用与环境影响评估。最后，碳交易市场的强化也为钢铁企业提供了通过市场化手段进行碳排放调节的机会。2024 年 9 月 10 日，首钢股份发布公告称与多家受让方签署《碳排放权交易协议转让合同》，共计转让 CCER（中国核证自愿减排量）总量 148.7169 万吨，转让均价 96.00 元/吨（含税），转让价款 1.4277 亿元。总体来看，钢铁企业需要在节能降碳、技术创新和碳排放管理上投入更多资源，以适应碳配额分配下的更高质量发展要求。

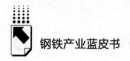

第二，碳交易价格倒逼钢铁企业控制成本，促进减排技术发展。碳交易市场的核心是"碳价"，即碳排放权的市场价格，它受供需关系影响而波动。碳价的变化对钢铁企业具有直接的成本影响。当碳价较高时，企业超出配额的排放成本增加，激励企业主动控制排放以降低成本。因此，碳价的上涨往往会促使钢铁企业采取更多的节能减排措施，如改造设备、优化生产工艺或增加对清洁能源的投入等。在中国，随着全国碳市场建设的推进，碳价波动的影响力逐渐增强。钢铁企业如果能够在碳价较低时进行低成本的减排行动，不仅能在未来的碳价上涨中获益，还能通过出售多余配额获取额外收入。因此，碳交易价格的倒逼效应不仅促使钢铁企业减少碳排放，还推动了钢铁企业在生产和管理上的成本优化。此外，碳市场交易机制还有效激励了钢铁产业的技术创新。为达到排放要求并节约成本，钢铁企业需要研发和采用更先进的低碳生产技术，如高效能的电弧炉炼钢工艺、余热发电系统、燃料替代技术等。碳市场中的高碳价预期促使企业增加研发投入，并将研发成果应用于实际生产过程。

2024年9月，生态环境部发布《全国碳排放权交易市场覆盖水泥、钢铁、电解铝行业工作方案（征求意见稿）》，明确建材（水泥）、钢铁、有色金属（电解铝）行业基础条件成熟，可从2024年度起纳入全国碳排放权交易市场。首先，在启动实施阶段，采用强度控制的思路实施配额免费分配，企业所获得的配额数量与产出挂钩，不预设配额绝对总量，不限制企业产能，产出越多、配额量越多。其次，采用绩效评价法，根据单位产出的碳排放强度进行绩效管理。碳排放强度低的企业可通过配额盈余获得收益，碳排放强度高的企业因配额短缺付出碳排放成本，整个行业配额基本盈亏平衡。最后，充分考虑纳入初期企业不熟悉规则、数据质量基础不牢靠的现状，按照类似"体验期"式的试验期定位，单个企业的配额盈余与缺口均控制在较小范围内，缩小企业间配额"贫富差距"。由此看来，钢铁企业需要进一步控制成本，降低碳排放强度，以获得碳交易市场更高的绩效评价。

第三，碳市场提高市场透明度，加强钢铁企业碳排放数据的披露和监管。碳交易市场机制推动了钢铁企业碳排放数据的公开化与透明化。作为合规要求，企业必须定期披露碳排放数据，并接受第三方审计。这种数据公开不仅可以提高市场的透明度，还为监管机构和社会提供了评估企业碳排放绩效的依据，促进企业增强碳减排方面的责任意识和自觉性。随着市场透明度的提高，碳交易市场还帮助投资者了解钢铁企业在碳排放管理方面的表现，成为投资者决策的重要依据。投资者可以通过这些信息判断企业的环保风险和潜在的碳成本，从而调整投资策略。对于企业而言，透明的碳排放数据也有助于改善形象，吸引更广泛的绿色投资。

为应对信息越来越透明化，钢铁企业的经营策略应不再局限于短期利润最大化，而需要将碳成本纳入长期成本考量。许多钢铁企业已开始制定中长期的低碳发展战略，包括逐步提出碳达峰碳中和路线图，进一步改造生产流程，以适应碳市场的长期发展趋势。2021 年 3 月 12 日，河钢集团发布"低碳绿色发展行动计划"，低碳发展将经历"碳达峰平台期、稳步下降期及深度脱碳期"三个阶段，通过实施六大技术路径和建设两大管理平台，实现 2025 年碳排放较碳排放峰值降低 10%，2030 年碳排放较碳排放峰值降低 30%，并最终在 2050 年实现碳中和。2021 年 5 月，包钢集团公布了"双碳"时间表和路线图，力争 2023 年实现碳达峰，2030 年具备减碳 30% 的技术能力，2042 年碳排放较峰值降低 50%，2050 年实现碳中和。2021 年 12 月 7 日，宝钢股份开展"双碳"目标及行动主题研修，梅山、东山、青山、宝山各基地发布降碳行动方案：2023 年，四基地总体实现碳达峰，2025 年形成减碳 30% 工艺技术能力，2035 年力争减碳 30%，2050 年力争实现碳中和。宝钢股份还明确了降碳基本路径，即钢铁工艺流程变革，能源结构优化调整，加快低碳冶金新工艺研发，实施技术创新降碳，实现极致能效降碳。《中国宝武碳中和行动方案》提出，力争 2023 年实现碳达峰，2050 年实现碳中和。碳市场促使企业逐渐摆脱传统高碳排放模式，朝着循环经济和可持续发展方向转型。这种转型虽然可能在短期内增加成本，但从长远来看，将使钢铁企业在未来的市场竞争中占据优势地位，并在全球碳中和进程中扮演更积极的角色。

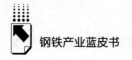
（三）技术创新引领钢铁产业低碳发展

在全球气候风险不断加剧、各国对绿色低碳发展的共识增强以及绿色技术加速迭代更新等多重因素影响下，以高质量、高技术、高附加值的国产绿色钢铁产品为关键原料的绿色制造成为中国新的经济增长点。它不仅带动了国内钢铁产业链下游的新能源产业加速发展，助力构建绿色产业链，还丰富了国际市场供给，为全球绿色转型贡献钢铁力量。现阶段，钢铁新产品产量的增加在钢铁行业中常被视为与更绿色的技术、更低的碳排放强度相关联。

首先，新产品的研发通常需要较大的前期成本，当新产品产量逐步上升后，规模效应将是降低碳排放强度的重要因素。随着新产品产量的增加，钢铁企业可以通过更大规模的生产获得更高的运营效率。大型的生产设施通常具备更高的设备利用率，从而可以在更多产品上分摊前期研发成本和固定成本。同时，固定排放的分摊效应也在产量增加时发挥作用。钢铁生产中的一些碳排放是不可避免的固定排放，如设备的运转、基础设施的维护等。这些固定排放不会随着产量的增加而线性增长，因此，当企业产量增加时，这些固定的碳排放被分摊到更多的产品上，导致每吨钢材的碳排放强度降低。固定排放的分摊效应在大型钢铁厂中尤为显著，这也进一步支持了规模效应对降低碳排放强度的贡献。

其次，技术升级和设备现代化是新产品产量增加后的另一项重要变化。为了应对更大的市场需求，企业常常会投资于新技术和新设备的升级。现代化的生产设备通常比旧设备更加节能、环保。因此，新产品产量的提升在一定程度上代表了企业进行技术革新的水平。更加先进的生产工艺和技术有助于实现更高效率、更低消耗的生产过程，从而降低每吨钢的碳排放。例如，2024 年，在以"低碳钢铁，绿色新未来"为主题的 2024 年全球低碳冶金创新论坛暨第九届宝钢学术年会上，宝武钢铁集团正式发布低碳品牌 BeyondECO，并明确了该低碳品牌钢铁产品准入标准，即产品碳足迹降低比例大于或等于 30%。同时，首批宝武钢铁集团低碳排放钢铁产品也正式发布，包括冷轧汽车板高强钢、高牌号极低铁损取向硅钢和热轧建筑用钢等 6

项产品，这些产品在支持交通、能源、建筑、电力等行业的转型发展方面发挥重要作用。2023 年首钢实现取向电工钢 15SQF1250、无取向电工钢 ESW1021、高强汽车用钢 980TBF 等 6 款新产品首发，其中，15SQF1250 产品是面向未来的中频取向电工钢新产品，为风电、光伏等新能源发电直流汇集新技术提供关键核心材料，满足未来电网交直流柔性互换的发展要求；高强度低铁损无取向电工钢 ESW1021 助力高速电机行业高质量发展；高强汽车用钢 980TBF 强度更高，性能更优，满足下游客户的更高需求。2024 年上半年，首钢 0.15mm 无取向极薄带产品成功应用于被誉为"超级显微镜"的光源矫正器，为国之重器贡献首钢力量。

总体来看，中国钢铁企业的创新能力不断增强。从国内来看，《2023 中国钢铁企业专利创新指数》研究报告指出，2018~2022 年，中国钢铁企业的专利申请数量稳步上扬，展现了持续增长的创新活力。其中，宝钢连续 6 年稳居专利创新指数榜首，紧随其后的是首钢、鞍钢、攀钢及中冶集团（中冶南方），分别占据第二至第五的位置。从国际来看，该报告还揭示了中国钢铁行业在国际创新上的强劲实力，4 家中国钢铁企业跻身全球前十，且有 14 家中国钢铁企业位列全球前三十，这一成就与中国作为钢铁大国的地位相称。专利创新能力的显著提升，不仅是近年来中国钢铁企业不懈追求创新发展的有力证明，也凸显了中国钢铁产业高质量发展的成效。

（四）劳动生产率的提升助力钢铁产业低碳发展

2021 年发布的《关于促进钢铁工业高质量发展的指导意见》对钢铁行业劳动生产率提出了明确的发展目标，即力争到 2025 年，行业平均劳动生产率达到 1200 吨钢/（人·年），新建普钢企业达到 2000 吨钢/（人·年）。劳动生产率不是单纯的人员数量问题，更是衡量一家企业综合管理水平和发展能力的核心指标，也是高质量发展的重要标志之一。高劳动生产率意味着钢铁企业在设备自动化、工艺先进性和合理性、智能制造的实际应用水平、生产组织与管理、员工素质和能力、企业社会化协作等多个方面的协同进步和优化。企业的发展不仅追求规模和效率的增长，更注重各要素之间的有机

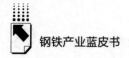

融合和持续创新。劳动生产率的提升，不仅是企业在自动化技术和管理模式上的前瞻性布局和深度融合的体现，也是在新形势下，企业自我革新、提升人力资源价值、推动智能制造落地并实现可持续发展的重要方向。劳动生产率影响钢铁企业碳排放强度的原因可以从多个维度进行分析。

首先，劳动生产率的提升与技术升级密切相关，这一过程不仅体现在劳动效率的提高上，还反映在企业通过先进技术优化生产流程和降低碳排放强度的能力上。钢铁企业选择投资更先进、更高效的生产设备时，新技术的使用会带来劳动生产率的提高，进一步提升整体生产效能。这些高效设备在降低能源消耗和减少污染排放方面起着至关重要的作用。以炼钢为例，传统的高炉-转炉工艺需要大量的焦炭作为还原剂，燃烧过程中会产生大量的二氧化碳。而随着企业引入新型的电弧炉技术，劳动生产率得到明显提升的同时，碳排放强度将进一步降低。电弧炉技术通过电力将废钢熔化成新的钢材，生产过程中的碳排放显著低于传统的高炉-转炉工艺。这是因为电弧炉使用的能源主要来自电力，可以通过可再生能源供电，从而大大减少了对化石燃料的依赖，降低了单位钢材生产的碳排放强度。在劳动生产率提高后，企业有能力并有动力向这些更加环保的技术过渡，从而实现低碳生产目标。

其次，劳动生产率的提升有助于优化企业内部的资源配置。高生产率意味着企业在短时间内能够完成更多的生产任务，减少了生产过程中的资源浪费。在钢铁生产中，原材料、燃料和水等资源的有效利用是降低碳排放强度的关键。当企业能够在更短的时间内高效生产时，整体的能源需求下降和资源使用效率提高降低了单位产品的碳排放强度。此外，技术升级不仅限于炼钢工艺本身，还涉及钢铁企业对能源管理系统的改进。例如，智能化生产控制系统能够通过实时监控和优化生产流程，有效优化能源配置。这种技术升级的背后，实际上是企业在面对激烈的市场竞争和不断提高的环境标准时，选择通过提高劳动生产率来增强竞争力的策略。市场驱动的竞争策略将进一步推动生产效率的提高和加速绿色转型，为钢铁行业的高质量发展提供无形的支持。

最后，劳动生产率的提高往往伴随额外利润与企业对研发和创新的更多投资。劳动生产率的提升通常会带来企业经济效益的增加，这使得企业在环境保护和减排方面有更多的资金和动力进行投资。企业能够利用增加的利润实施更有效的减排措施，如安装先进的废气处理设施、推行节能项目等。这些措施能够直接降低企业的碳排放总量和强度，进一步推动可持续发展目标的实现。企业在追求高效生产的过程中，往往需要不断探索新的生产方法和材料。这种创新能力的提高，不仅可以帮助企业提升生产效率，还能够开发出更环保的生产流程和技术。例如，采用可再生能源替代传统化石燃料，或是利用新型材料提升产品性能，都是企业在追求高劳动生产率的过程中可以实现的绿色转型。这些创新不仅能降低碳排放强度，还能提升企业的市场竞争力。

总体来看，中国钢铁企业劳动生产率正稳步提升。根据中国钢铁工业协会数据，2024 年第二度钢铁企业平均每月的高炉从业人员劳动生产率达 814.20 吨/人，较 2023 年的 801.00 吨/人提高 1.65%，较 2021 年的 765.33 吨/人提高 6.40%。

（五）利益相关者参与助推钢铁产业低碳发展

在全球低碳经济转型的趋势下，越来越多的投资者关注企业的环境、社会和治理（ESG）表现，以期在降低投资风险的同时实现长期价值回报。由于钢铁行业属于高碳排放、高污染行业，钢铁企业在 ESG 方面的表现直接影响投资者的信心与投资决策。因此，投资者对钢铁企业的低碳发展提出了更高的期望，并通过各种互动渠道传达这一需求。此外，钢铁企业面临来自政策、市场和社会的多重压力。中国政府出台了一揽子更为严格的碳排放标准，并逐步推行碳交易等经济手段，这使得钢铁企业在生产过程中不断降低碳排放强度。同时，消费者对绿色产品的需求增加，也促使钢铁企业从生产源头上控制碳排放强度。在此背景下，钢铁企业与投资者的互动逐渐增多，形成了以低碳转型为导向的战略共识。投资者参与钢铁企业绿色转型过程，主要体现在以下几个方面。

第一，钢铁企业在与投资者互动的过程中，通过披露环境信息来提高透

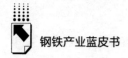

明度。投资者对于企业的碳排放状况和减排策略具有较高的敏感度，因此钢铁企业越来越重视环境信息的披露，并逐步规范自身环境报告与可持续发展报告。2023 年度，《宝钢股份可持续发展报告》数据范围第一次同年报一致，涵盖钢铁制造、贸易配送、信息科技、金融、化工。2024 年 6 月，《2024年度 ESG 行动报告》正式发布，宝钢、南钢、河钢、马钢、中钢国际、鞍钢等多家钢企上榜。通过披露具体的碳排放数据、节能减排措施，以及未来的碳中和承诺，钢铁企业展示出在低碳转型方面的努力。

透明度的提升满足了投资者对环境信息的需求，加深了投资者对钢铁企业减排绩效的信任，从而增加了投资的可能性，也促使钢铁企业加快采用先进的低碳技术。在当前 ESG 投资蓬勃发展的背景下，钢铁企业信息披露的透明度对其融资和市场表现起到了显著的促进作用。投资者对低碳技术的偏好促使钢铁企业加快采用先进的低碳技术，以降低碳排放强度。钢铁企业可以通过引进新技术和优化生产流程来降低碳排放强度。例如，氢基炼钢、电弧炉等技术已经成为许多钢铁企业的技术革新方向，特别是在钢铁企业集聚地区，越来越多的企业在投资者的推动下进行了低碳技术的研发和应用。投资者对钢铁企业提出低碳技术要求使得企业面临来自资本市场的创新压力，这也推动企业逐步转向低碳技术，从而有利于企业降低碳排放强度。

第二，绿色债券、碳排放挂钩贷款等可持续金融工具的应用成为钢铁企业与投资者互动的直接产物。投资者通过这些金融工具为钢铁企业提供资金支持，同时对企业提出具体的碳减排要求。例如，2022 年宝钢股份的本期债券是全国首单低碳转型绿色公司债券，由中信证券牵头主承销，国泰君安证券、申万宏源证券、中金公司、华宝证券联席承销，发行规模 5 亿元，发行期限为 3 年，发行利率 2.68%。该项目采用氢基竖炉低碳冶金代替常规高炉冶金流程，远期可实现清洁能源的替代，对于实现"双碳"目标、响应绿色发展理念具有重要积极意义。同年，鞍钢股份成功发行 3 亿元绿色中期票据，期限 3 年，票面利率 2.85%，创鞍钢股份 2021 年以来同期限债券利率新低和 2022 年辽宁省工商企业同期限债券利率新低。该债券由中国银行独立承销，是鞍钢股份 5 年来在境内发行的首次债券，也是该公司践行国家"碳达峰、碳中和"战略和绿色低碳发展理念的重要举措。通过此类互动，钢铁企业可以获得低成本的融资渠道，而投资者也可以通过投资绿色债券获得长期回报，从而形成互惠的激励机制。这种机制在有效降低钢铁行业碳排放强度的同时，推动了低碳金融市场的发展。

第三，钢铁企业与投资者互动的另一重要表现是资本流向的转变。随着绿色发展理念的深入人心，环境污染是上市公司和投资者都重点关注的信息。同时，负面信息更容易传播，产生信息传染的效应[①]。Shiller[②] 认为投资者对"病毒式"的消息进行传播会成为其他企业资产定价的依据之一，严重的会导致经济后果。在绿色转型的大背景下，企业严重的环境污染信息在投资者之间传递，可能导致投资者撤资。环境污染问题可能会让投资者对该企业的未来前景感到担忧，因此他们可能会选择撤回投资，从而导致企业的股价下跌。企业的环境污染问题可能会引起媒体的关注，从而引发负面的公众舆论，损害企业的声誉和形象。因此，越来越多的投资者将资本投向在环境保护方面表现优异的企业，这一趋势促使钢铁企业在低碳转型方面加大力度。对于碳排放强度较低、积极参与减排行动的企业，投资者更倾向于将其作为长期的投资标的，而碳排放强度较高、无减排承诺的企业则可能面临融资困难。这种资本流向的变化使得钢铁行业逐步形成了低碳导向的市场机制，通过资本市场的力量促进了整个行业的碳排放强度降低。

三　研究方法与数据来源

根据前文所述，影响钢铁企业碳排放强度的因素非常多，这些因素不

---

① Hill, J., Schneeeis, T., "The Effect of Three Mile Island on Electric Utility Stock Prices: A Note," *The Journal of Finance*, 1983, 38 (4): 1285-1292; Barnett, M. L., King, A. A., "Good Fences Make Good Neighbors: A Longitudinal Analysis of an Industry Self-Regulatory Institution," *Academy of Management Journal*, 2008, 51 (6): 1150-1170.

② Shiller, R. J., "Narrative Economics," *American Economic Review*, 2017, 107 (4): 967-1004.

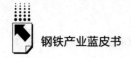
仅涉及企业内部的生产技术、管理效率，还包括外部政策环境、市场需求等。

本部分主要从钢铁企业微观层面对碳排放强度影响因素进行实证分析。以往研究钢铁企业的文献一般从冶金生产角度或财务数据角度进行分析。本报告主要从技术创新、劳动生产率、利益相关者角度出发，结合技术经济指标和财务数据，研究影响中国钢铁企业碳排放强度的因素。

为考察各生产数据对钢铁企业碳排放强度的影响，设定如下模型：

$$\ln P\,CO_{2it} = \beta_0 + \beta_1 Produce_{it} + \gamma Controls + v_i + v_t + \varepsilon_{it} \tag{1}$$

其中 $i = 1, \cdots, n$；$t = 2013, \cdots, 2021$；$\ln P\,CO_{2it}$ 代表了钢铁企业吨钢碳排放量的自然对数；$Produce_{it}$ 代表了钢铁企业生产角度的变量，包括新产品生产量（百吨）的自然对数（$\ln Ewprouduct$）、高炉人员劳动生产率（$Blastlabor$）、连铸钢日历作业率（$Castcalendar$）、高炉休风率（$Blastwind$）和冶金焦率（$Metallcoke$）；$Controls$ 代表了一系列控制变量，包括营业额的自然对数（$\ln Sale$）、资产负债率（Lev）、ROA、ROE、营业收入增长率（$Growth$）、现金流量（$Cflow$）、总资产周转率（$Turnover$）、第一大股东持股比例（$Top1$）、高管前三名薪酬总额（$Top3$）；β_0 为常数项，β_1 为各技术经济指标的待估系数；γ 为控制变量的估计系数；v_i 和 v_t 代表了企业个体和年份固定效应；ε_{it} 为随机误差项。

钢铁企业吨钢碳排放量的自然对数测算如式（2）：

$$\ln P\,CO_2 = \ln\left(P_{Energe} \times 0.67 \times \frac{44}{12}\right) \tag{2}$$

其中，P_{Energe} 代表了吨钢综合能耗值。

由于部分数据在 2021 年以后不再更新，基于数据可获得性和尽量保证样本完整性原则，本部分以 2013~2021 年为样本区间进行研究。首先，将 2013~2021 年中国钢联数据和 CSMAR 的数据进行匹配，获得 29 家上市钢铁企业数据。其中，吨钢碳排放量、新产品生产量、高炉人员劳动生产率、连铸钢日历作业率、高炉休风率和冶金焦率的数据来源于中国钢联。其余数据来自 CSMAR。在进行实证研究之前，需要对钢铁工业生产流程中的各项技术指标进行进一步处理。高炉人员劳动生产率是指当年高炉平均每月人均产钢水平，单位为百吨/人。连铸钢日历作业率为连铸机实际作业时间占台数与日历时间乘积的比值。高炉休风率是指休风时间占规定作业时间的比重。一般而言，休风率降低 1 个百分点，高炉产量可提高 2%。冶金焦率是指冶金焦量占经筛分的全部焦炭量的比重。

同样，为了考察与投资者互动对钢铁企业碳排放强度的影响，设定如下模型。

$$\ln P\ CO_{2it} = \beta_0 + \beta_1\ Communication_{it} + \gamma Controls + v_i + v_t + \varepsilon_{it} \tag{3}$$

$$\ln P\ CO_{2it} = \beta_0 + \beta_1\ Chat_{1it} + \gamma Controls + v_i + v_t + \varepsilon_{it} \tag{4}$$

$$\ln P\ CO_{2it} = \beta_0 + \beta_1\ Chat_{2it} + \gamma Controls + v_t + \varepsilon_{it} \tag{5}$$

$$\ln P\ CO_{2it} = \beta_0 + \beta_1\ Chat_{3it} + \gamma Controls + v_t + \varepsilon_{it} \tag{6}$$

其中，$Communication_{it}$ 代表了钢铁企业与投资者互动力度，用在交易所 e 互动上交流（$Chat_1$）、在公司网站上公布链接（$Chat_2$）和通过微博或微信（$Chat_3$）三种方式的描述性统计结果衡量。$Chat_{1it}$ 代表了企业是否在交易所进行了 e 互动的虚拟变量；$Chat_{2it}$ 代表了企业是否拥有公司网站链接的虚拟变量；$Chat_{3it}$ 代表了企业是否拥有微博或微信的虚拟变量。对于以上三种虚拟变量，企业如果有相关互动方式，则计 1，否则为 0。需要注意的是，企业一旦拥有了公司网站链接、微博或微信后就不会轻易更换或弃用，因此，$Chat_{2it}$ 和 $Chat_{3it}$ 两个虚拟变量不随时间变化而变化。而企业在交易所进行 e 互动可能不是每年固定的项目，因此 $Chat_{1it}$ 会随时间变化而变化。为了避免与个体固定效应之间的共线性，式（5）和式（6）中未加入个体固定效应，仅在式（4）中加入个体固定效应。所有变量的描述性统计结果如表 1 所示。$Communication_{it}$ 的具体计算方式如下。

$$Communication_{it} = \ln\left(1 + \sum_{j=1}^{3} Chat_j\right) \tag{7}$$

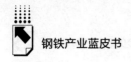

表 1　变量描述性统计结果

变量名	样本量	平均值	标准误	最小值	最大值
$\ln P\ CO_2$	166	7.103	0.169	6.575	7.473
$\ln Ewproduct$	108	15.601	1.813	7.525	17.593
$Blastlabor$	124	7.971	4.319	0.438	19.771
$Castcalendar$	119	0.658	0.146	0.107	0.892
$Blastwind$	125	1.852	1.052	0.288	7.260
$Metallcoke$	103	0.854	0.103	0.137	0.982
$Communication$	166	0.945	0.288	0	1.386
$Chat_1$	166	0.940	0.239	0	1
$Chat_2$	166	0.476	0.501	0	1
$Chat_3$	166	0.259	0.439	0	1
$\ln Sale$	166	24.400	0.905	22.524	26.621
Lev	166	0.623	0.159	0.281	0.929
ROA	166	0.033	0.067	−0.191	0.305
ROE	166	0.035	0.273	−1.494	0.493
$Growth$	166	0.141	0.460	−0.428	4.776
$Cflow$	166	0.084	0.067	−0.069	0.371
$Turnover$	166	1.014	0.373	0.213	2.243
$Top1$	166	51.720	16.156	19.160	82.510
$Top3$	166	14.599	0.912	12.950	18.049

四　研究结果分析

表 2 显示了新产品生产量、高炉人员劳动生产率、连铸钢日历作业率的回归结果。其中，结果（1）并未包含控制变量，$\ln Ewproduct$ 的估计系数在 10% 的显著性水平上为负，表明钢铁企业提高新产品的产量有助于减少碳排放强度。结果（2）包含了控制变量后，显示 $\ln Ewproduct$ 的估计系数在 5% 的显著性水平上为负，进一步说明了结果（1）的稳健性。

新产品生产量的提升在一定程度上代表了企业进行技术革新的水平。更加先进的生产工艺和技术有助于实现更高效率、更低消耗的生产过程，从而降低每吨钢的碳排放。2022 年，马钢成功建造国内首卷用高铝锌铝镁板和不锈钢为高耐腐蚀基板的新型"环保耐久图彩板"；武钢将合金元素应用于耐腐蚀钢轨，成功制造世界首个 U68CuCr 耐蚀钢轨；青拓集团研发的双相不锈钢 S32001，耐腐蚀能力远超 304 不锈钢，可以替代同等级的高强度涂镀碳钢产品。从上述例子可以发现，钢铁新产品的发展趋势为努力创新低碳、耐腐蚀等更先进产品，耐腐蚀意味着钢铁产品寿命的延长，这将有助于实现减量化使用和规避产能过剩。

结果（3）不包含控制变量，显示 *Blastlabor* 的估计系数在 5% 的显著性水平上为负，说明提高高炉人员劳动生产率有助于降低碳排放强度。包含控制变量的结果（4）也表明了同样的估计结果，说明了该结果的稳健性。结果（5）不包含控制变量，显示 *Castcalendar* 的估计系数在 1% 的显著性水平上为负；结果（6）包含控制变量，显示 *Castcalendar* 的估计系数在 5% 的显著性水平上为负。两个结果共同说明了提高连铸钢日历作业率可以有效降低钢铁企业碳排放强度。

高炉和连铸生产线是钢铁生产中的两个主要环节，也是能源消耗和碳排放最多的环节。通过提高高炉的风量和加强温度控制，可以提高铁矿石还原的效率，减少焦炭消耗和降低碳排放强度。通过优化连铸操作流程，可以降低铁水净化、过渡及浇注等方面的能耗，从而降低碳排放。提高高炉生产率和连铸钢日历作业率还可以提高生产效率，从而使单位时间内的产量增加，而生产成本不会同比例增加，相反可能会降低。这意味着在相同的能源和原材料消耗下，每吨钢的碳排放将会降低。

表2　降低钢铁企业碳排放强度的因素回归结果

	（1）	（2）	（3）	（4）	（5）	（6）
ln*Ewproduct*	−0.01* (0.00)	−0.01** (0.00)				
Blastlabor			−0.03** (0.01)	−0.02** (0.01)		
Castcalendar					−0.12*** (0.03)	−0.06** (0.02)
Constant	7.39*** (0.05)	6.98*** (0.61)	7.30*** (0.01)	8.47*** (0.39)	7.29*** (0.02)	0.00

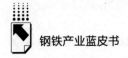

续表

	（1）	（2）	（3）	（4）	（5）	（6）
控制变量	否	是	否	是	否	是
个体固定	是	是	是	是	是	是
年份固定	是	是	是	是	是	是
样本量	108	108	124	123	119	118
R^2	0.94	0.95	0.92	0.94	0.84	0.87

注：*、**、***分别表示估计系数在10%、5%、1%水平上显著，括号内为标准误。

表3展示了对高炉休风率、冶金焦率的估计结果。结果（7）不包含控制变量，显示 *Blastwind* 的估计系数在1%的显著性水平上为正。纳入控制变量后，结果（8）依然显示 *Blastwind* 的估计系数在1%的显著性水平上为正。这两个结果说明，高炉休风率的提高会提升钢铁企业碳排放强度。钢铁企业应努力降低高炉休风率。

高炉休风率的提高会导致生产过程中使用的焦炭和其他还原剂的燃烧不完全，从而产生更多的碳。此外，高炉休风率的提高也会导致生产过程中的热损失增加，需要更多的能源来维持高炉的温度，这也会增加碳排放量，进而提高碳排放强度。

当不包含控制变量时，结果（9）显示 *Metallcoke* 的估计系数在5%的显著性水平上为正。加入主要控制变量后，结果（10）显示 *Metallcoke* 的估计系数在10%的显著性水平上依然为正。这两个结果说明，冶金焦率的提高同样会提升钢铁企业碳排放强度。

冶金焦的生产过程本身就会产生大量的碳，因为生产焦炭需要煤炭进行高温热解反应，这个过程会产生大量的碳。而焦炭是一种高碳含量的燃料，当冶金焦率提高时，高炉内焦炭的燃烧量也会增加，这会导致碳排放量的增加。高冶金焦率还会导致高炉中还原反应不完全，即部分矿石无法完全还原为铁，产生的氧化物需要用更多的还原剂来还原，从而导致更多的焦炭消耗和吨钢所排放的碳。冶金焦率提高还可能导致高炉内的操作温度升高，需要更多的燃料来保持高炉的运行温度，这也会导致吨钢产生更多的碳排放。

表3 提高钢铁企业碳排放强度的因素回归结果

	（7）	（8）	（9）	（10）
Blastwind	0.02 *** (0.00)	0.02 *** (0.00)		
Metallcoke			0.12 ** (0.05)	0.09 * (0.04)
Constant	7.24 *** (0.00)	8.45 *** (0.39)	6.99 *** (0.04)	8.00 *** (0.46)
控制变量	否	是	否	是
个体固定	是	是	是	是
年份固定	是	是	是	是
样本量	125	124	103	102
R^2	0.93	0.95	0.84	0.88

注：*、**、***分别表示估计系数在10%、5%、1%水平上显著，括号内为标准误。

表4展示了投资者参与的回归结果。结果（11）未考虑控制变量，*Communication*的估计系数在5%的水平上为负，说明与投资者互动力度的加大有助于降低钢铁企业碳排放强度。在加入控制变量后，结果（12）显示*Communication*的估计系数在1%的显著性水平上为负，进一步证明了与投资者互动能降低碳排放强度。与投资者互动可以促使钢铁企业管理层关注碳排放强度和气候变化等环境问题，从而采取更多的措施降低碳排放强度。与投资者互动可以让钢铁企业了解投资者对企业的环境责任和可持续性表现的期望，同时可以让投资者了解钢铁企业在环境保护方面所面临的挑战和采取的措施。通过与投资者互动，钢铁企业可以更加清晰地认识到环境问题对其业务和股东利益的影响，从而更加积极地采取降低碳排放强度的措施。同时，企业还可以积极参与、支持国际和本地的环保政策和标准，加强环境管理和监测，向社会公开企业的环保数据和报告。因此，与投资者互动可以促使钢铁企业提高绿色技术水平，推动钢铁企业能源效率的利用，减少吨钢碳排放，同时有助于企业提高环境责任和可持续性表现，从而获得更多的投资和社会认可。

结果（13）显示，具有慈善行为的钢铁企业样本在5%的显著性水平上观测到与投资者互动可以降低碳排放强度，而结果（14）显示，在不具有慈善行为的钢铁企业样本中，不能发现与投资者互动和钢铁企业碳排放强度具有因果关系。有慈善行为的钢铁企业可能更注重企业社会责任和可持续发展，在环境保护方面也更加积极主动，因此，这些企业可能更容易受到来自投资者和利益相关者的环保压力而追求更高效的能源利用和更低的碳排放。当这些钢铁企业与投资者互动时，它们更可能关注环境保护问题，积极寻求降低碳排放强度的方案并采取行动。这也就意味着，这些企业更有可能应用更清洁的技术，可以更有效地降低碳排放强度。

表4 投资者参与降低钢铁企业碳排放强度回归结果

	（11）	（12）	（13）	（14）	（15）	（16）	（17）
Communication	-0.10**	-0.07***	-0.15**	0.10			
	(0.03)	(0.01)	(0.06)	(0.08)			
$Chat_1$					0.05***		
					(0.01)		
$Chat_2$						-0.04**	
						(0.01)	
$Chat_3$							-0.01
							(0.01)
Constant	7.37***	8.19***	7.89***	8.32***	8.11***	7.82***	7.83***
	(0.03)	(0.17)	(0.77)	(0.48)	(0.15)	(0.28)	(0.28)
慈善行为	—	—	是	否	—	—	—
控制变量	否	是	是	是	是	是	是
个体固定	是	是	是	是	是	否	否
年份固定	是	是	是	是	是	是	是
样本量	168	166	75	91	166	166	166
R^2	0.80	0.83	0.90	0.83	0.83	0.79	0.78

注：*、**、*** 分别表示估计系数在10%、5%、1%水平上显著，括号内为标准误。

结果（15）显示，在与投资者互动的方式中，在交易所e互动上交流的方式在1%的显著性水平上降低钢铁企业碳排放强度。结果（16）显示，在公司网站上公布链接的方式仅在 5% 的显著性水平上与钢铁企业碳排放强度呈负向关系。而结果（17）显示，钢铁企业使用微博和微信与投资者互动的方式并不能显著地降低碳排放强度。目前，钢铁企业与投资者互动方式有三种：在交易所 e 互动上交流；在公司网站上公布链接；通过微博或微信。其中，在交易所 e 互动上交流更能有效帮助钢铁企业降低碳排放强度，其次，在公司网站上公布链接也有助于降低碳排放强度。但是在微博或微信上的互动并不能有效帮助钢铁企业降低碳排放强度。这可能是因为在交易所 e 互动上交流更容易引起广泛关注，从而在社会上产生更大的影响。而在公司网站上公布链接也具有类似的效果，尤其是当这些链接被广泛分享和传播时，但这种影响力不如交易所的 e 互动。交易所 e 互动是一个公共平台，所有投资者都可以访问和参与其中。这意味着企业在这个平台上进行的互动和交流可以被广泛传播，从而提高公众关注相关信息的可能性。此外，股票交易所本身也具有较高的公信力和影响力，企业在这个平台上进行的互动和交流更容易受到公众的关注和认可。这种广泛的影响力可以促使企业采取更多的环境保护措施，从而促使钢铁企业进行绿色转型，降低钢铁企业的碳排放强度。相比之下，在微博或微信上的互动往往是针对个别用户或受众的，并且很难在社会上产生广泛的影响力。此外，这种互动通常受到传播的限制，比如字数限制和媒介限制等，可能会影响信息的清晰度和准确度，从而降低影响力。最后，微博或微信的信息反馈机制不如交易所 e 互动完善，微博和微信平台的反馈机制无法保证投资者提出的问题和需求得到像交易所 e 互动一样及时且有效的回应。

总体来说，与投资者积极互动有助于减少信息不对称，降低融资成本。Al Guindy [1] 认为随着投资者之间的信息不对称增加，更多交易将是基于信息的。Diamond 和 Verrecchia [2] 认为企业可以通过增加信息披露来减少与市场

① Al Guindy, M., "Corporate Twitter Use and Cost of Equity Capital," *Journal of Corporate Finance*, 2021, 68: 101926.

② Diamond, D. W., Verrecchia, R. E., "Disclosure, Liquidity, and the Cost of Capital," *The Journal of Finance*, 1991, 46 (4): 1325–1359.

的信息不对称，从而降低融资成本。Easley 和 O'hara[1] 同样认为企业可以通过降低不同投资者之间的信息不对称性来降低融资成本。实现高质量信息披露的企业，同样可以减少信息不对称[2]。对于钢铁企业而言，通过与投资者交流互动，可以有效减少信息不对称，降低企业的融资成本，降低绿色转型所带来的成本压力。投资者可以通过企业披露的相关信息做出更优的投资决策，并倾向于绿色能源和技术环节投资，进一步降低钢铁企业的成本压力。

五　结语

本报告系统研究了中国钢铁企业碳排放强度的影响因素，旨在识别和分析各类因素在推动钢铁行业低碳转型过程中的作用。首先，研究阐明了碳排放强度的概念以及其在钢铁行业低碳发展中的关键意义。钢铁行业是中国碳排放的重要来源之一，降低其碳排放强度对实现"双碳"目标至关重要。本报告通过分析钢铁企业低碳转型的影响因素，揭示在保证产量和经济效益的前提下实现减排的可行性，从而为钢铁企业制定可持续发展战略提供科学依据，也为政府部门制定低碳政策提供实证支持。

在分析过程中，首先，本报告重点探讨了政策法规对碳排放强度的影响，指出政府出台的碳减排政策和环保法规对钢铁企业的碳排放行为产生了重要的约束作用。强制性政策在推动行业转型中发挥了核心作用，是钢铁行业实现低碳发展的关键驱动力之一。其次，随着碳交易市场的发展，碳定价机制成为企业降低碳排放的重要经济激励。碳市场的引入促使企业在优化生产结构和提高能效方面付出更多努力，从而推动全行业的碳减排。另外，技术创新是实现低碳转型的持续动力。研究发现，清洁生产技

---

[1] Easley, D., O'hara, M., "Information and the Cost of Capital," *The Journal of Finance*, 2004, 59 (4): 1553-1583.

[2] Lambert, R., Leuz, C., Verrecchia, R. E., "Accounting Information, Disclosure, and the Cost of Capital," *Journal of Accounting Research*, 2007, 45 (2): 385-420.

术和能效提升技术的应用显著降低了碳排放强度，这表明技术创新在钢铁企业的绿色转型过程中扮演了不可替代的角色。劳动生产率的提高也是影响碳排放强度的重要因素。高劳动生产率不仅降低了单位产出的碳排放量，还提升了企业的市场竞争力，有助于企业实现低碳与高效的生产目标。最后，利益相关者的广泛参与对碳排放管理起到了重要的推动作用。政府、投资者、供应链上下游和公众的关注增加了企业在碳排放方面的外部压力，激励企业更加注重环保。

基于以上分析，本报告建议：第一，政府应加强政策引导和监管，进一步完善碳市场规则，为钢铁企业提供稳定的政策环境；第二，钢铁企业加大对低碳技术的研发投入，通过产学研合作加速先进技术的转化应用，以实现全行业的碳减排；第三，完善碳定价机制，通过设立低碳发展基金等方式增强市场对企业减排行为的激励作用；第四，企业应通过数字化转型和智能制造提升劳动生产率和运营效率，推动生产方式的低碳转型；第五，加强政府、企业与金融机构、供应链的协同，形成良性的低碳发展生态系统，共同推进钢铁行业的绿色转型。

参考文献

Al Guindy, M., "Corporate Twitter Use and Cost of Equity Capital," *Journal of Corporate Finance*, 2021, 68: 101926.

Barnett, M. L., King, A. A., "Good Fences Make Good Neighbors: A Longitudinal Analysis of an Industry Self-Regulatory Institution," *Academy of Management Journal*, 2008, 51 (6): 1150-1170.

Diamond, D. W., Verrecchia, R. E., "Disclosure, Liquidity, and the Cost of Capital," *The Journal of Finance*, 1991, 46 (4): 1325-1359.

Easley, D., O'hara, M., "Information and the Cost of Capital," *The Journal of Finance*, 2004, 59 (4): 1553-1583.

Hill, J., Schneeeis, T., "The Effect of Three Mile Island on Electric Utility Stock Prices: A Note," *The Journal of Finance*, 1983, 38 (4): 1285-1292.

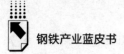

Lambert, R. , Leuz, C. , Verrecchia, R. E. , "Accounting Information, Disclosure, and the Cost of Capital," *Journal of Accounting Research*, 2007, 45 (2): 385-420.

Shiller, R. J. , "Narrative Economics," *American Economic Review*, 2017, 107 (4): 967-1004.

B.7
中国钢铁行业绿色全要素生产率的测度与分析

何威俊　李婉玉*

摘　要： 钢铁作为国民经济的"压舱石"，关系工业的稳定增长和经济的平稳运行。立足新发展阶段，为积极培育中国钢铁产业的新质生产力，钢铁行业正加快推动绿色低碳转型。而平衡节能减排与经济效益的关键是提升绿色全要素生产率。因此，在可持续发展理念下，研究钢铁行业的绿色全要素生产率具有重要的现实意义。基于数据包络分析方法，本报告测度了 2006~2021 年中国 27 个省（区、市）钢铁行业绿色全要素生产率。首先，综合分析钢铁行业的绿色全要素生产率现状以及时空演化特征；其次，研究各省（区、市）钢铁行业绿色全要素生产率的变化趋势以及个体差异，探索钢铁行业绿色全要素生产率指数发生变化的原因；再次，从行业规模和效率的视角研究钢铁行业绿色全要素生产率增长的原因，旨在准确把握当前中国钢铁行业的绿色发展水平，探索提升中国钢铁行业绿色全要素生产率的路径；最后，基于面板数据模型，研究钢铁行业绿色全要素生产率的主要影响因素。结果表明，在研究期间，中国钢铁行业的投入产出要素配置有待进一步优化，钢铁行业的绿色全要素生产率整体呈现不断上升的趋势，但是表现出显著的个体和时间差异性，技术效率提升和技术进步均有助于提升钢铁行业绿色全要素生产率。同时，钢铁行业生产规模、资本生产率、能源强度和碳排放强度均对钢铁行业绿色全要素生产率提升产生显著的负向影响，劳动生产率在一定程度上促进钢铁行业绿色全要素生产率提升。因此，针对中国钢铁行业

---

* 何威俊，管理学博士，北京科技大学经济管理学院副教授，研究方向为能源经济、低碳管理等；李婉玉，北京科技大学技术经济与管理专业硕士研究生，研究方向为能源与环境政策建模。

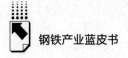

的发展,需要结合地区自身特点,制定差异化发展战略,因地制宜实现协同发展,维护行业平稳运行,发挥体系性优势,进而推动钢铁行业高质量发展。

关键词: 钢铁行业 绿色全要素生产率 数据包络分析法

一 研究背景与意义

构建以国内大循环为主体、国内国际双循环相互促进的新发展格局是关系国家发展的重大战略任务,建设现代化产业体系是加快构建新发展格局的必然要求,而钢铁行业是建设现代化产业体系和制造强国的重要基石。当前,中国粗钢产量稳居世界第一,超过世界钢铁总产量的一半。2023年,中国粗钢产量达10.19亿吨,连续4年保持在10亿吨以上,有力支撑了国民经济的稳步发展。在高质量发展的过程中,钢铁行业持续推进供给侧结构性改革,影响力不断扩大。《关于促进钢铁工业高质量发展的指导意见》明确要求优化产能调控政策,深化要素配置改革。然而,从能源消耗现状来看,钢铁行业具有典型的资源和能源密集型特点,能源消费总量约占全国能源消费总量的11%,制约产业链协同降碳。从碳排放现状来看,中国钢铁行业碳排放量占全国碳排放总量的15%左右,是制造业中碳排放量最大的行业。在中国推进绿色低碳发展的过程中,钢铁行业是实现"双碳"目标的重点领域。加快建设现代化产业体系,提升绿色全要素生产率是关键。在创新、协调、绿色、开放、共享的新发展理念指导下,提升绿色全要素生产率与发展新质生产力密切相关,也是经济增长方式转型的必然要求,尤其是在经济体制改革的关键环节,中国钢铁行业面临严峻挑战,为加快钢铁行业绿色转型步伐,准确把握该行业的基本特征、客观衡量行业发展质量是提升钢铁行业整体效能的必然要求。如何保证钢铁行业平稳运行,实现绿色转型升级成为中国经济发展中面临的重要课题。

全要素生产率的概念来自生产率,是指产出与资本、劳动、能源等综合投入要素之比，能够反映经济体系的整体效率、资源配置状况，是宏观经济领域评估经济增长的关键指标之一。1942年，丁伯根首次提出全要素生产率的概念，此后，戴维斯在1954年进一步探讨了这一经济指标的内涵。基于生产函数模型的全要素生产率分析框架被索洛提出后，就广泛用于衡量经济效率。索洛认为经济增长可以分解为资本、劳动以及"被忽略因素"的增长，其中"被忽略因素"就是全要素生产率。在全要素生产率的测算方法中，最常用的是"索洛余值法"。全要素生产率体现了技术、制度等因素对经济增长做出的贡献。全要素生产率是实现高质量发展的动力源泉，经常被认为是考察经济增长质量的重要内容，更是政府制定经济政策、调整经济结构的重要参考依据。

党的二十大报告提出要"健全资源环境要素市场化配置体系"，在传统的全要素生产率的基础上，绿色全要素生产率在测算经济增长的过程中将资源、环境等因素纳入其中，是衡量经济发展质量的新指标。加快发展方式绿色转型，面临以提升绿色全要素生产率为抓手培育新质生产力的新要求。当前，中国生态文明建设驶入快车道，大力推动绿色发展、提升中国绿色全要素生产率，关键在于突破能源、资本、劳动等要素限制，进而优化要素配置、加快绿色低碳科技革命。钢铁行业绿色全要素生产率这一指标能够在测度资源投入的同时，考虑环境因素，有利于综合衡量地区钢铁行业的绿色发展效率。当前，促进钢铁行业绿色转型已成为社会各界关注的热点问题，提升资源配置效率仍是提高绿色全要素生产率的重要动力。在此背景下，研究其绿色全要素生产率的发展水平及演变趋势具有重大的理论和现实意义。

基于上述现实背景，本研究采用中国27个省（区、市）的面板数据，应用数据包络分析法测度钢铁行业2006~2021年的绿色全要素生产率。首先，该方法无须预先给定权重和假设，可以直接通过投入和产出数据评估决策部门的生产效率。其次，该方法考查了绿色全要素生产率累计的增长指数，并从技术效率变化和技术进步两方面探究绿色全要素生产率变化的原因。最后，基于面板数据模型分析了绿色全要素生产率的主要影响因素。本

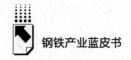

报告的选题符合中国现阶段发展的重大战略需求，在省际层面为钢铁行业结构调整提供了理论依据，为提升钢铁行业绿色化水平提供了发展路径，对促进经济高质量发展具有重要的现实意义。

二　文献综述

（一）绿色全要素生产率的测度

随着可持续发展目标以及生态文明建设的推进，将环境污染等非期望产出纳入生产率核算框架体系，计算绿色全要素生产率成为新的研究课题。针对绿色全要素生产率的测算，Pittman 在利用数据包络分析法测度全要素生产率的过程中考虑了非期望产出。Chung 等在 Malmquist 指数的基础上，使用 Malmquist-Luenberger 生产率指数，计算出 39 家造纸厂的绿色全要素生产率。自此，学界对绿色全要素生产率展开广泛探讨。李斌等采用非径向非角度的 DEA 模型，基于 2001~2010 年 36 个工业行业的投入产出数据，测度了绿色全要素生产率。Bert Balk 等基于 Shephard 距离函数，采用 DEA 模型测算了美国农业绿色全要素生产率。Xie 等采用 DEA 模型对 2003~2018 年中国主要城市绿色全要素生产率进行测算。

目前，绿色全要素生产率已成为分析高质量发展的重要指标，在研究对象的空间尺度和产业层面均已较为完善，一是在空间尺度上，学者们已经从省级、城市、企业层面对绿色全要素生产率开展研究；二是在产业层面，有学者分别测算了制造业、农业、工业等行业的绿色全要素生产率。绿色全要素生产率的相关研究主要体现在测算方法和影响因素两方面。一方面，在测算方法上，主要分为以 Cobb-Douglas 生产函数、随机前沿法为主的参数法和以数据包络分析法为主的非参数法两种。其中，参数法只适用于单要素产出的生产假设，限制了其研究对象；非参数法可以进行多要素产出的绿色全要素生产率估计。学者结合方向性距离函数（DDF）、SBM 模型等，并基于 Malmquist 指数，综合采用多种方法测算资源和环境约束下的绿色全要素生产产率。另一方面，在影响因素上，主要有数字经济、环境规制、城市化进程等因素对绿色全要素生产率产生影响。

（二）钢铁行业绿色发展研究

钢铁行业作为实现绿色低碳发展的重要领域，其绿色低碳发展路径与实践是学术界研究的热点话题，研究钢铁行业的综述类文章也大多关注产业绿色发展相关的内容。钢铁企业应积极实施节能技术。已有研究对土耳其钢铁行业全生命周期展开，聚焦于钢铁行业中的工艺与产品对环境产生的影响，尤其是它们如何影响人类健康和气候变化。在钢铁行业绿色发展研究中，学者们颇为关注的是钢铁行业碳排放的相关研究。在微观层面，王彦林等在"双碳"目标的背景下，采用固定效应模型，研究了钢铁企业碳会计披露信息质量的影响因素。更有学者在工艺技术层面，针对钢铁行业副产煤气生产调度问题进行系统仿真，为钢铁行业的低碳发展和节能减排提供支撑。Zhang 等基于 MESSAGEix 模型，探索了中国钢铁行业到 2100 年达到二氧化碳零排放的实现路径，以及碳减排对原材料、能源、水资源的影响。

在针对钢铁行业的绿色全要素生产率研究中，已有研究发现中国钢铁行业绿色全要素生产率呈现上升趋势。相关研究大多对钢铁行业绿色全要素生产率的影响因素进行了探讨。Huang 等结合非径向、非角度的松弛变量模型和 Malmquist-Luenberger 生产率指数模型，采用省级面板数据对中国钢铁行业 2006～2016 年的绿色全要素生产率进行测算，然后分解得到偏向性技术进步指数并进行修正，研究发现中国钢铁行业对绿色全要素生产率的贡献率为 20.57%。Li 以 CSMAR 数据库中 2016～2019 年上市的钢铁企业为研究对象，采用 DDF-Malmquist 对钢铁企业绿色全要素生产率进行测度，构建计量模型考察绿色全要素生产率的影响因素。此外，冶金行业与钢铁行业密不可分，Lin 和 Xu 基于 Sequential- Malmquist-Luenberger 测算了中国冶金行业的绿色全要素生产率，以衡量征收碳税对其产生的影响。

综上所述，已有研究对中国钢铁行业绿色全要素生产率以及绿色发展开展较为系统的研究，但是这些研究多采用单期的生产技术评估绿色全要素生

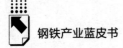

产率，这在一定程度上导致研究结果不能直接比较、模型不存在可行解等诸多问题，进一步影响了研究结果的准确性。为此，本报告考虑经济高质量发展和以发展新质生产力提升全要素生产率的要求，在衡量钢铁产业经济增长的同时，考虑资源和环境因素，将碳排放等非期望产出纳入分析框架，基于全局的数据包络分析法，构建钢铁行业绿色全要素生产率指标体系，进一步评估钢铁行业发展质量和可持续发展水平，以期为政策制定提供理论方法和实证依据。

三 研究方法与数据来源

本报告在介绍全局生产技术的基础上，构建钢铁行业绿色全要素生产率指标体系及其测度方法，并进一步从技术效率提升和技术进步的视角研究绿色全要素生产率变化的原因，为后文绿色全要素生产率的实证分析奠定了理论基础。

（一）研究方法

基于现有的参考文献，本研究将借助非参数的数据包络分析法（Data Envelopment Analysis，DEA）构建中国钢铁行业绿色全要素生产率指标。数据包络分析法最早由 Charnes 等（1978）提出，用来评价具有多个投入和产出要素的决策单元的相对效率。由于该方法仅从投入和产出数据出发，不需要额外的参数估计，具有计算便捷的显著特征，自提出以来，被广泛应用于银行、学校、医院等非营利单位的相对效率评价。近年来，随着能源与环境问题的日益突出，数据包络分析法也被应用于能源环境领域的效率、全要素生产率、减排成本等的评估。接下来，本报告将基于数据包络分析法构建绿色全要素生产率的测度方法。

为此，考虑 N 个地区的钢铁行业。基于生产函数理论和钢铁行业生产的实际，假设各个地区钢铁行业在钢铁生产过程中的投入要素相同，包括能源、资本和劳动力，分别记为 e、k、l，投入向量记为 $x=(e, k, l)$，期望产出为钢铁产量，记为 y。与此同时，钢铁行业在生产过程中势必将产生多种非期望产出，如 SO_2、NO、粉尘、CO_2 等。在测度钢铁行业绿色全要素生产率的过程中，受数据所限，本研究仅考虑 CO_2 排放，记为 u。基于以上投入产出指标，钢铁行业的生产技术可以一般性地描述为：

$$P = \{(y,u) \mid x \text{ 能够生产 } y \text{ 和 } u\} \tag{1}$$

公式（1）满足生产函数的凸性、锥性、投入和期望产出的强可处置性、非期望产出的弱可处置性等性质。可以证明，在满足以上性质的前提下，第 t 年生产函数 P^t 可具体表述为：

$$P^t = \{(y,u) \mid \sum_{n=1}^{N} \lambda_{nt} e_{nt} \leqslant e; \sum_{n=1}^{N} \lambda_{nt} k_{nt} \leqslant k; \sum_{n=1}^{N} \lambda_{nt} l_{nt} \leqslant l;$$
$$\sum_{n=1}^{N} \lambda_{nt} y_{nt} \geqslant y; \sum_{n=1}^{N} \lambda_{nt} u_{nt} = u; \lambda_{nt} \geqslant 0, \forall n,t\} \tag{2}$$

其中，e_{nt}、k_{nt}、l_{nt}、y_{nt} 和 u_{nt} 分别表示第 t 年决策单元 n 的能源消费量、资本投入、劳动力、期望产出以及非期望产出。λ_{nt} 表示强度变量，通过线性组合将投入要素和产出要素联系在一起。值得一提的是，公式（2）规模报酬是不变的。

为定义绿色全要素生产率指标，基于公式（2）构建径向的方向距离函数，测度在投入不变的前提下，一个决策单元 o 期望产出能够增加的最大幅度以及非期望产出可以减少的最大幅度。模型可以表示为：

$$D^t(x_{ot}, y_{ot}, b_{ot}) = \max\{w\beta^T : (x_{ot}, y_{ot}, b_{ot}) + \beta g \in P^t\} \tag{3}$$

其中，$\beta^T = (\beta_e, \beta_k, \beta_l, \beta_y, \beta_u)$ 表示各个投入产出变量对应的调节系数，$w = (\frac{1}{9}, \frac{1}{9}, \frac{1}{9}, \frac{1}{3}, \frac{1}{3})$ 表示各个调节系数的权重，而 $g = (-e_{ot}, -k_{ot}, -l_{ot}, y_{ot}, -b_{ot})$ 表示投入要素、期望产出和非期望产出调整的方向向量。一般地，对于不同的待评价对象来说，其方向向量不一致，与其期望产出和非期望的数值相关。对于待评价的决策单元 o 来说，其方向距离函数模型可以具体表示为：

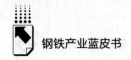

$$D^t(x_{ot}, y_{ot}, b_{ot}) = \max \frac{1}{9}\beta_e + \frac{1}{9}\beta_k + \frac{1}{9}\beta_l + \frac{1}{3}\beta_y + \frac{1}{3}\beta_u$$

$$s.t. \sum_{n=1}^{N} \lambda_{nt} e_{nt} \leq (1-\beta_e) e_{ot};$$

$$\sum_{n=1}^{N} \lambda_{nt} k_{nt} \leq (1-\beta_k) k_{ot};$$

$$\sum_{n=1}^{N} \lambda_{nt} l_{nt} \leq (1-\beta_l) l_{ot};$$

$$\sum_{n=1}^{N} \lambda_{nt} y_{nt} \geq (1+\beta_y) y_{ot};$$

$$\sum_{n=1}^{N} \lambda_{nt} u_{nt} = (1-\beta_u) u_{ot}; \lambda_{nt} \geq 0, \forall n,t \tag{4}$$

公式（4）测度了待评价决策单元 o 期望产出能够增加的最大幅度，投入要素、非期望产出能减少的最大幅度，反映该决策单元对所有投入要素的利用水平。若期望产出可以增加的幅度很大，则说明当前该决策单元对各个投入要素的利用水平较低，反之，则较高。

基于公式（4），Chung 等（1997）将决策单元在第 t 和 t+1 期的生产技术下，方向距离函数值变化的几何平均值定义为该决策单元的生产率指标，具体可表示为：

$$M_t^{t+1} = \left\{ \frac{1+D^{t+1}(x_{ot}, y_{ot}, b_{ot})}{1+D^{t+1}[x_{o(t+1)}, y_{o(t+1)}, b_{o(t+1)}]} \times \frac{1+D^t(x_{ot}, y_{ot}, b_{ot})}{1+D^t[x_{o(t+1)}, y_{o(t+1)}, b_{o(t+1)}]} \right\}^{\frac{1}{2}} \tag{5}$$

其中，$D^t[x_{o(t+1)}, y_{o(t+1)}, b_{o(t+1)}]$ 表示在第 t 期的生产技术下，第 t+1 期决策单元 o 的方向距离函数值，类似地，$D^{t+1}(x_{ot}, y_{ot}, b_{ot})$ 表示第 t 期决策单元 o 在第 t+1 期的生产技术下的方向距离函数值。若该生产率指数大于 1，则说明该决策单元的生产率提升了，反之，若小于 1，则说明生产率下降了。公式（5）之所以用两个时期方向距离函数变化的几何平均值来表示生产率，是因为各个时期的生产技术并不一致，由此得到的方向距离函数值并不能直接进行比较，因此，通过两个时期方向距离函数值变化的几何平均值来衡量生产率。然而，在使用公式（5）定义生产率时，涉及混合方向距离函数的计算，即计算第 $t+1$ 期的决策单元在第 t 期生产技术下的方向距离函数。由于技术进步，第 $t+1$ 期的部分决策单元可能不满足第 t 期的生产技术，这将导致方向距离函数模型没有可行解，并且计算较为复杂，为模型的求解带来较大挑战。

为解决上述问题，本报告提出全局生产技术的概念，并在全局生产技术下评估各个决策单元的绿色全要素生产率。具体来说，全局生产技术就是将各个时期的生产技术合并，构成一个新的、统一的生产技术。全局生产技术可以表示为：

$$P^G = P^1 \cup P^2 \cup \cdots \cup P^T \tag{6}$$

结合公式（2），各期的全局生产技术可表示为：

$$P^G = \left\{ (y,u) \mid \sum_{t=1}^{T} \sum_{n=1}^{N} \lambda_{nt} e_{nt} \leq e; \sum_{t=1}^{T} \sum_{n=1}^{N} \lambda_{nt} k_{nt} \leq k; \right.$$

$$\left. \sum_{t=1}^{T} \sum_{n=1}^{N} \lambda_{nt} l_{nt} \leq l; \sum_{t=1}^{T} \sum_{n=1}^{N} \lambda_{nt} y_{nt} \geq y; \sum_{t=1}^{T} \sum_{n=1}^{N} \lambda_{nt} u_{nt} = u; \lambda_{nt} \geq 0, \forall n, t \right\} \tag{7}$$

其中，P^G 表示全局生产技术。在全局生产技术下，决策单元 o 在第 t 期的方向距离函数可以通过如下模型估计：

$$D^G(x_{ot}, y_{ot}, b_{ot}) = \max \frac{1}{9} \beta_e + \frac{1}{9} \beta_k + \frac{1}{9} \beta_l + \frac{1}{3} \beta_y + \frac{1}{3} \beta_u$$

$$\text{s.t.} \sum_{t=1}^{T} \sum_{n=1}^{N} \lambda_{nt} e_{nt} \leq (1 - \beta_e) e_{ot};$$

$$\sum_{t=1}^{T} \sum_{n=1}^{N} \lambda_{nt} k_{nt} \leq (1 - \beta_k) k_{ot};$$

$$\sum_{t=1}^{T} \sum_{n=1}^{N} \lambda_{nt} l_{nt} \leq (1 - \beta_l) l_{ot};$$

$$\sum_{t=1}^{T} \sum_{n=1}^{N} \lambda_{nt} y_{nt} \geq (1 + \beta_y) y_{ot};$$

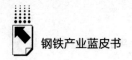

$$\sum_{t=1}^{T} \sum_{n=1}^{N} \lambda_{nt} u_{nt} = (1 - \beta_u) u_{ot};$$

$$\lambda_{nt} \geq 0, n = 1, 2, \cdots, N; t = 1, 2, \cdots, T \tag{8}$$

公式（8）测度了在全局生产技术下，第 t 期决策单元 n 的期望产出可以增加的最大幅度，投入要素及非期望产出能够减少的最大幅度。进一步地，将该决策单元的绿色全要素生产率指标定义为：

$$GML_t^{t+1} = \frac{1 + D^G(x_{ot}, y_{ot}, b_{ot})}{1 + D_o^G[x_{o(t+1)}, y_{o(t+1)}, b_{o(t+1)}]} \tag{9}$$

为研究绿色全要素生产率的关键影响因素，依照 Chung et al.（1997），将公式（9）定义的绿色全要素生产率进行分解，分别从效率提升和技术进步的视角研究绿色全要素生产率变化的原因。具体来看，绿色全要素生产率的分解过程如下：

$$GML_t^{t+1} = \frac{1 + D^G(x_{ot}, y_{ot}, b_{ot})}{1 + D^G[x_{o(t+1)}, y_{o(t+1)}, b_{o(t+1)}]} = \frac{1 + D^t(x_{ot}, y_{ot}, b_{ot})}{1 + D^{t+1}[x_{o(t+1)}, y_{o(t+1)}, b_{o(t+1)}]}$$

$$\times \frac{[1 + D^G(x_{ot}, y_{ot}, b_{ot})] / [1 + D^t(x_{ot}, y_{ot}, b_{ot})]}{\{1 + D^G[x_{o(t+1)}, y_{o(t+1)}, b_{o(t+1)}]\} / \{1 + D^{t+1}[x_{o(t+1)}, y_{o(t+1)}, b_{o(t+1)}]\}}$$

$$= GEFC_t^{t+1} \times GTC_t^{t+1}$$

其中，

$$GEFC_t^{t+1} = \frac{1 + D^t(x_{ot}, y_{ot}, b_{ot})}{1 + D^{t+1}[x_{o(t+1)}, y_{o(t+1)}, b_{o(t+1)}]},$$

$$GTC_t^{t+1} = \frac{[1 + D^G(x_{ot}, y_{ot}, b_{ot})] / [1 + D^t(x_{ot}, y_{ot}, b_{ot})]}{\{1 + D^G[x_{o(t+1)}, y_{o(t+1)}, b_{o(t+1)}]\} / \{1 + D^{t+1}[x_{o(t+1)}, y_{o(t+1)}, b_{o(t+1)}]\}} \tag{10}$$

分别衡量了效率变化和生产技术的变化对绿色全要素生产率产生的影响。接下来，本报告将利用已经构建的绿色全要素生产率指标研究中国钢铁行业的绿色全要素生产率，并进一步分析绿色全要素生产率变化的原因。

（二）数据与变量

在研究对象范围的界定上，钢铁行业包括黑色金属采选业和黑色金属冶炼加工业。在研究样本的选择上，鉴于北京、海南的钢铁生产规模较小，宁夏和西藏的数据不完善，因此，仅考虑除上述4个省（区、市）以外的27个省（区、市）。研究期限为2006~2021年。在测度绿色全要素生产率的过程中需要选择恰当的投入产出指标。根据经济学理论，确定的指标包括各年各省（区、市）钢铁行业的能源消费量、资本投入、劳动力投入，产出指标为钢材产量。受数据所限，选择的非期望产出指标为二氧化碳排放量。

在数据来源方面，各个地区钢铁行业的能源消费量来自中国碳核算数据库（Carbon Emissions Accounts and Datasets，CEADs），由黑色金属采选业的能源消费量和黑色金属冶炼加工业的能源消费量相加得到。资本投入用各个地区钢铁行业的固定资产净额度量，2006~2017年数据来自《中国工业统计年鉴》，并平减至2006年不变价，由于《中国工业统计年鉴》中未公布2018年、2019年的数据，并且2020年的统计口径与2017年存在差异，因此，2018~2021年资本投入数据由2006~2017年的数据预测得到。劳动力投入数据来自《中国工业统计年鉴》。各个地区钢材产量数据来自《中国钢铁工业统计年鉴》，二氧化碳排放数据来自中国碳核算数据库。各个投入产出变量的描述性统计结果如表1所示。

表1 各个投入产出变量的描述性统计

变量	单位	样本量	最大值	最小值	平均值	标准差
能源消费量	万吨	432	19780.6	117.6	2294.9	2808.1
资本投入	万元	432	7100.4	17.7	759.7	929.5
劳动力投入	万人	432	82.1	1.4	14.7	14.7
钢材产量	万吨	432	31320.1	76.8	3580.1	4580.9
二氧化碳排放量	百万吨	432	427.2	1.6	49.8	62.4

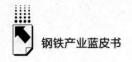

四 结果分析

基于前文钢铁行业绿色全要素生产率构建的理论框架，本节旨在探讨中国钢铁行业发展的基本特征以及个体差异，深入分析中国钢铁行业绿色全要素生产率的测算结果，研究如何对要素配置进行优化，进一步厘清绿色全要素生产率指数的变化原因，以期为钢铁行业高质量发展提供参考。

（一）中国钢铁行业方向距离函数值分析

本节将系统地介绍2006~2021年全国27个省（区、市）钢铁行业绿色全要素生产率的测度结果。全局的绿色全要素生产率指数由方向距离函数推导而来，它与各个投入要素、期望产出和二氧化碳排放的调节系数密切相关，反映了各个指标的优化空间。为此，本报告将首先给出2006~2021年各省（区、市）钢铁行业的方向距离函数值，如表2所示。

表2 2006~2021年全国27个省（区、市）钢铁行业的方向距离函数值

省（区、市）	时间				变化率				2006~2021年均值
	2006年	2013年	2017年	2021年	2006~2013年	2013~2017年	2017~2021年	2006~2021年	
天津	0.396	0.193	0.333	0.000	-51.3%	72.4%	-100.0%	-100.0%	0.250
河北	0.701	0.418	0.400	0.279	-40.4%	-4.2%	-30.2%	-60.1%	0.459
山西	1.556	0.568	0.524	0.409	-63.5%	-7.8%	-22.1%	-73.7%	0.774
内蒙古	1.573	0.723	0.754	0.478	-54.0%	4.3%	-36.6%	-69.6%	1.096
辽宁	0.000	0.088	0.170	0.254	—	93.0%	49.4%	—	0.132
吉林	0.939	0.582	0.698	0.375	-38.0%	19.9%	-46.3%	-60.1%	0.738
黑龙江	0.379	0.540	0.649	0.276	42.4%	20.1%	-57.5%	-27.3%	0.472
上海	0.402	0.175	0.273	0.104	-56.5%	56.0%	-61.9%	-74.1%	0.278
江苏	0.444	0.345	0.391	0.214	-22.3%	13.4%	-45.3%	-51.8%	0.375
浙江	0.358	0.160	0.168	0.000	-55.3%	4.8%	-100.0%	-100.0%	0.193
安徽	0.795	0.423	0.566	0.363	-46.9%	33.9%	-35.9%	-54.4%	0.560
福建	0.639	0.264	0.325	0.254	-58.6%	22.9%	-21.9%	-60.3%	0.422

省(区、市)	时间				变化率				2006~2021 年均值
	2006 年	2013 年	2017 年	2021 年	2006~2013 年	2013~2017 年	2017~2021 年	2006~2021 年	
江西	0.475	0.439	0.416	0.155	-7.6%	-5.1%	-62.7%	-67.3%	0.462
山东	0.532	0.409	0.358	0.222	-23.1%	-12.6%	-37.9%	-58.2%	0.435
河南	0.584	0.424	0.676	0.364	-27.4%	59.6%	-46.1%	-37.6%	0.536
湖北	0.788	0.655	0.482	0.309	-16.9%	-26.5%	-35.9%	-60.8%	0.619
湖南	1.075	0.805	0.569	0.251	-25.1%	-29.3%	-55.9%	-76.6%	0.781
广东	0.294	0.321	0.277	0.056	8.9%	-13.5%	-80.0%	-81.1%	0.295
广西	0.762	0.298	0.342	0.064	-60.8%	14.7%	-81.4%	-91.6%	0.431
重庆	0.846	0.342	0.565	0.277	-59.6%	65.2%	-50.9%	-67.2%	0.567
四川	0.950	0.918	1.025	0.425	-3.3%	11.7%	-58.5%	-55.2%	0.901
贵州	3.902	3.130	2.093	0.492	-19.8%	-33.1%	-76.5%	-87.4%	2.557
云南	1.520	0.628	0.591	0.361	-58.7%	-5.9%	-38.9%	-76.2%	0.764
陕西	0.379	0.128	0.180	0.177	-66.1%	39.9%	-1.2%	-53.2%	0.224
甘肃	1.467	0.763	1.228	0.567	-48.0%	60.9%	-53.8%	-61.4%	1.101
青海	2.782	3.829	2.611	1.666	37.7%	-31.8%	-36.2%	-40.1%	2.884
新疆	0.751	0.527	0.480	0.429	-29.8%	-9.0%	-10.5%	-42.8%	0.588

从表 2 可以看出，除极个别省份外，各省份钢铁行业的方向距离函数值均大于 0，这表明各省份钢铁行业在能源、资本、劳动力、期望产出以及二氧化碳排放方面存在较大的调整和优化空间，方向距离函数值越大，则意味着需要调整的幅度越大。与此同时，各省份钢铁行业的方向距离函数值也存在较大差异，因此，尽管各省份钢铁行业的投入和产出存在调整空间，但是各省份需要调整的幅度是不一样的。以各省份在 2006~2021 年方向距离函数的平均值为例，可以发现，广东、天津、浙江和辽宁的方向距离函数值明显低于其他地区，这表明，这些省份钢铁行业的投入产出指标优化空间较小。反之，青海、贵州、甘肃和内蒙古的钢铁行业方向距离函数值普遍较大，2006~2021 年的平均值分别为 2.884、2.557、1.101 和 1.096，这表明其投入产出调整的空间较大，生产要素的利用水平较低。从各省份方向距离函数值的变化

情况来看，尽管研究周期内各省份钢铁行业的方向距离函数值有所波动，但总体上呈现下降趋势，这表明绝大部分省份钢铁行业生产要素的利用效率在逐渐提升。其中，下降幅度较大的有天津和浙江，其2006年的方向距离函数值分别为0.396和0.358，而2021年的方向距离函数值均为0，位于生产前沿上，因而相对于其他省份的钢铁行业，天津和浙江钢铁行业的投入产出已达到最优状态，没有进一步优化的空间。方向距离函数值下降幅度较大的省份包括山西、内蒙古、上海、湖南、广东、广西、贵州、云南等。然而，值得一提的是，辽宁的钢铁行业方向距离函数值呈现显著的上升趋势，其2006年的方向距离函数值为0，而2013年、2017年和2021年的值分别为0.088、0.170和0.254，这表明辽宁钢铁行业生产要素的利用效率在逐年下降。

由公式（8）可知，方向距离函数值由能源消费量、资本投入、劳动力投入、钢材产量和二氧化碳排放量的调节系数加权求和得到，它系统地反映了该地区钢铁行业投入产出要素需要调节和优化的空间，它由该地区钢铁行业能源消费量、资本投入、劳动力投入、钢材产量和二氧化碳排放量调节空间加权求和得到。为进一步分析导致方向距离函数变化的原因，表3给出了2006~2021年各省（区、市）钢铁行业方向距离函数、能源消费量、资本投入、劳动力投入、钢材产量以及二氧化碳排放量调节系数的平均值。根据方向距离函数的定义，$betaE = \frac{1}{9}\beta_e$，$betaK = \frac{1}{9}\beta_k$，$betaL = \frac{1}{9}\beta_l$，$betaY = \frac{1}{3}\beta_y$，$betaC = \frac{1}{3}\beta_u$，它们分别反映能源消费量、资本投入、劳动力投入、钢材产量和二氧化碳排放量需要调节和优化的幅度。指标值越大，则该指标需要优化的空间越大，反之，则越小。显然，$D^c(x, y, u) = betaE + betaK + betaL + betaY + betaC$。

从表3可以发现，各省（区、市）钢铁行业的方向距离函数值存在较大差异，导致方向距离函数值存在差异的原因是不一致的，存在显著的个体差异性。以天津的钢铁行业为例，其2006~2021年方向距离函数的平均值为0.250，但是其中，能源消费量、资本投入、劳动力投入、钢材产量和二氧化碳排放量的调节系数分别为 0.023、0.040、0.001、0.045 和 0.141，各个投入产出要素的调整空间对方向距离函数的贡献大小存在显著差异。具体来说，天津钢铁行业劳动力投入的调节系数仅为 0.001，处于一个相对较低的水平，即天津钢铁行业劳动力投入的调整空间较小；能源消费量的调节系数次之，调节系数最大的是二氧化碳排放量，这意味着天津的二氧化碳排放量相对其劳动力投入、能源消费量来说，存在较大的调整优化空间。因此，天津的方向距离函数较大主要是其二氧化碳排放量存在较大调整空间导致的。类似的情况还有河北钢铁行业，其劳动力投入、资本投入和能源消费量的调整空间相对较小，但其二氧化碳排放量的调整空间较大，其方向距离函数平均值为 0.459，而二氧化碳排放量调节系数达到 0.220，也就是说河北的投入产出要素优化调整空间中有一半是二氧化碳排放量的调整空间。相对于天津、河北，内蒙古钢铁行业的方向距离函数主要由钢材产量的调节系数构成，其 2006～2021 年的平均值为 1.096，而其钢材产量的调节系数达到 0.994，该地区钢铁行业投入产出要素的优化空间主要集中在钢材产量的优化上。优化钢材产量能够较大幅度地降低方向距离函数值。类似的情况还包括吉林、安徽、河南和贵州等。因此，尽管各省份方向距离函数值不一样，投入产出的优化空间存在较大差异，但是各省份在优化投入产出时的策略是不一样的。对于天津、河北等地区的钢铁行业而言，要系统优化投入产出，重点优化二氧化碳排放量，提高二氧化碳排放效率，在不降低经济产出的条件下，尽可能减少二氧化碳排放量，以此提高投入产出效率。而对吉林、安徽、河南和贵州等省份而言，在改进投入产出时，重点应放在钢材产量的改进上，尽可能减少钢材产量的优化空间。因此，要提高生产要素的利用效率，在当前投入水平下，提高经济产出。

表 3 2006～2021 年全国 27 个省（区、市）钢铁行业投入产出要素调节系数的平均值

省（区、市）	$D^G(x,y,u)$	betaE	betaK	betaL	betaY	betaC
天津	0.250	0.023	0.040	0.001	0.045	0.141
河北	0.459	0.047	0.047	0.000	0.145	0.220
山西	0.774	0.025	0.015	0.000	0.574	0.159

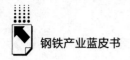

续表

省(区、市)	$D^G(x,y,u)$	betaE	betaK	betaL	betaY	betaC
内蒙古	1.096	0.020	0.029	0.009	0.994	0.045
辽宁	0.132	0.026	0.020	0.014	0.000	0.072
吉林	0.738	0.015	0.005	0.000	0.638	0.080
黑龙江	0.472	0.043	0.004	0.030	0.184	0.211
上海	0.278	0.053	0.054	0.000	0.009	0.162
江苏	0.375	0.033	0.046	0.001	0.108	0.186
浙江	0.193	0.010	0.041	0.037	0.009	0.095
安徽	0.560	0.021	0.034	0.001	0.336	0.168
福建	0.422	0.030	0.025	0.012	0.177	0.178
江西	0.462	0.045	0.021	0.004	0.188	0.203
山东	0.435	0.022	0.040	0.001	0.187	0.186
河南	0.536	0.018	0.021	0.010	0.307	0.180
湖北	0.619	0.011	0.051	0.004	0.411	0.141
湖南	0.781	0.012	0.011	0.002	0.641	0.116
广东	0.295	0.025	0.055	0.020	0.032	0.162
广西	0.431	0.039	0.017	0.006	0.179	0.189
重庆	0.567	0.032	0.026	0.010	0.326	0.174
四川	0.901	0.011	0.017	0.016	0.726	0.132
贵州	2.557	0.004	0.042	0.051	2.390	0.070
云南	0.764	0.030	0.010	0.001	0.578	0.145
陕西	0.224	0.038	0.008	0.000	0.030	0.149
甘肃	1.101	0.013	0.002	0.000	1.060	0.026
青海	2.884	0.018	0.000	0.003	2.846	0.016
新疆	0.588	0.017	0.009	0.000	0.490	0.072

接下来，本报告将从全国层面入手分析钢铁行业方向距离函数值的变化趋势，以及导致投入产出存在优化空间的具体原因。为此，图1给出2006~2021年27个省(区、市)钢铁行业能源消费量、资本投入、劳动力投入、钢材产量以及二氧化碳排放量调节系数的平均值，即方向距离函数值，它们分别反映在全国层面，钢铁行业的能源消费量、资本投入、劳动力投入、钢

材产量和二氧化碳排放量的优化空间。显然，各个投入产出要素的投入空间之和即为钢铁行业投入产出要素优化的总体空间。从图1中很容易发现，2006~2021年中国钢铁行业投入产出要素的优化空间在逐渐缩小，这也间接表明，整个钢铁行业的投入产出水平得到进一步优化和调整。特别地，2006年所有投入产出要素的方向距离函数值为0.937，而2021年的方向距离函数值已下降到0.327，下降幅度达到65.1%。分阶段来看，中国钢铁行业方向距离函数值呈阶段性的变化趋势。2006~2012年，中国钢铁行业方向距离函数值整体呈下降趋势，在2012~2015年出现小幅上升，2015~2021年呈现明显的下降趋势。但是在整个研究期内，中国钢铁行业方向距离函数值呈现明显的下降趋势。

从方向距离函数值构成来看，钢材产量存在显著的优化调整空间是导致中国钢铁行业投入产出存在较大优化空间的主要原因，占比超过50%，其次是二氧化碳排放量的优化调整。这也意味着中国钢铁行业要进一步提升投入和产出水平，降低方向距离函数值，需要重点优化钢材产量和二氧化碳排放量，即提高投入要素的利用水平和二氧化碳的排放效率，在投入不变的基础上，尽可能地增加期望产出，并减少二氧化碳排放量。同时，可以从图1中看出，钢材产量优化空间的缩小是整个钢铁行业投入产出优化空间缩小的

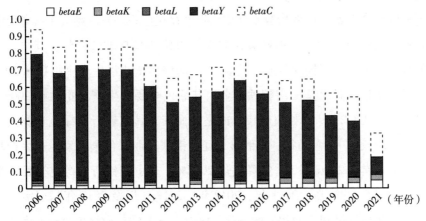

图1　2006~2021年中国钢铁行业投入和产出要素调节系数的均值

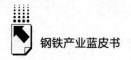

主要原因，相比较而言，二氧化碳排放量的优化空间未呈现明显的缩小趋势，处于一个比较稳定的状态。同时，3种投入要素的优化空间总和呈现略微上升的趋势。这意味着钢铁行业投入要素的利用水平有所下降，需要调整的空间扩大了。

（二）中国钢铁行业绿色全要素生产率分析

在系统分析中国钢铁行业方向距离函数值的基础上，本报告将进一步分析其绿色全要素生产率。2006~2021年全国27个省（区、市）钢铁行业绿色全要素生产率指数如表4所示。各省（区、市）钢铁行业的绿色全要素生产率指数存在显著差异。总体来看，大部分省（区、市）绿色全要素生产率指数大于1，这表明大部分省（区、市）绿色全要素生产率呈现上升趋势。

通过分析各省（区、市）钢铁行业绿色全要素生产率累计增长指数，进一步研究绿色全要素生产率增长的个体差异。鉴于表4中的绿色全要素生产率指数在全局生产技术下评估得到，因此，不同省（区、市）的绿色全要素生产率指数可直接比较。因而，对于某个省（区、市）的钢铁行业而言，其2006~2021年绿色全要素生产率累计增长指数等于其各年份绿色全要素生产率指数的乘积。各省（区、市）钢铁行业2006~2021年绿色全要素生产率指数累计增长指数如表5所示。2006~2021年各省（区、市）钢铁行业绿色全要素生产率指数累计增长指数存在显著差异。绝大多数省份钢铁行业的绿色全要素生产率指数在2006~2021年呈现增长趋势。其中，增长幅度最大的是贵州钢铁行业，其2021年的绿色全要素生产率指数比2006年增长2.2倍。其次是云南钢铁行业，其绿色全要素生产率指数在2006~2021年增长85.2%。增长幅度较小的是黑龙江，其钢铁行业绿色全要素生产率指数增长8.1%。值得一提的是，辽宁钢铁行业绿色全要素生产率指数呈现下降趋势，2006~2021年降幅达20.2%。辽宁钢铁行业绿色全要素生产率指数仅在2009年、2011年、2012年、2017年以及2019年呈现增长趋势，其他年份均呈现不同程度的下降，因此，其钢铁行业绿色全要素生产率指数在整个研究周期内呈现明显的下降趋势。

表4 2006~2021年全国27个省(区、市)钢铁行业绿色全要素生产率指数

省(区、市)	2006~2007年	2007~2008年	2008~2009年	2009~2010年	2010~2011年	2011~2012年	2012~2013年	2013~2014年	2014~2015年	2015~2016年	2016~2017年	2017~2018年	2018~2019年	2019~2020年	2020~2021年
天津	1.044	0.998	0.992	1.047	1.063	1.058	0.961	0.962	1.165	1.065	0.750	0.959	1.027	0.994	1.361
河北	1.059	1.015	1.074	0.979	1.028	1.039	0.994	0.986	1.017	1.010	1.000	0.977	1.007	1.018	1.093
山西	1.120	1.007	1.073	1.102	1.053	1.078	1.076	0.987	0.980	1.029	1.035	0.991	1.041	1.022	1.026
内蒙古	0.989	0.989	0.947	1.046	1.056	1.584	0.921	0.982	0.777	1.073	1.201	0.999	1.028	1.029	1.123
辽宁	0.933	0.941	1.005	0.992	1.073	1.065	0.919	0.959	0.958	0.984	1.028	0.987	1.010	0.998	0.939
吉林	1.009	0.998	1.042	0.956	1.052	1.126	1.031	0.984	0.913	0.970	1.069	1.002	1.022	1.053	1.145
黑龙江	1.015	1.012	1.052	0.968	1.016	0.960	0.879	0.956	0.926	0.915	1.154	1.025	1.098	1.029	1.115
上海	1.005	1.018	1.009	1.055	1.050	1.055	0.990	0.900	1.011	0.995	1.019	1.013	0.972	1.040	1.126
江苏	1.066	0.986	0.967	0.999	1.045	1.040	0.972	0.964	1.018	1.005	0.979	0.964	1.021	1.014	1.147
浙江	1.074	0.953	1.055	0.998	1.069	0.988	1.029	0.972	1.007	1.185	0.856	0.967	1.048	0.973	1.184
安徽	1.052	1.027	1.018	1.082	1.042	1.023	0.995	0.966	0.977	0.931	1.033	0.971	0.980	1.035	1.166
福建	1.041	0.983	1.083	0.880	1.062	1.141	1.096	0.978	0.957	1.024	0.996	0.959	1.048	1.006	1.046
江西	0.973	0.859	0.960	1.247	1.028	1.020	0.977	1.001	1.008	1.006	1.001	0.979	1.040	1.021	1.179
山东	0.985	1.023	1.000	1.008	1.028	1.053	0.989	0.966	1.011	1.051	1.012	0.969	0.983	1.037	1.124
河南	1.051	0.977	1.007	0.984	1.039	1.030	1.022	0.905	0.987	0.966	0.984	1.061	1.026	1.023	1.103
湖北	0.971	1.191	0.909	0.989	1.072	0.992	0.978	0.984	1.034	1.038	1.057	0.929	1.017	0.984	1.217
湖南	1.049	0.964	0.970	1.124	1.015	1.032	0.995	0.984	1.017	1.132	1.015	0.939	1.012	1.052	1.255
广东	0.971	1.023	0.976	0.967	1.024	1.006	1.015	1.004	0.994	1.066	0.972	0.992	0.996	1.023	1.198
广西	1.117	0.873	1.071	1.063	1.044	1.139	1.028	0.977	1.031	1.004	0.956	0.957	1.032	1.082	1.180
重庆	1.083	0.941	0.927	.078	1.196	1.051	1.074	0.884	1.013	1.083	0.884	1.081	0.960	1.038	1.137

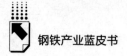

续表

省（区、市）	2006~2007年	2007~2008年	2008~2009年	2009~2010年	2010~2011年	2011~2012年	2012~2013年	2013~2014年	2014~2015年	2015~2016年	2016~2017年	2017~2018年	2018~2019年	2019~2020年	2020~2021年
四川	1.028	1.038	0.991	0.843	1.079	1.059	0.998	0.927	0.959	1.118	0.952	1.120	1.039	1.021	1.196
贵州	1.215	1.002	1.041	0.883	1.047	0.984	1.029	1.063	1.049	1.173	1.021	1.080	1.165	0.991	1.663
云南	1.204	1.000	0.954	1.182	1.057	1.041	1.037	1.002	0.978	1.054	0.991	0.998	1.054	1.035	1.074
陕西	1.005	0.933	1.106	0.957	1.389	0.835	1.061	0.933	1.018	0.930	1.082	0.966	1.221	0.930	0.913
甘肃	1.155	0.914	1.053	0.942	1.197	1.087	1.027	0.972	0.743	0.979	1.118	1.038	1.074	1.067	1.196
青海	1.031	0.918	1.019	1.016	1.024	0.930	0.839	0.982	1.024	1.212	1.097	0.938	1.167	1.044	1.186
新疆	0.993	0.941	0.873	0.611	0.973	1.064	1.036	0.968	0.863	1.127	1.097	0.908	1.187	0.830	1.158
均值	1.046	0.982	1.043	1.000	1.067	1.055	0.999	0.968	0.979	1.042	1.013	0.991	1.047	1.014	1.157

表5 2006~2021 年全国 27 个省（区、市）钢铁行业绿色全要素生产率指数
累计增长指数

省(区、市)	2006~2021 年	省(区、市)	2006~2021 年	省(区、市)	2006~2021 年
天津	1.396	浙江	1.358	广西	1.656
河北	1.329	安徽	1.317	重庆	1.445
山西	1.815	福建	1.307	四川	1.368
内蒙古	1.740	江西	1.277	贵州	3.285
辽宁	0.798	山东	1.253	云南	1.852
吉林	1.411	河南	1.161	陕西	1.171
黑龙江	1.081	湖北	1.366	甘肃	1.575
上海	1.270	湖南	1.658	青海	1.418
江苏	1.189	广东	1.226	新疆	1.225

在系统分析各省（区、市）钢铁行业绿色全要素生产率指数增长幅度的基础上，将进一步从技术效率变动和技术进步两个角度分析绿色全要素生产率指数变化的原因。其中，技术效率变动主要用来反映该决策单元生产要素优化配置的情况。而技术进步反映了生产前沿面，即生产函数的移动情况。2006~2021 年全国 27 个省（区、市）钢铁行业技术效率变动指数如表6 所示。若该指数大于 1，则说明该地区钢铁行业的技术效率提升了，即生产要素配置得到优化，管理水平得到提高；反之，技术效率下降了，生产要素的不合理配置加剧，管理水平落后。从表6 可以发现，大部分省（区、市）钢铁行业技术效率变动指数大于 1，这意味着大部分省（区、市）钢铁行业的技术效率呈不同程度的上升趋势，资源配置日趋合理，管理水平逐年提升。从 27 个省（区、市）钢铁行业技术效率变动指数来看，2006~2008 年，各省（区、市）钢铁行业技术效率变动指数呈上升趋势，而在 2009~2016 年部分省（区、市）钢铁行业技术效率变动指数呈现不同程度的下降趋势，这意味着在这段时间，大部分省（区、市）钢铁行业的资源利用效率相对较低，技术效率出现下降。而自 2017 年以来，全国钢铁行业平均技术效率总体呈上升趋势，资源利用水平和管理效率等得到有效提升。

表6 最后一列给出 2006~2021 年各省（区、市）钢铁行业技术效率变

动指数，它等于该省（区、市）钢铁行业各年技术效率变动指数的乘积。从个体来看，尽管各省（区、市）钢铁行业不同年份技术效率变化指数存在较大的差异，但是从整个研究周期来看，大部分省（区、市）钢铁行业技术效率变动指数呈现显著的增长趋势。其中，技术效率提升幅度最大的是贵州钢铁行业，其技术效率在 2006～2021 年提升 1.05 倍；其次是云南钢铁行业，其技术效率提升 35.8%。但同时也应该注意到，河南、青海、新疆钢铁行业的技术效率变动指数小于 1，这表明这些省份钢铁行业技术效率总体呈现下降趋势。以河南为例，其钢铁行业 2006～2021 年技术效率变动指数仅为 0.937，这意味着其钢铁行业 2021 年的技术效率比 2006 年下降6.3%。因此，这三个地区未来应该更注重钢铁行业资源的利用水平以及管理能力的提升，进一步提高其绿色全要素生产率。

根据公式（10），绿色全要素生产率的另一个主要影响因素是技术水平的改变。为此，表 7 给出 2006～2021 年各省（区、市）钢铁行业技术进步变动指数，以此反映各年份各省（区、市）技术水平的变化。从表 7 可以看出，不同年份不同省（区、市）钢铁行业技术进步变动指数存在显著差异。各省（区、市）技术进步变动指数存在较大的波动性，2006～2021 年，有 6 年全国钢铁行业技术进步变动指数小于 1，9 年技术进步变动指数大于1，即有 6 年全国钢铁行业技术水平下降，另外 9 年，全国钢铁行业技术水平得到不同程度的提升。

尽管如此，2006～2021 年，全国钢铁行业技术进步变动指数达到1.294，这表明 2021 年全国钢铁行业技术水平在 2006 年的基础上提升29.4%。尽管各省（区、市）在各年份的技术进步变动指数有所不同，但除辽宁和黑龙江外，其他省（区、市）2006～2021 年钢铁行业技术进步变动指数均大于 1，这表明辽宁和黑龙江钢铁行业的技术水平在研究周期内下降了，而其他省（区、市）钢铁行业的技术水平均呈现不同程度的上升。2006～2021 年，辽宁钢铁行业技术进步变动指数仅为 0.798，这意味着 2021年辽宁钢铁行业技术水平在 2006 年的基础上下降 20.2%，下降幅度较大。而黑龙江的技术进步变动指数为 0.985，下降 1.5%，下降幅度相对较小。在

表 6 2006~2021 年全国 27 个省（区、市）钢铁行业技术效率变动指数

省（区,市）	2006~2007年	2007~2008年	2008~2009年	2009~2010年	2010~2011年	2011~2012年	2012~2013年	2013~2014年	2014~2015年	2015~2016年	2016~2017年	2017~2018年	2018~2019年	2019~2020年	2020~2021年	2006~2021年
天津	1.095	1.000	1.000	1.000	0.962	1.039	1.000	1.000	1.000	1.000	0.891	0.955	0.975	1.019	1.184	1.095
河北	1.023	1.044	0.995	0.964	0.883	1.131	0.984	1.018	0.973	0.978	1.111	0.980	0.939	1.054	1.002	1.052
山西	1.090	1.043	0.990	1.041	0.836	1.189	1.057	1.021	0.941	0.974	1.103	1.040	0.953	1.062	0.951	1.272
内蒙古	0.936	1.065	0.948	1.019	0.765	1.832	0.904	1.018	0.742	1.041	1.261	1.054	0.975	1.020	0.976	1.236
辽宁	1.000	1.000	1.000	1.000	1.000	1.000	1.000	1.017	1.000	1.000	1.000	1.000	1.000	1.000	1.000	1.000
吉林	0.988	1.015	0.972	0.943	0.882	1.196	1.013	1.017	0.856	0.918	1.239	1.035	0.869	1.133	1.050	1.040
黑龙江	1.064	1.028	1.063	1.018	0.875	1.000	0.897	0.994	0.962	0.894	1.155	1.073	1.006	1.057	1.051	1.101
上海	1.000	1.000	1.000	1.000	1.000	1.000	1.000	1.000	0.827	0.936	1.293	1.000	0.798	1.081	1.160	1.000
江苏	1.134	1.001	0.879	0.977	0.887	1.165	0.953	0.987	0.974	0.982	1.069	0.982	0.950	1.051	1.058	1.004
浙江	1.092	1.000	1.000	1.000	0.848	1.179	1.000	1.000	1.000	1.000	1.000	1.000	1.000	1.000	1.000	1.092
安徽	1.036	1.035	0.958	1.074	0.877	1.128	0.982	1.002	0.966	0.880	1.099	1.028	0.920	1.066	1.029	1.040
福建	0.997	1.049	1.058	0.847	0.860	1.255	1.106	1.004	0.924	0.985	1.091	0.996	0.988	1.038	0.999	1.136
江西	0.938	0.929	0.939	1.138	0.876	1.122	0.964	1.031	0.989	0.979	1.051	1.025	0.964	1.064	1.102	1.070
山东	0.981	1.036	0.956	0.999	0.872	1.153	0.979	0.997	0.985	1.012	1.121	0.984	0.927	1.057	1.014	1.040
河南	1.008	1.055	0.943	0.948	0.868	1.145	1.006	0.941	0.968	0.928	1.061	1.073	0.975	1.033	1.017	0.937
湖北	0.959	1.141	0.856	1.052	0.866	1.118	0.972	1.031	0.993	0.982	1.097	0.996	0.980	0.997	1.067	1.064
湖南	1.011	0.998	0.925	1.063	0.805	1.186	0.997	1.021	0.985	1.036	1.073	1.015	0.958	1.058	1.116	1.213
广东	0.975	1.025	0.969	0.891	0.859	1.111	0.998	1.039	0.975	1.040	1.154	1.000	0.893	1.119	1.000	1.000
广西	1.048	0.960	0.999	1.333	0.860	1.275	1.065	0.999	1.039	1.013	0.934	0.974	0.961	1.129	1.078	1.357
重庆	1.014	0.997	0.941	1.030	0.942	1.154	1.124	0.861	0.970	1.065	0.942	1.120	0.927	1.034	1.029	1.108

续表

省(区、市)	2006~2007年	2007~2008年	2008~2009年	2009~2010年	2010~2011年	2011~2012年	2012~2013年	2013~2014年	2014~2015年	2015~2016年	2016~2017年	2017~2018年	2018~2019年	2019~2020年	2020~2021年	2006~2021年
四川	0.959	1.110	0.935	0.904	0.792	1.252	0.992	0.968	0.944	1.031	1.060	1.128	0.989	1.025	1.026	1.037
贵州	1.143	1.048	0.654	1.408	0.863	1.136	0.943	1.108	1.054	1.029	1.158	1.092	1.050	1.047	1.204	2.050
云南	1.143	1.043	0.965	1.077	0.831	1.176	1.021	1.034	0.954	0.989	1.070	1.040	0.919	1.109	0.991	1.358
陕西	0.957	0.949	1.101	0.888	1.126	0.921	1.086	1.000	1.000	0.920	1.087	1.000	1.000	1.000	1.000	1.000
甘肃	1.120	0.990	0.963	0.902	0.947	1.182	1.036	1.011	0.710	0.873	1.422	1.073	0.962	1.080	1.007	1.117
青海	1.019	1.018	0.952	1.003	0.664	1.228	0.794	1.059	0.898	1.185	1.251	0.995	1.020	1.098	0.949	0.956
新疆	0.994	0.984	1.396	0.729	0.849	1.131	1.018	1.004	0.804	1.076	1.221	0.969	1.087	0.879	1.012	0.966
均值	1.027	1.021	0.976	0.998	0.878	1.163	0.996	1.006	0.942	0.990	1.112	1.023	0.962	1.048	1.040	1.163

表7 2006~2021年全国27个省(区、市)钢铁行业技术进步变动指数

省(区、市)	2006~2007年	2007~2008年	2008~2009年	2009~2010年	2010~2011年	2011~2012年	2012~2013年	2013~2014年	2014~2015年	2015~2016年	2016~2017年	2017~2018年	2018~2019年	2019~2020年	2020~2021年	2006~2021年
天津	0.953	0.998	0.992	1.047	1.105	1.018	0.961	0.962	1.165	1.065	0.842	1.005	1.053	0.976	1.150	1.276
河北	1.035	0.972	1.080	1.016	1.164	0.918	1.010	0.968	1.045	1.033	0.900	0.997	1.073	0.966	1.090	1.264
山西	1.028	0.965	1.084	1.059	1.259	0.906	1.018	0.966	1.041	1.056	0.938	0.953	1.092	0.963	1.080	1.427
内蒙古	1.057	0.929	1.000	1.027	1.381	0.865	1.019	0.964	1.047	1.030	0.952	0.948	1.054	1.008	1.151	1.408
辽宁	0.933	0.941	1.005	0.992	1.073	1.065	0.919	0.959	0.958	0.984	1.028	0.987	1.010	0.998	0.939	0.798
吉林	1.022	0.983	1.071	1.014	1.193	0.941	1.017	0.968	1.066	1.057	0.863	0.968	1.177	0.930	1.090	1.356
黑龙江	0.953	0.984	0.989	0.950	1.161	0.960	0.980	0.961	0.963	1.023	0.999	0.955	1.092	0.974	1.061	0.985

续表

省（区、市）	2006~2007年	2007~2008年	2008~2009年	2009~2010年	2010~2011年	2011~2012年	2012~2013年	2013~2014年	2014~2015年	2015~2016年	2016~2017年	2017~2018年	2018~2019年	2019~2020年	2020~2021年	2006~2021年
上海	1.005	1.018	1.009	1.055	1.050	1.055	0.990	0.900	1.223	1.064	0.788	1.013	1.218	0.962	0.971	1.270
江苏	0.940	0.985	1.101	1.023	1.178	0.893	1.020	0.976	1.045	1.024	0.916	0.982	1.075	0.965	1.084	1.185
浙江	0.983	0.953	1.055	0.998	1.260	0.838	1.029	0.972	1.007	1.185	0.856	0.967	1.048	0.973	1.184	1.243
安徽	1.016	0.993	1.062	1.007	1.189	0.907	1.013	0.965	1.012	1.058	0.939	0.945	1.066	0.971	1.133	1.266
福建	1.044	0.937	1.025	1.040	1.235	0.909	0.991	0.974	1.036	1.040	0.912	0.963	1.060	0.969	1.047	1.150
江西	1.037	0.925	1.022	1.096	1.174	0.909	1.014	0.971	1.020	1.028	0.953	0.956	1.079	0.960	1.069	1.193
山东	1.004	0.987	1.046	1.009	1.180	0.913	1.010	0.968	1.026	1.038	0.903	0.985	1.060	0.981	1.108	1.205
河南	1.043	0.926	1.068	1.038	1.197	0.900	1.015	0.962	1.019	1.042	0.927	0.989	1.052	0.991	1.085	1.239
湖北	1.012	1.044	1.061	0.940	1.239	0.887	1.005	0.955	1.041	1.057	0.963	0.933	1.037	0.988	1.141	1.284
湖南	1.037	0.966	1.049	1.058	1.260	0.870	0.998	0.964	1.033	1.092	0.946	0.925	1.056	0.995	1.125	1.367
广东	0.995	0.997	1.008	1.085	1.192	0.905	1.017	0.966	1.019	1.026	0.842	0.992	1.115	0.914	1.198	1.226
广西	1.066	0.909	1.072	1.029	1.215	0.893	0.965	0.979	0.992	0.991	1.023	0.983	1.073	0.959	1.095	1.221
重庆	1.067	0.944	0.985	1.047	1.270	0.911	0.956	1.027	1.044	1.017	0.939	0.965	1.036	1.004	1.105	1.304
四川	1.072	0.935	1.060	0.933	1.361	0.846	1.006	0.958	1.016	1.085	0.899	0.993	1.050	0.997	1.166	1.319
贵州	1.063	0.955	1.592	0.627	1.213	0.866	1.091	0.959	0.995	1.141	0.882	0.988	1.110	0.946	1.382	1.602
云南	1.053	0.958	0.988	1.097	1.271	0.885	1.016	0.969	1.026	1.066	0.926	0.959	1.147	0.933	1.084	1.364
陕西	1.050	0.984	1.004	1.078	1.233	0.907	0.977	0.933	1.018	1.011	0.996	0.966	1.221	0.930	0.913	1.171
甘肃	1.031	0.923	1.093	1.044	1.263	0.920	0.992	0.962	1.047	1.122	0.786	0.967	1.117	0.987	1.187	1.410
青海	1.012	0.901	1.071	1.014	1.542	0.757	1.057	0.927	1.140	1.024	0.877	0.942	1.144	0.951	1.249	1.483
新疆	0.999	0.957	1.342	0.837	1.146	0.941	1.018	0.965	1.073	1.047	0.898	0.937	1.092	0.944	1.144	1.268
均值	1.019	0.962	1.072	1.306	1.222	0.911	1.004	0.963	1.041	1.052	0.915	0.969	1.089	0.968	1.112	1.294

技术进步的省（区、市）中，技术进步幅度最大的是青海，其钢铁行业
2021 年的技术水平在 2006 年的基础上提升 48.3%，其次是甘肃，其技术进步变动指数为 1.410，提升幅度达到 41.0%。技术水平提升幅度较小的是福建和陕西的钢铁行业，其技术进步变动指数分别为 1.150 和 1.171。

为更直观地反映 2006~2021 年中国钢铁行业绿色全要素生产率的变化趋势以及技术效率变动和技术进步对绿色全要素生产率变动的影响，图 2 绘出 2006~2021 年 27 个省（区、市）钢铁行业绿色全要素生产率累计增长指数、技术效率累计增长指数以及技术进步累计增长指数。从图 2 可以发现，尽管 2006~2021 年 27 个省（区、市）钢铁行业绿色全要素生产率在不同阶段有较大的波动，但总体上呈现大幅增长的趋势，其累计增长幅度达到 44.2%。但是从绿色全要素生产率增长的原因来看，2009 年后技术进步累计增长指数曲线始终在技术效率累计增长指数曲线的上方，这意味着技术进步的幅度大于技术效率提升的幅度。因此，从全国层面来看，钢铁行业绿色全要素生产率增长的主要原因是技术进步，技术效率提升对钢铁行业绿色全要素生产率增长的贡献相对有限。为此，要想进一步提升钢铁行业绿色全要素生产率，需要重点关注技术效率的提升，优化资源配置，提升管理水平。

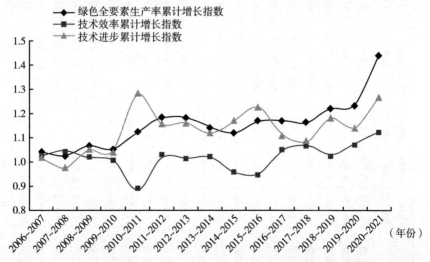

图 2　2006~2021 年全国 27 个省（区、市）钢铁行业绿色全要素生产率累计增长指数、技术效率累计增长指数以及技术进步累计增长指数

（三）绿色全要素生产率主要影响因素分析

在深入分析中国钢铁行业绿色全要素生产率变化趋势、区域特征的基础上，本报告将进一步分析绿色全要素生产率的主要影响因素。在影响因素的选择方面，考虑到数据的可获得性，本报告主要从效率以及生产规模两个视角分析影响钢铁行业绿色全要素生产率的主要指标。

钢铁行业的生产规模。许多研究表明，钢铁行业的生产规模可能会影响其绿色全要素生产率。本报告用钢铁行业钢材产量的自然对数值，记为 ln_scale，反映钢铁行业的生产规模。

效率指标。投入、产出的效率将在一定程度上影响钢铁行业绿色全要素生产率。本报告将分别测度能源强度（$E\_intensity$）、碳排放强度（$C\_intensity$）、劳动生产率（$Labor\_P$）和资本生产率（$Captial\_P$）对钢铁行业绿色全要素生产率产生的影响。其中，能源强度用单位钢材的能源消费量表示，碳排放强度用单位钢材二氧化碳排放量表示，劳动生产率和资本生产率分别用单位劳动力的钢材产量和单位资本的钢材产量表示。

考虑到绿色全要素生产率存在显著的个体和时间异质性，本报告分别使用普通最小二乘法以及固定时间效应和固定个体效应的面板数据对以上因素对绿色全要素生产率的影响展开评估，回归结果如表8所示。未避免多重共线性，将碳排放强度和能源强度分别放入模型中进行分析。

表8　钢铁行业绿色全要素生产率主要影响因素回归结果

解释变量	被解释变量							
	GML	GML	GML	GML	GEFC	GEFC	GTC	GTC
ln_scale	-0.018 *** (-2.87)	-0.023 *** (-3.64)	-0.079 *** (-4.04)	-0.111 *** (-5.42)	-0.047 * (-1.96)	-0.019 (-0.85)	-0.059 *** (-2.58)	-0.058 *** (-2.69)
$Labor\_P$	0.0001 *** (4.38)	0.0001 *** (3.95)	0.0004 *** (7.68)	0.0004 *** (7.88)	0.0001 ** (2.30)	0.0001 ** (2.27)	0.0002 *** (4.22)	0.0002 *** (4.22)
$Capital\_P$	-0.005 *** (-4.25)	-0.004 *** (-3.83)	-0.003 (-1.52)	-0.003 (-1.46)	0.001 (0.64)	0.001 (0.57)	-0.003 * (-1.70)	-0.003 * (-1.73)

续表

解释变量	被解释变量							
	GML	*GML*	*GML*	*GML*	*GEFC*	*GEFC*	*GTC*	*GTC*
E_intensity	−0.021 * (−1.95)		−0.105 *** (−5.16)			−0.056 ** (−2.38)		−0.104 * (−1.93)
C_intensity		−0.023 *** (−3.31)		−0.074 *** (−6.85)	−0.052 *** (−4.11)		−0.017 (−1.42)	
_cons	1.172 *** (21.75)	1.228 *** (22.62)	1.631 *** (10.69)	1.901 *** (11.80)	1.411 *** (7.50)	1.160 *** (6.60)	1.459 *** (7.99)	1.457 *** (8.69)
固定个体 效应	否	否	是	是	是	是	是	是
固定时间 效应	否	否	是	是	是	是	是	是

注：***、**、*分别表示1%、5%和10%的显著性水平，表中括号内的数值为 t 统计量。

表8中的第1、2列分别给出了未考虑固定个体效应和固定时间效应，应用普通最小二乘法回归的各个因素对钢铁行业绿色全要素生产率的影响结果。不难发现，在未固定个体效应和固定时间效应时，生产规模、劳动生产率、资本生产率、能源强度和碳排放强度均对钢铁行业绿色全要素生产率产生显著影响。具体来看，钢铁行业生产规模、资本生产率、能源强度和碳排放强度均对绿色全要素生产率的提升产生负向影响，而劳动生产率对绿色全要素率提升产生正向影响。表8的第3、4列分别展示了在固定个体效应和固定时间效应时，各个因素对绿色全要素生产率的影响。结果发现，在1%的显著性水平下，生产规模依然对绿色全要素生产率的提升产生显著的负向影响，即生产规模越大的地区其绿色全要素生产率增长幅度越小。而劳动生产率对绿色全要素生产率的提升产生正向影响，即劳动生产率越高的地区，绿色全要素生产率增长速度越快。相比之下，资本生产率对绿色全要素生产率的影响不显著。特别地，能源强度、碳排放强度对绿色全要素生产率提升的影响均为负向的，即能源强度、碳排放强度越大，绿色全要素生产率的提升幅度越小，过多的能源消耗和二氧化碳排放

阻碍了绿色全要素生产率的提升。具体来看，能源强度的回归系数为-0.105，而碳排放强度的回归系数为-0.074，因此，相比于碳排放强度，能源强度对绿色全要素生产率提升的负向影响更大。

表8中第5、6列给出了各因素对钢铁行业技术效率提升的影响结果。从表8可以看出，能源强度（在5%的显著性水平下）与碳排放强度（在1%的显著性水平下）对钢铁行业技术效率提升的影响均为负向，即过高的能源强度与碳排放强度阻碍钢铁行业技术效率的提升。除此之外，劳动生产率对技术效率提升的影响是正向的，即劳动生产率的提高有助于钢铁行业技术效率的提升。相比之下，资本生产率对技术效率提升的影响不显著。表8的第7、8列给出了各因素对钢铁行业技术进步的影响结果。可以看出，在10%的显著性水平下，能源强度对技术进步的影响是负向的，即能源强度的提升阻碍了钢铁行业的技术进步。而碳排放强度对技术进步的影响不显著。此外，在1%的显著性水平下，劳动生产率对技术进步的影响是正向的，即劳动生产率的提升推动了技术进步。而钢铁行业的生产规模对技术进步的影响是负向的，即生产规模越大的地区，其技术进步的幅度相对较小。

五 主要研究结论

钢铁行业是中国主要的能源消费和污染物排放部门之一，其绿色、低碳、高质量发展对中国实现"双碳"目标具有重要意义。绿色全要素生产率是衡量钢铁行业在环保约束下将生产要素转化为经济产出的能力，科学地评估钢铁行业的绿色全要素生产率对指导钢铁行业实现绿色、高质量发展具有重要意义。本报告通过建立非参数的方向距离函数模型，构建绿色全要素生产率指数，并对2006~2021年钢铁行业绿色全要素生产率开展系统的测度。在此基础上，从技术效率变动和技术进步变动两个视角对钢铁行业绿色全要素生产率的变动展开系统的分析，为钢铁行业绿色全要素生产率的提升提供了路径。本报告的主要研究结论包括以下四个方面。

一是在现有生产技术水平下，全国钢铁行业的投入产出要素存在较大的优化潜力，投入要素及二氧化碳排放能够进一步减少，而经济产出能够进一步提升，通过优化投入产出要素能够大幅提高钢铁行业的绿色全要素生产率。与此同时，研究发现，全国钢铁行业投入产出要素需要优化的空间是逐渐缩小的，这表明钢铁行业的投入产出效率在逐步提高。从全国层面来看，钢材产量的增长潜力最大，其次是二氧化碳排放量的减排潜力。从个体层面来看，青海、贵州、甘肃和内蒙古钢铁行业投入产出要素的优化空间较大，相比之下，天津、浙江等地钢铁行业投入产出要素的优化空间相对较小。

二是钢铁行业绿色全要素生产率呈现显著的个体和时间差异性。不同年份不同地区钢铁行业的绿色全要素生产率存在明显的不同。但整体来看，全国钢铁行业绿色全要素生产率呈现明显的上升趋势。研究结果表明，2006~2021年全国27个省（区、市）钢铁行业绿色全要素生产率指数增长44.2%。从个体层面来看，2006~2021年绿色全要素生产率增长幅度最大的是贵州钢铁行业，其绿色全要素生产率增长2.2倍，其次是云南钢铁行业，其绿色全要素生产率增长85.2%。辽宁钢铁行业绿色全要素生产率呈下降趋势，下降幅度达20.2%。

三是技术效率提升和技术进步共同促进钢铁行业绿色全要素生产率提升。从全国层面来看，技术进步对绿色全要素生产率增长的贡献略大于技术效率提升的贡献。研究发现，2006~2021年全国钢铁行业技术效率累计提升幅度为16.3%，相比之下，技术进步的累计增长幅度达29.4%。因此，技术进步在钢铁行业绿色全要素生产率的提升过程中发挥了主要作用。从个体层面来看，贵州钢铁行业的绿色全要素生产率增长主要是由技术效率提升引起的，技术效率增长率为105.0%，技术进步的提升幅度为60.2%；青海钢铁行业的绿色全要素生产率的增长主要由技术进步引起，其技术效率呈微弱下降趋势。

四是多个主要因素对绿色全要素生产率的提升产生显著影响。其中，能源强度、碳排放强度、生产规模对钢铁行业绿色全要素提升产生负向影响，而劳动生产率的提升有助于绿色全要素生产率的提升。此外，能源强度、碳排放强度与生产规模对钢铁行业技术效率提升、技术进步产生显著的负向影响，在一定程度上阻碍技术效率的提升及技术进步。劳动生产率的提高将促进技术效率的提升与技术进步。相比之下，资本生产率对技术效率提升和技术进步未产生显著影响。

因此，尽管中国钢铁行业绿色全要素生产率总体呈现增长趋势，但是不同地区钢铁行业绿色全要素生产率增长幅度存在很大差异，增长的原因也存在较大的个体差异。需要从有效降低能源强度、碳排放强度，提高劳动生产率等方面入手，提高钢铁行业绿色全要素生产率。

参考文献

龚新蜀、杜江：《数字经济、绿色创新与企业绿色全要素生产率》，《统计与决策》2024 年第 2 期。

胡洪彬：《习近平总书记关于新质生产力重要论述的理论逻辑与实践进路》，《经济学家》2023 年第 12 期。

胡日东、汤锦锋、宋红艳：《环境规制、绿色技术创新与制造业绿色全要素生产率》，《工业技术经济》2023 年第 7 期。

李斌、彭星、欧阳铭珂：《环境规制、绿色全要素生产率与中国工业发展方式转变——基于 36 个工业行业数据的实证研究》，《中国工业经济》2013 年第 4 期。

施灿涛、王宁宁、杨浩泽：《低碳环境下钢铁企业燃气系统动态平衡调度仿真》，《中国冶金》2021 年第 9 期。

王彦林、张子璇、盖玉风：《"双碳"与企业碳会计信息披露质量影响因素——基于钢铁板块上市企业的实证研究》，《会计之友》2023 年第 9 期。

许小蕾：《中国钢铁行业绿色全要素生产率及影响因素研究》，华北电力大学，硕士学位论文，2020。

世界钢铁协会：《世界钢铁统计数据 2024》，https：//worldsteel. org/zh－hans/data/world－steel－in－figures－2024/。

Balk B. M. , Barbero J. , Zofío J. L. , "A Toolbox for Calculating and Decomposing Total Factor Productivity Indices," *Computers & Operations Research* 115（2020）.

Chen X. et al. , "A New Malmquist－type Green Total Factor Productivity Measure：An Application to China," *Energy Economics* 117（2023）.

Chung Y. H. , Färe R. , Grosskopf S. , "Productivity and Undesirable Outputs：a Directional Distance Function Approach," *Journal of Environmental Management* 3（1997）.

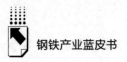
Guo Z. C. , Fu Z. X. , "Current Situation of Energy Consumption and Measures Taken for Energy Saving in the Iron and Steel Industry in China," *Energy* 11 (2010).

He K. , Wang L. , "A Review of Energy Use and Energy-efficient Technologies for the Iron and Steel Industry," *Renewable and Sustainable Energy Reviews* 70 (2017).

Huang J. B. , Zou H. , Song Y. , "Biased Technical Change and Its Influencing Factors of Iron and Steel Industry: Evidence from Provincial Panel Data in China," *Journal of Cleaner Production* 283 (2021).

Jing Z. et al. , "The Impact of Environmental Regulation on Green TFP: A Quasi-natural Experiment Based on China's Carbon Emissions Trading Pilot Policy," *Energy* 306 (2024).

Kim J. et al. , "Decarbonizing the Iron and Steel Industry: A Systematic Review of Sociotechnical Systems, Technological Innovations, and Policy Options," *Energy Research & Social Science* 89 (2022).

Lin B. , Chen Z. , "Does Factor Market Distortion Inhibit the Green Total Factor Productivity in China?" *Journal of Cleaner Production* 197 (2018).

Lin B. , Xu M. , "Exploring the Green Total Factor Productivity of China's Metallurgical Industry under Carbon Tax: A Perspective on Factor Substitution," *Journal of Cleaner Production* 233 (2019).

Li Q. , "Research on Green Production of the Iron and Steel Industry Based on DDF-BML Model," *Frontiers in Business, Economics and Management* 3 (2024).

Olmez G. M. et al. , "The Environmental Impacts of Iron and Steel Industry: A Life Cycle Assessment Study," *Journal of Cleaner Production* 130 (2016).

Pittman R. W. , "Multilateral Productivity Comparisons with Undesirable Outputs," *The Economic Journal* 372 (1983).

Solow R. M. , "Technical Change and the Aggregate Production Function," *The Review of Economics and Statistic* 3 (1957).

Song Y. et al. , "The Impact of Climate Change on China's Agricultural Green Total Factor Productivity," *Technological Forecasting and Social Change* 185 (2022).

Wang K. L. et al. , "Combining the Biennial Malmquist – Luenberger Index and Panel Quantile Regression to Analyze the Green total Factor Productivity of the Industrial Sector in China," *Science of The Total Environment* 739 (2020).

Wu J. , Xia Q. , Li Z. , "Green Innovation and Enterprise Green Total Factor Productivity at a Micro Level: A Perspective of Technical Distance," *Journal of Cleaner Production* 344 (2022).

Xie R. et al. , "Effects of Financial Agglomeration on Green Total Factor Productivity in Chinese Cities: Insights from an Empirical Spatial Durbin Model," *Energy Economics* 101 (2021).

Xu Y. , Deng H. , "Green Total Factor Productivity in Chinese Cities: Measurement and Causal Analysis Within a New Structural Economics Framework," *Journal of Innovation & Knowledge* 4 （2022）.

Zhang S. et al. , "Exploring Selected Pathways to Low and Zero CO_2 Emissions in China's Iron and Steel Industry and Their Impacts on Resources and Energy," *Journal of Cleaner Production* 340 （2022）.

Zhao X. et al, "Does Green Innovation Induce Green Total Factor Productivity? Novel Findings from Chinese City Level Data," *Technological Forecasting and Social Change* 185 （2022）.

高 质 量 篇

B.8
钢铁产业结构布局的优化情况

白旻 刘冰 王祎宁*

摘 要： 钢铁产业作为国民经济的重要支柱，其高质量发展对于推动经济转型升级具有重要意义。当前，钢铁产业面临产能过剩、环境污染、资源约束等多重挑战，亟须通过提升产业集中度、优化集团化布局、强化区域集聚等方式，实现转型升级和高质量发展。在产业集中度方面，钢铁产业应通过兼并重组、淘汰落后产能等手段，提高产业集中度，形成规模经济效应，提升整体竞争力。在集团化布局方面，钢铁企业应加强上下游产业链整合，形成集团化发展格局，实现资源共享、优势互补，提高抗风险能力。在区域集聚方面，钢铁产业应依托区域资源优势，推动产业集群发展，形成区域特色，提升整体效益。同时，钢铁产业还需加强技术创新、绿色转型，推动产品升级和服务优化，提高产品质量和附加值，实现可持续发展。通过这些措施，钢铁产业可以不断提升自身实力和竞争力，实现更加健康、可持续的高

---

* 白旻，博士，北京科技大学经济管理学院讲师，研究方向为制度环境与企业行为；刘冰，北京科技大学经济管理学院硕士研究生，研究方向为国际贸易；王祎宁，北京科技大学经济管理学院硕士研究生，研究方向为企业国际化。

质量发展，为国民经济发展做出更大贡献。

关键词： 钢铁产业　产业集中度　集团化布局　区域集聚　高质量发展

一　引言

新中国成立后，中国钢铁产业逐步形成了完整的布局体系。20世纪50年代，以"三大钢铁基地、五中型钢铁厂及十八小型钢铁企业"为核心的产业布局框架得以确立。随后，在三线建设时期，新增了攀钢、水钢、酒钢、长城特钢等重要生产企业。至改革开放前夕，一个以内陆资源为基础的钢铁产业格局初步成型。改革开放后，中国钢铁产业快速发展，满足了工业化、城镇化和现代化进程对钢材的巨大需求，为国民经济的迅速增长提供了有力支撑。在此期间，产业技术装备不断升级，钢材种类日益丰富，产品质量稳步提升，产品结构逐渐优化，国产钢材市场竞争力和占有率显著提升。

然而，随着下游钢材需求的迅速增长，部分地方和企业的投资热情持续高涨，钢铁产能迅速扩张，产业布局不合理的问题日益突出。特别是近年来，随着供给侧结构性改革的深入推进，钢铁产业的区域供需关系失衡现象愈加明显，表现为北方地区钢铁供给过剩，而需求相对不足，形成了"北钢南运"的供需格局。当前的钢铁生产多集中于矿山附近，多数钢铁企业位于内陆，而中国的钢材消费市场则主要集中在经济发达的长三角、珠三角和环渤海经济圈。这种布局导致了钢铁生产与消费市场之间的不匹配。

为提升中国钢铁产业的全球竞争力，构建一个结构优化、技术领先、服务完善、环境友好的现代钢铁产业体系，并持续引领全球钢铁产业的发展，优化当前钢铁产业结构布局显得尤为必要。钢铁产业具有显著的规模经济效应，通过优化产业结构布局，能够实现规模经济效益，降低生产成本，提高

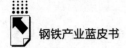

作业效率。同时，形成有效竞争的市场结构，激发企业创新活力，从而提升产业的整体竞争力。这种竞争力不仅体现在价格上，还体现在产品质量、技术创新和服务水平等多个方面。

产业结构布局的优化往往伴随着产业升级和技术创新。作为国民经济的重要基础产业，钢铁产业的技术进步和产业升级对提升整体竞争力至关重要。通过引进先进技术和设备，优化生产流程，提高产品质量和附加值，钢铁企业能够更好地满足市场需求，增强市场竞争力。此外，优化钢铁产业结构布局还能促进区域协调发展。科学规划钢铁产业结构布局，能够引导企业向资源丰富、环境承载能力强、交通网络发达的区域集中，推动这些地区的经济协同发展。同时，加强区域间的产业合作与交流，有助于实现资源共享、优势互补，提升整体区域的产业竞争力。

国家或地区在国际舞台上的竞争力核心在于产业竞争力，而产业竞争力则源于紧密的产业集聚现象。产业集聚对于提升产业竞争力至关重要，因为它能促进产业集中，推动整体竞争力的增强。当前，钢铁产业正经历从"去产能"到"去产量"的转变，产业集中度提升，竞争加剧。在此背景下，兼并重组对重塑行业竞争格局、增强产业链供应链韧性和安全性至关重要。

在产品结构方面，钢铁产业正在从普通钢材生产向优质特殊钢生产转型。特殊钢龙头企业通过技术创新和并购重组，不断提升市场份额和竞争力。同时，兼并重组有助于整合各企业的技术资源和研发能力，形成技术创新合力，通过加大研发投入力度，促进新技术研发、新工艺创新和新产品应用，提升钢铁产品的附加值和市场竞争力。

绿色发展是当前钢铁产业发展的重要方向。兼并重组能够推动钢铁企业加大环保投入和技术改造力度，实现超低排放和节能减排目标。通过整合环保资源和技术力量，提高环保设施的运行效率和管理水平，从而降低污染物排放和能源消耗强度。

综上所述，兼并重组有助于推动钢铁产业向高质量发展迈进。集团化布局也是推动钢铁产业高质量发展的重要途径之一，有助于整合钢铁企业资源，形成更具规模和实力的企业集团。这些企业集团能够更好地应对市场波动，增强在原材料采购、产品销售等方面的议价能力，从而提升市场竞争力。通过集团化布局实现规模化生产，可以有效降低单位产品的固定成本，提升生产效率，确保企业在维持产品质量的基础上以更低的成本生产，进而提升盈利能力。集团化布局还可以形成更稳定、强大的企业群体，提高对市场波动和政策变动等风险的应对能力，保持相对稳定的经营状态，并及时应对各种突发事件和挑战，保障钢铁产业的平稳运行。

区域化分布是指钢铁产业在地理空间上的相对集中现象，表现为企业在特定区域的集聚，形成具有一定规模和竞争力的产业集群。这种分布模式受到自然资源、地理位置、市场需求等因素的影响，也受到政策导向、产业基础和技术条件等多种因素的共同作用。钢铁产业在特定区域的集中分布，有利于铁矿、煤炭等原材料的集中供应，降低物流成本，提高资源配置效率。例如，河北省和山西省作为中国钢铁和煤炭大省，其产业链上下游企业相互依存，形成了较强的产业集聚效应。

区域化分布促进了钢铁产业链上下游企业的紧密合作，构建了涵盖原材料采购、生产制造、产品分销的一体化产业链。这种紧密合作有助于提升产业链整体的竞争力，推动高质量发展。此外，钢铁产业的区域集聚为技术创新提供了良好的平台，企业间可共享研发资源，共同攻克技术难题，推动产业技术进步。例如，通过引进先进的环保设备和技术，优化生产流程，实现超低排放改造，提升能效标杆水平。

作为重工业的重要组成部分，钢铁产业对区域经济具有显著的拉动作用。区域化分布促进了钢铁企业的集中发展，为当地提供了大量就业机会，推动了经济增长。钢铁产业的区域化发展还带动了相关产业的繁荣，如机械制造和物流运输，推动区域经济朝多元化方向迈进。这种多元化不仅增强了区域经济的韧性，也为可持续发展奠定了坚实基础。

本报告将主要围绕中国钢铁产业集中度、钢铁产业集团化、钢铁产业区域分布和集聚以及钢铁产业结构布局优化面临的挑战与对策四个方面的内容，阐述当前中国钢铁产业结构布局的优化情况，以期为新时期进一步优化中国钢铁产业结构布局提供依据。

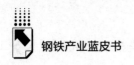

二 钢铁产业集中度的状况与分析

（一）钢铁产业集中度的定义与衡量

1. 产业集中度概念及指标介绍

产业集中度是针对特定市场和产业而言的，反映了整个市场中企业的数量、规模和分布，是用来衡量市场竞争程度和产业结构的重要指标。产业集中率（CR_n 指数）是衡量产业集中度的主要指标，CR_n 指数是指某一产业内前 n 家最大的企业产量占该产业总产量的比重。钢铁产业集中度是指钢铁产业中前几家钢铁企业的生产量或销售额占整个钢铁产业生产量或销售额的比重。

产业集中度高说明市场中仅有少数或占比很小的几家企业支配着占比很大的生产资源和要素。产业集中度可以揭示市场结构、指导企业制定战略、预测行业趋势、辅助政府制定政策等。产业集中度受到多种因素的影响，包括产业成熟度、市场需求、产业的生命周期、宏观经济发展水平、政府政策等。

为了衡量中国钢铁产业集中度，本报告采用前 n 家钢铁企业的粗钢产量占总产量的比重来计算，计算公式如式（1）：

$$CR_n = \frac{\sum_{i=1}^{n} X_i}{\sum_{i=1}^{N} X_i} \tag{1}$$

其中，X_i 代表第 i 家企业的粗钢产量；n 代表产量排前 n 家的企业，N 代表钢铁产业内的所有企业。

2. 产业集中度与产业竞争力的关系

根据产业集中度计算公式，产业集中度高，表明市场由几家大型企业主导，呈现寡头或垄断特征，进入该产业的产业壁垒就会大，产业内部企业间的竞争强度就会降低，有助于优化市场结构，推动市场有序竞争，提高产业整体的竞争力。相反，产业集中度低，产业拥有大量的中小企业，就会产生恶性竞争，根据贝恩分类法，当 $CR_4 < 30\%$ 或 $CR_8 < 40\%$ 时，市场为竞争型。[①]市场竞争激烈，产业整体的竞争力会下降。市场将出现恶性竞争，产业内价格波动幅度大，市场控制力差，进而导致缺乏对上游的议价能力，又不能提高下游市场产品的定价，企业的盈利能力降低。

通过兼并重组提高产业集中度，可以促进产业结构的优化升级，进而增强产业竞争力，主要有以下三点原因：一是扩大生产规模，节约生产成本，根据规模效益理论，企业生产规模达到一定程度时，生产成本最低，从而具有成本优势；二是可以扩大企业的业务范围，丰富产品种类，实现多元化生产和经营；三是有利于推行资本经营策略，企业通过兼并、收购和控股等方式实现扩张，可以提高产品的市场份额。

兼并重组是提升产业集中度、优化产业布局的有效途径，也是推进供给侧结构性改革、促进钢铁产业健康发展的必要手段。钢铁企业通过兼并重组组建大型钢铁企业集团，扩大企业规模，有助于提高钢铁产业竞争力，推动中国钢铁产业转型升级，原因如下：一是有助于淘汰落后产能和无效供给，完成钢铁减产任务，推动钢铁企业绿色转型，增加高端钢铁产品的供给；二是可形成集中统一的物流和销售渠道，减少企业基础设施网络的重复建设，优化资源配置；三是在国际市场上，中国钢铁企业在购买铁矿石时可以提高议价能力，降低铁矿石原材料的进口价格；四是有利于集中力量创新发展，通过研发、人才资源整合，提升钢铁企业的创新能力和竞争力。

（二）大型钢铁企业兼并重组背景

1. 政府推动大型企业兼并重组的政策背景

2009 年中国粗钢产量的 CR_4（钢铁产业 4 大公司产量占全产业产量的比重）只有 24.41%，CR_{10}（钢铁产业 10 大公司产量占全产业产量的比重）只有 43.5%。[②] 由于钢铁产业集中度低，存在大量技术水平低且不符合环保

---

① J. S. Bain, *Industrial Organization* (New York：John Willey & Sons, 1968).

② 世界钢铁协会、《中国统计年鉴》。

要求的小钢厂，对生态环境造成了巨大压力。同时恶性竞争导致钢铁企业盲目扩大生产，产品同质化严重，钢铁产能过剩，钢铁价格在低位震荡，企业经济效益越来越差。

为了规范钢铁行业市场竞争秩序，遏制无序竞争，2009年1月14日国务院常务会议召开时指出，要发挥大型钢铁企业集团的带动作用，推进兼并重组，提高产业集中度，加快形成具有国际竞争力的大型和特大型钢铁企业集团，并制定了相应的鼓励措施。

2009年3月，针对之后三年中国钢铁产业综合性改革措施，国务院公布了《钢铁产业调整和振兴规划》。2010年6月，《国务院办公厅关于进一步加大节能减排力度加快钢铁工业结构调整的若干意见》印发。该意见提出支持各类钢铁企业开展兼并重组，培育形成3~5家具有较强国际竞争力、6~7家具有较强实力的特大型钢铁企业集团。

2011年10月，工业和信息化部印发了《钢铁工业"十二五"发展规划》。该规划提出加快钢铁企业联合重组步伐，增强鞍钢、宝钢等龙头钢铁企业的引领作用，积极培育发展战略性新兴产业，加快推动钢铁产业转型升级，鼓励特钢企业走专业化、精细化、特色化和新颖化的发展道路，全面提升特钢品质，大力推进特钢企业技术和产品的升级换代，生产装备制造业、航空航天所需要的特钢材料。提高对钢铁企业的环保要求，建设绿色低碳节能环保型钢铁企业。

2016年11月，《钢铁工业调整升级规划（2016—2020年）》发布，这是钢铁工业的第十三个五年规划，"十三五"时期是推动钢铁产业结构性改革的关键时期，该规划紧紧围绕钢铁工业调整升级这一主题，对未来五年中国钢铁工业的发展做出部署。针对中国钢铁产能过剩、供需不平衡的问题，该规划指出，要严禁新增产能，促进钢铁企业兼并重组，调整钢铁企业区域布局，深化所有制改革，加大国企改革力度，着力化解过剩产能。针对钢铁产业总体创新水平不高、高端钢材依赖进口的问题，该规划指出，要提高钢铁企业的自主创新能力和协同创新能力，发展智能制造，扩大有效供给。针对钢铁产业污染严重的问题，该规划指出，要着力推进钢铁工业绿色转型，减少能源耗能，发展短流程电炉炼钢。

2021 年 12 月，工业和信息化部等发布《"十四五"原材料工业发展规划》。与"十二五"和"十三五"不同的是，"十四五"不再单独发布钢铁工业规划，原材料工业发展规划中整合了钢铁工业规划。该规划指出，"十四五"时期将持续推进钢铁企业兼并重组，做强做大龙头企业，培育产业链领航企业；在新发展格局下，国内新兴领域对高端材料的需求上升，针对市场需求的变化，"十四五"时期要提高高端产品的供给，同时支持企业加快兼并重组。

钢铁企业兼并重组的政策背景主要包括推动供给侧改革、提高产业集中度、优化资源配置和解决产能过剩问题。钢铁企业兼并重组是提高钢铁产业集中度、实现绿色发展和钢铁产业转型升级的必然要求。在国家政策的推动下，钢铁企业通过兼并重组来提升市场竞争力和整体实力。政府通过简化审批流程、提供政策支持和鼓励多种形式的重组，来加速钢铁产业的健康发展。

2. 近年来钢铁企业的兼并重组趋势及其对产业集中度的影响

当前中国经济已进入高质量发展时期，钢铁产业的改革也在深入推进。随着改革的深入，兼并重组将成为钢铁产业优化升级的主要方式。优化重组、提升产能利用率是未来钢铁产业发展的重要方向，提高钢铁企业集中度，对于提高钢铁产业的规模效应和创新能力都有积极效应。"十四五"时期，中国钢铁企业要由追求"数量"到追求"高质量"，实现集约化生产。在未来几年，钢铁企业兼并重组的进程将进一步加快，中国钢铁产业将迈入"大钢企"时代。①

打造钢铁强国必须从打造钢铁强企做起。推动钢铁企业兼并重组，提高钢铁产业集中度是提升竞争力的必经途径。大型的钢铁龙头企业，资源整合能力和创新能力都优于小企业，在资金、技术和规模等方面相比小企业都更有优势，综合实力强的大型钢铁企业对中国钢铁产业发展的影响更为重大。

---

① 王璇、郑银巧、王蕾：《打出"六好"组合拳助力钢铁企业步入兼并重组快车道》，《冶金经济与管理》2023 年第 3 期。

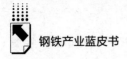

在中国钢铁政策的引导下，未来大型钢铁企业集团是加快钢铁企业兼并重组、提高钢铁产业集中度的主力军。

（三）钢铁产业集中度的状况

1. 近年来钢铁产业集中度的变化情况

近年来，随着钢铁产业转型升级的加速推进，龙头钢铁企业兼并重组持续推进，中国钢铁产业集中度呈现上升趋势。[①] 如图1所示，2015年是2010年以来中国钢铁产业集中度的最低点，CR_{10}仅为34.18%，2023年CR_{10}已经提升到42.3%。2021年8月，鞍钢重组本钢后，成为继宝武钢铁集团之后的中国第二大、全球第三大钢铁企业，进一步提升了中国钢铁产业集中度。

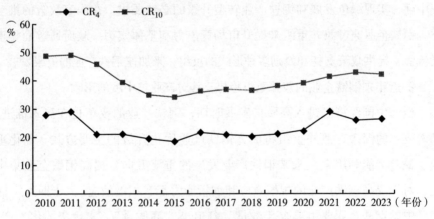

图1 2010~2023年中国钢铁产业集中度 CR_4、CR_{10}

资料来源：世界钢铁协会、历年《中国统计年鉴》。

产业集中度是衡量一个产业成熟度的重要指标。中国钢铁产业集中度一直处于较低水平，远低于上游的铁矿石产业和下游的用工产业。2010年，攀钢与鞍钢重组，天津四家国有钢铁企业重组，成立渤海钢铁集团，提升了中国钢铁产业集中度，2010年中国钢铁产业 CR_{10} 达到48.79%。2011年，

[①] 徐康宁、韩剑：《中国钢铁产业的集中度、布局与结构优化研究——兼评2005年钢铁产业发展政策》，《中国工业经济》2006年第2期。

河钢集团推进渐进式重组，当年中国钢铁产业 CR_{10} 达到最高的 49.07%。2011 年之后，中国钢铁产业集中度一路下跌，到了 2015 年 CR_{10} 仅为 34.18%，2016 年宝武钢铁集团成立后 CR_{10} 止跌回升，2017 年 CR_{10} 回升至 36.9%，但 2018 年回落至 35.3%。之后宝武钢铁集团重组马钢、重钢、新钢，鞍钢重组本钢，中国钢铁产业集中度再次提高，2023 年 CR_{10} 回升至 42.3%。在未来几年，随着大型龙头钢企的整合和地方民企的整合不断加快，CR_{10} 有望从 2023 年的 42.3% 提升到 60% 以上。

随着中国钢铁企业整合进入加速期，中国钢铁产业的格局将发生重大改革。中国钢铁产业将进入"大钢企"时代，产业集中度将持续提升，中国钢铁企业正向世界一流钢铁企业的目标迈进，竞争力会越来越高。一方面，不符合环保要求的小型钢铁企业将退出市场，大型钢铁企业将承担环保和绿色发展的责任，这有助于中国钢铁产业绿色发展。另一方面，大型钢铁企业在铁矿石市场上的话语权更强，整合大型钢铁企业，有助于建立合理的价格协商机制，提高钢铁产业利率，促进资源的合理分配。综上，中国钢铁产业在政策引导下，企业竞争格局发生了显著变化。钢铁企业兼并重组的速度明显加快，未来也将进一步推进产能整合。加快兼并重组，是未来钢铁产业发展的大势所趋。

2. 典型案例分析

宝钢集团始建于 1978 年，是中国最大的钢铁公司，总部位于上海，是中国最具竞争力的钢铁企业。宝钢采取多元化经营的战略，专业生产高附加值、高技术含量的钢铁产品，广泛应用于汽车、电工器材、电子仪表、家电、食品饮料包装、造船、机械制造、交通等多个领域。产品除了主要供给国内市场，还出口到欧美国家、日本、韩国等 40 多个国家。宝钢经营业务多元，有物流、深度延伸金属冶炼与加工、货运代理、资本投资、探测开发资源、工程技术与生产服务等多项业务，具有广泛的业务范围。

武汉钢铁集团（简称"武钢"）始建于 1955 年，是新中国成立后第一家特大钢铁企业集团，被称为钢铁行业的"共和国长子"，1958 年建成投产，总部设在武汉。武钢生产技术先进、管理杰出、产品优质，在国内外市

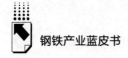

场享有广泛盛誉。武钢的产品应用于汽车、桥梁、电工、集装箱等多个领域。武钢是中国最大的硅钢生产基地，生产的硅钢不仅产量大而且产品质量一流，产品远销海内外。

宝钢和武钢的重组是在化解钢铁产业过剩产能、推动钢铁产业转型升级的背景下进行的。淘汰落后钢铁产能的方法之一是推动钢铁企业兼并重组。从中央到地方，都在有力有序地推动。2015年3月，为了加快优化调整钢铁产业结构，解决钢铁产能严重过剩问题，工业和信息化部提出了要加快钢铁企业兼并重组的进程，加快建设大型钢铁企业集团。在这之后，宝钢和武钢的合并开始推进。

2016年9月22日，宝钢和武钢的兼并重组正式开始，武钢整体并入宝钢，在政府的大力支持和企业的积极整合下，2017年2月27日宝钢与武钢正式完成兼并重组。①

合并后的宝钢和武钢成为中国钢铁产业的领军企业，可以更好地进行资源优化配置，减少过剩产能，同时具备了更强的创新能力和资源整合能力，进而提升国际竞争力。宝钢和武钢是大规模国有钢铁企业，两者的兼并重组对于国企改革具有非常重要的借鉴意义，为之后钢铁企业的兼并重组提供了示范案例。

从全球钢铁产业的发展规律来看，企业通过兼并重组提高产业集中度是大势所趋。早在1920年，美国钢铁产业前6家公司的产量占整个国家产量的比重就接近了60%，具有规模优势的钢铁企业雄踞一方，带领着钢铁产业健康发展。当前，中国的钢铁产业已经进入高质量发展阶段，提高产业集中度是大势所趋，宝钢、武钢两大龙头企业成功兼并重组，为钢铁企业的兼并重组提供了可以学习借鉴的先例。

兼并重组后，宝武钢铁集团成为全球第一大钢企，2020年，习近平总书记考察宝武钢铁集团，对宝武钢铁集团的兼并重组给予了充分的肯定。宝

---

① 付晓云：《我国钢铁企业并购重组绩效研究——以宝钢并购武钢为例》，《中国市场》2020年第16期。

武钢铁集团的兼并重组开行业之先河，扛起大国"顶梁柱"的使命和担当，为钢铁产业企业兼并重组树立了标杆，对于提高中国钢铁产业竞争力具有重要意义。

（四）兼并重组对钢铁产业高质量发展的影响

钢铁企业的兼并重组对整个产业和相关企业都有多方面的好处，包括但不限于以下几个方面。

1. 提升企业议价能力

钢铁企业兼并重组有利于提高企业的议价能力。钢铁产业集中度过低会加剧恶性竞争，导致钢铁产业的毛利率过低，资源分配不均衡。通过兼并重组组建成大型钢铁企业集团，可以在谈判时形成合力，避免产业内企业的恶性竞争，提高同上下游企业谈判时的话语权，降低上游铁矿石原材料成本价格，提高下游钢材销售价格，从而提高产业整体的利润率。

中国是世界上最大的钢材生产国，铁矿石是中国钢铁企业生产所需要的重要原材料，由于中国铁矿石匮乏，钢铁企业的原材料大多依赖进口。但是中国钢铁企业在国际市场上的议价能力却非常低，这主要是因为中国钢铁企业分散，钢铁产业集中度低，国外市场的铁矿石被寡头垄断。公开数据显示，2019 年中国钢铁产业的 CR_4 远低于发达国家水平，2019 年日本钢铁产业 CR_4 为 79.6%，美国钢铁产业 CR_4 为 60%。[①] 相比于中国分散的钢铁企业，国外铁矿石供应商却呈现寡头垄断的格局。因此，十分有必要提高中国钢铁产业集中度，进而提高在国际市场上的议价能力。

2. 优化企业布局

钢铁企业在生产基地布局、销售网络设置等方面往往具有相似性，如果没有兼并重组，这些企业往往各自为战，企业间的资源不能共享，不仅使产品的同质化现象更加严重，也造成了资源浪费。兼并重组后，企业间的生产资源、销售运输网络可以做到共建共享，减少恶性竞争，优化资源配置。

---

① 世界钢铁协会、《中国统计年鉴》。

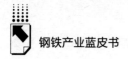

以宝钢和武钢的布局为例，宝钢和武钢都在防城港建设了钢铁产业基地，目的均在于减少污染，优化产业布局。由于产品类似，销售范围类似，难免存在恶性竞争的情况，难以避免价格战的发生。而在兼并重组后，企业之间的价格战将大大减少，有助于资源的进一步优化配置。此外，在面向国外市场时，兼并重组后的企业可以消除同质化竞争，实现整体的提质增效。

3. 促进资源的进一步整合，提高企业竞争力

通过合并，两家钢铁企业在原料采购、市场开拓、人才优化、平台建设等方面都可以得到有效的资源整合，在技术方面，二者兼并重组后，可以整合课题设置、优化配置研发资源、加强人员协同。此外，兼并重组后的钢铁企业在物流配送、销售网络等方面都可以互通共享，降低建设成本，提高生产、运输、配送、销售效率。

鞍钢重组凌钢，有助于扩大鞍钢生产规模，提高竞争力，有效助力鞍钢7000万吨战略目标的实现，同时有助于提升国内钢铁产业集中度。

4. 提高企业生产效率，化解过剩产能

近年来，供给侧改革一直是国家改革的重要方向之一，国家一直在强调要加快钢铁企业的兼并重组，淘汰落后无效产能。大型钢铁企业集团能够调整自身的生产节奏，控制钢铁市场的供需平衡，减少钢铁行业的劣质供给，推动化解钢铁行业的过剩产能。

在国家政策的引导下，钢铁企业积极进行重组布局，以鞍本重组为例，2021年10月，鞍钢、本钢正式重组，形成了"南有宝武、北有鞍钢"的新格局，鞍本重组后可以优化钢铁企业供给，关注战略性新兴产业的需求，发展高端、绿色产品，淘汰落后产能和无效供给。鞍钢和本钢重组后，在研发和建设方面可以避免重复投入，在采购、生产、销售、供应链管理等方面可以整合资源协同发展。鞍钢重组本钢优化了中国钢铁产业布局，推动了钢铁产业结构的优化升级。

5. 促进钢铁产业绿色发展

中国经济已经进入了高质量发展阶段，推动钢铁企业绿色低碳发展是钢

铁产业转型的重要目标。大型钢铁企业集团在环保设备和环保资金投入等方面都优于小企业，因此推动钢铁企业兼并重组有助于提高环保水平。中国是钢铁大国，随着钢铁产业结构的调整，钢铁产业绿色发展已经成为共识。《"十四五"原材料工业发展规划》提出了加快产业发展绿色化，加快推进原材料企业节能降碳改造升级。相比于小企业，大型企业更有能力承担建设环保设施的费用，肩负着推动绿色发展的使命，没有能力承担环保费用的小企业可以并入大企业来谋求发展。在国家政策的引导下，中国钢铁产业兼并重组的进程不断加快，中国钢铁产业正向高端智能绿色的方向迈进。以宝武钢铁集团为例，自从2016年宝钢和武钢兼并重组后，宝武钢铁集团持续稳步推进兼并重组和专业化整合，并取得了一系列成果，先后与马钢、太钢、新钢、中钢集团重组，体量越来越大，发展越来越好，离世界一流钢铁企业的目标越来越近。宝武钢铁集团作为国家钢铁产业的顶梁柱、钢铁产业的标杆企业，积极承担起环境保护、绿色发展的责任，制定了实现碳达峰碳中和的实施计划并付诸实践。

综上所述，推动钢铁产业的兼并重组具有多方面的优势，首先有助于产业结构和企业布局的优化，促进资源整合；其次有助于提升企业议价能力和产业整体竞争力，优化资源配置；最后兼并重组后，企业规模扩大，更有能力承担环保责任，可以助力中国钢铁产业的绿色转型、绿色发展，同时可以淘汰没有能力进行绿色生产的小钢企，优化产业结构。

三　钢铁产业集团化的状况与分析

（一）钢铁产业集团化布局的内涵与意义

钢铁产业集团化布局是指钢铁产业在发展过程中，通过联合、兼并、重组等多种方式，将多个钢铁企业整合成一个或多个大型钢铁企业集团，以实现规模化、集约化、高效化发展的过程。

在对企业规模效益的贡献方面，通过整合多个钢铁企业，大型钢铁企业集团的形成显著扩大了企业的生产体量，依据规模效益原理，这种生产规模的扩张能够在一定限度内有效削减单位产品的固定成本，从而提高整体经济效益。例如，通过集团化采购和销售，企业能够缩减采购开支和销售成本，增强其在价格谈判中的优势。此外，大规模生产模式促进了专业化的任务分配与协同作业，进而提升了生产速度和产品品质。集团化布局使得企业在市场竞争中更具优势。大型钢铁企业集团可以凭借规模优势、品牌优势和技术优势，在市场中占据有利地位，提高市场占有率。集团化布局使得企业在面对市场波动、原材料价格波动等风险时更具韧性。大型钢铁企业集团可以通过多元化经营、内部调剂等方式，降低单一市场或产品带来的风险。在对企业的资源优化配置贡献方面，集团化布局有助于实现资源的优化配置。通过整合多个企业的资源和能力，大型钢铁企业集团能够实施更为广泛的资源配置策略，有效防止资源的重复性建设和无谓的损耗。举例来说，在铁矿石、煤炭等关键原材料的采购环节，这类企业集团能通过集中式的采购方式削减成本，并提升采购效率。同时，在物流、仓储等后勤支持方面，也能实现资源共享和配置优化。集团化布局促进了钢铁产业链的协同发展。大型钢铁企业集团可以通过与上下游企业的紧密合作，形成完整的产业链，实现原材料采购、生产加工、产品销售等环节的紧密衔接。此类协同合作机制有助于降低交易过程中的费用，并提升整体的运营效能，并推动产业链的升级和转型。集团化布局也为技术创新和产业升级提供了有力支持，大型钢铁企业集团可以通过集中研发资源，推动技术创新和产业升级。例如，在环保技术、节能技术、新材料技术等方面进行研发和应用，提高产品的附加值和市场竞争力。

（二）钢铁产业集团化布局的状况分析

1. 钢铁产业集团化布局的状况

钢铁产业是国民经济的坚实基石，对于推动现代化强国建设至关重要，并且是迈向绿色低碳发展路径的关键一环。截至2023年底，中国已拥有多家大型钢铁企业，年度营业收入突破了1000亿元大关的企业有宝武钢铁集团、河钢集团有限公司、青山控股集团有限公司、鞍钢、敬业集团有限公司、江苏沙钢集团有限公司、首钢集团有限公司、杭州钢铁集团有限公司、上海德龙钢铁集团有限公司、北京建龙重工集团有限公司等 25 家钢铁企业，上述企业凭借庞大的营收体量，展现出强大的铁、钢、材及相关钢铁产品制造能力，在中国钢铁产业中处于第一竞争梯队。营业收入在 500 亿~1000 亿元的企业有广西柳州钢铁集团有限公司、河北鑫达钢铁集团有限公司、武安市裕华钢铁有限公司、日照钢铁控股集团有限公司等 28 家钢铁企业，这些企业在铁、钢、材及相关钢铁产品的制造方面具备较强的实力，在中国钢铁产业中处于第二竞争梯队。营业收入低于 500 亿元的企业有六安钢铁控股集团有限公司、四川德胜集团钒钛有限公司等钢铁企业，它们共同构成了中国钢铁产业的第三竞争梯队。从中国钢铁产业上市公司的地域布局来看，华北地区，尤其是北京市、河北省和山西省，是钢铁产业上市公司的主要集聚地；而东南部沿海的省份，如山东省、江苏省和浙江省等地，也分布着较多的钢铁产业上市公司。截至 2023 年末，中国钢铁产业营业收入排前 5 名的企业分别是宝武钢铁集团、河钢集团、青山控股集团有限公司、鞍钢、敬业集团有限公司。

2. 钢铁企业的集团化布局及发展策略分析

宝武钢铁集团在供应链的前端，即上游环节，着重确保铁矿石等关键原材料的稳定供应。钢铁产业的上游部分涵盖了铁矿石采掘、焦炭生产以及炼铁等核心流程，其中铁矿石是钢铁生产的重要原材料。宝武钢铁集团通过稳定的供应渠道和采购策略，确保原材料的质量和供应，为下游生产提供有力保障。在中游环节即钢铁制造环节，宝武钢铁集团拥有先进的制造技术和高质量的产品，特别是在汽车板和硅钢领域。这些产品广泛应用于汽车、家电、机械、造船等行业，为公司的盈利提供了重要支撑。宝武钢铁集团的下游业务主要覆盖钢铁产品的广泛应用领域，这些领域包括但不限于基础设施与房屋建设、机械制造、汽车工业、家用电器制造以及船舶制造等。宝武钢铁集团不仅提供高质量的钢材产品，还积极拓展与钢铁相关的加工配送业务，形成了多元化的业务结构。

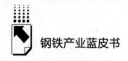

为了实现稳定、持续的高质量发展，宝武钢铁集团在差异化竞争的背景下，充分发挥自身在汽车板和硅钢等领域的优势，不断推出新产品、新技术，满足市场对高质量钢材的需求。宝武钢铁集团通过提升产品质量和性能，增强产品的市场竞争力，巩固和扩大市场份额，同时积极响应国家环保政策，加大环保投入和治理力度，实现超低排放改造，加大了绿色低碳技术的研发和应用力度，推动钢铁产业的绿色转型和可持续发展。

湖南钢铁集团在产业链布局及其发展策略上展现出了明确的方向和战略定力。在产业链布局层面，湖南钢铁集团在上游环节注重原材料的稳定供应和成本控制，通过多元化的采购渠道和长期合作的关系，确保铁矿石等关键原材料的稳定供应，以降低采购成本并减少市场波动对生产的影响。在中游制造环节，湖南钢铁集团专注于钢铁主营业务的精进与强化，紧密围绕中国工业用钢市场需求升级的趋势，不断加大研发投入力度，致力于新品的持续开发与产品价值的提升。其下游应用范围广泛，囊括了基础设施建设、汽车制造、家用电器、船舶建造等多个行业，不仅供应高品质的钢材产品，还积极拓展深加工领域，延伸产业链，以提高产品附加值和市场竞争力。此外，湖南钢铁集团紧密跟踪下游市场需求动态，灵活调整产品组合，确保精准对接市场需求。为了进一步提升产能和竞争力，湖南钢铁集团在资本性开支上进行了合理规划。例如，2024 年公司固定资产投资计划达到 113.10 亿元，主要用于超低排放改造、产线升级和产品结构调整以及数智化项目。这些投资将有助于公司降低生产成本、提高产品质量，并增强市场竞争力。

随着国家对钢铁行业去产能政策的持续推进，钢铁产业集中度将进一步提升。大型钢铁企业通过兼并重组、技术升级等方式不断壮大，市场份额逐步扩大。这种趋势有利于提升整个产业的竞争力和抗风险能力。未来，钢铁产业的集团化布局将更加注重规模效应和协同效应的发挥，通过资源整合、信息共享、协同创新等方式，提升钢铁产业的整体竞争力。

（三）钢铁产业集团化布局与经济高质量发展

党的十八大以来，中国不断推动绿色发展，"绿水青山就是金山银山"

理念深入人心。党的二十大明确指出要推动绿色发展，促进人与自然和谐共生，贯彻新发展理念。钢铁企业作为高能耗、高污染企业，是绿色转型的主力军，近些年钢铁企业加大绿色转型及创新力度以谋求更高质量的发展。集团化布局在推动钢铁产业创新发展与绿色转型以及提升产业竞争力方面发挥着重要作用。集团化布局能够集中资源，推动钢铁产业加速向技术装备的高端化迈进、深化绿色低碳转型以及实现数字化转型与智能化升级，是激发其高质量发展新活力的关键路径，需通过实施技术创新与改造等举措来实现。同时，集团化运营策略能够促使企业在新工艺、新设备的共性技术研发上加大力度，从而孕育出更多集研发与成果转化于一体的创新平台、中间试验基地及特色产业园区，通过合作研发、技术引进和消化吸收再创新，不断提升钢铁产品的附加值和市场竞争力。

绿色转型是一种覆盖整个产业价值链各个环节的绿色发展模式，是指以资源集约利用和环境友好为导向，以绿色创新为核心，实现全过程绿色化生产和可持续发展，获得经济效益与环境效益的一个动态过程。集团化布局可以依托自身优势，打造钢铁工业绿色转型示范区。通过示范区的建设，探索和推广绿色低碳发展的新模式、新技术和新机制，降低碳排放强度。此外，集团化布局能够推动钢铁产业构建绿色低碳供应链体系，从原材料采购、生产制造到产品销售等各个环节都实现绿色低碳化，通过加强与上下游企业的合作，共同推动绿色低碳发展。钢铁产业集团化布局可以整合行业内的优质资源，包括铁矿石、煤炭等原材料资源以及先进的生产设备和技术。通过资源整合，企业集团能够降低生产成本，提高生产效率，从而增强市场竞争力。同时，企业集团可以通过加强集团化布局，引进先进技术和管理经验，提高产品质量和服务水平，增强在国际市场上的竞争力。以鞍钢为例，鞍钢通过兼并重组凌钢等举措，不断扩大企业规模，提升竞争力。鞍钢拥有多个生产基地，具备强大的生产能力。同时，鞍钢还积极推动技术创新和产品升级，不断提高产品质量和附加值。通过集团化布局，鞍钢在国内外市场上取得了显著的成绩，为高质量发展提供了有力支撑。

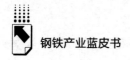

钢铁产业的集团化布局、产业链上下游的深度协同、科技创新的引领以及环保治理的强化，都是推动产业高质量发展的关键要素。这些要素不仅塑造了钢铁企业的核心竞争力，更引领着整个产业向更高层次迈进。在未来，科技发展的日新月异与环保法规的持续收紧，将成为驱动钢铁产业变革的两大关键力量。科技进步将助力钢铁产业实现生产流程的智能化升级，提升资源利用效率，降低能耗与排放，从而增强产品的市场竞争力。而环保法规的严格实施，则要求钢铁企业加大环保投入力度，采用更先进的环保技术，确保生产过程中的环境友好性，实现绿色可持续发展。面对这一趋势，钢铁产业需继续加强集团化布局。通过深化集团化布局，钢铁企业能够更有效地整合资源，形成规模优势，提升整体竞争力。只有紧跟科技发展与环保法规的步伐，才能在新时代的浪潮中立于不败之地，实现高质量发展。

四 钢铁产业区域分布和集聚状况与分析

（一）钢铁产业区域分布特征

1. 中国钢铁产业的主要区域分布格局

中国钢铁产业的区域分布具有鲜明的地理特征，总体呈现"东多西少、北重南轻"的格局。华北地区、华东地区和东北地区是中国钢铁产业的三大核心区域，这些地区依托丰富的资源禀赋、优越的地理位置和强大的经济实力，成为中国钢铁产业的重要支柱。

华北地区以京津冀为中心，依托丰富的煤炭资源和便利的交通运输条件，形成了庞大的钢铁产业集群。河北省是中国钢铁第一大省，根据国家统计局公布的数据，2024年上半年，河北省粗钢产量累计达到11348.53万吨，占全国同期粗钢产量的29.50%，遥遥领先其他省份（见图2）。河北省不仅粗钢产量高，而且拥有众多大型钢铁企业，如河钢集团、首钢集团等，是中国钢铁产业的重要支柱。

华东地区以上海、江苏、山东等地为代表，经济发达，市场需求旺盛，

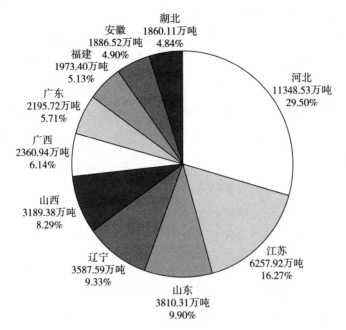

图 2　2024 年 1~6 月中国粗钢产量排前 10 名的省份

资料来源：国家统计局。

钢铁产业同样发达，产业链上下游配套完善。华东地区依托优越的地理位置和强大的经济实力，吸引了大量钢铁企业布局。2024 年 1~6 月，江苏省粗钢产量达到 6257.92 万吨，排全国第 2 名。江苏省拥有沙钢、南钢等大型钢铁企业，对华东乃至全国钢铁市场具有重要影响力。此外，2024 年 1~6 月，山东省粗钢产量达到 3810.31 万吨，排全国第 3 名。山东省钢铁产业以山钢集团等企业为代表，在华东地区具有重要地位。

东北地区是中国钢铁产业的重要发源地之一，拥有悠久的钢铁产业发展历史。尽管近年来受经济结构调整和转型升级的影响，钢铁产业面临一定的挑战，但该地区仍然拥有较坚实的钢铁产业基础。作为传统的钢铁重地，辽宁省的钢铁产业基础雄厚，2024 年上半年，辽宁省粗钢产量达到 3587.59 万吨，排全国第 4 名。辽宁省的鞍钢、本钢等钢铁企业历史悠久、实力雄厚，对东北乃至全国钢铁市场具有重要影响力。

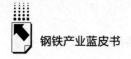

2. 区域钢铁产业的发展历史与原因分析

中国钢铁产业区域分布格局的形成，既有历史原因也有现实因素。新中国成立初期，为了快速实现工业化，国家将钢铁产业布局在资源丰富、交通便利的地区，如东北和华北。这些地区依托煤炭、铁矿石等资源优势，迅速发展成为钢铁产业的重要基地。改革开放后，随着市场经济体制的建立和完善，钢铁产业开始向沿海地区转移，以利用更便利的交通运输条件和满足更广阔的市场需求。

华北地区钢铁产业的发展历史悠久，自新中国成立以来便是国家工业化的重要基石。该地区依托丰富的煤炭和铁矿石资源，以及便利的交通条件，逐渐形成了庞大的钢铁产业体系。在计划经济时期，华北地区的钢铁企业为国家建设提供了大量钢材，推动了工业化进程。随着改革开放的深入，华北地区钢铁产业不断调整和优化，技术水平和产品质量显著提升，成为全国钢铁产业的重要支柱。其发展的原因主要在于优越的资源禀赋、强有力的政策支持以及显著的产业集聚效应。

华东地区钢铁产业起步较晚，但发展迅速。该地区凭借优越的地理位置、发达的经济基础和对外开放的前沿地位，吸引了大量国内外钢铁企业投资建厂。随着沿海地区经济的快速发展和制造业的崛起，华东地区钢铁产业迎来了前所未有的发展机遇。该地区的钢铁企业注重技术创新和产品质量提升，通过引进先进技术和设备，不断推动产业升级和转型。华东地区钢铁产业发展的原因主要在于旺盛的市场需求、强大的技术创新能力以及高水平的对外开放。

东北地区作为中国钢铁产业的发源地之一，具有深厚的历史底蕴。然而，随着改革开放的深入和市场经济体制的建立，东北地区钢铁产业面临诸多挑战。该地区钢铁企业普遍存在产能过剩、产品结构单一等问题，市场竞争压力日益加剧。近年来，东北地区钢铁产业正在进行产业结构调整和优化升级，努力适应市场变化和提高竞争力。其发展滞后的原因主要在于历史遗留问题的存在、市场需求的变化以及产业结构调整的滞后。尽管如此，东北地区仍然拥有雄厚的工业基础和丰富的资源储备，为钢铁产业的未来发展提供了广阔的空间和潜力。

（二）产业集聚化的优势分析

1. 产业集聚化带来的规模效应与产业协同效应

钢铁产业集聚化通过企业间的紧密集聚，可以实现显著的规模效应与产业协同效应（见图3）。规模效应主要体现在生产成本的降低和生产效率的提升上。根据克鲁格曼的规模报酬递增理论，产业集聚化能够促使企业通过共享基础设施、物流网络和劳动力市场等资源，实现成本节约。同时，产业集聚化还能够通过促进知识溢出、技术创新和市场拓展，增强企业的市场竞争力。在产业协同效应方面，钢铁产业集聚化促进了产业链上下游企业间的紧密合作，实现了资源共享、优势互补和市场协同。保德威尔的增长效应理论指出，这种协同效应不仅体现在列昂惕夫乘数效应上，即某一产业的发展带动其他相关产业的发展，还体现在极化效应上，即优势产业的集聚进一步吸引资源向该区域集中，形成良性循环。

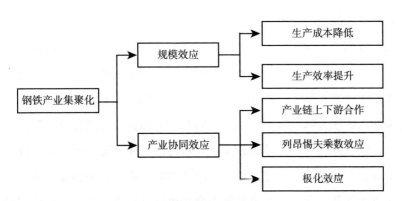

图3　钢铁产业集聚化效应

资料来源：笔者根据产业集聚理论整理。

2. 产业集聚化对上下游企业、基础设施、人才的吸引与集成效应

钢铁产业集聚化对上下游企业、基础设施和人才具有强大的吸引与集成效应。对于上下游企业而言，钢铁产业集聚化提供了稳定的市场需求、便捷的物流通道和丰富的配套服务，降低了交易成本，提高了运营效率。这促使

上下游企业纷纷向集聚区靠拢，形成完整的产业链体系。[①] 对于基础设施而言，钢铁产业集聚化带来的经济活力和人口集聚，为基础设施建设提供了强大的动力。政府和企业纷纷加大对集聚区基础设施的投资力度，完善交通网络、能源供应和通信设施等，为钢铁产业的发展提供了坚实的基础。对于人才而言，钢铁产业集聚区提供了丰富的就业机会、广阔的发展空间和优厚的薪酬待遇，吸引了大量高素质人才的集聚。这些人才在集聚区内交流思想、分享经验、共同创新，推动了钢铁产业的持续进步和升级。此外，根据协同理论，钢铁产业集聚区内的各个子系统（如企业、基础设施、人才等）之间相互联系、相互制约、相互依赖、相互作用，形成了协同发展的整体效应。这种协同效应不仅提升了钢铁产业的整体竞争力，还促进了区域经济的繁荣和发展。

（三）各区域钢铁产业集聚状况与面临的挑战

1. 重点钢铁产区的集聚状况

河北省钢铁产业集聚现象显著，通过一系列政策引导和市场调节，钢铁产业实现了从粗放型向集约型、从低附加值向高附加值的转变。河北省发展改革委的统计数据显示，截至 2021 年底，河北省钢铁冶炼企业数量已从高峰时期的 123 家大幅缩减至 39 家，炼钢产能得到有效控制，稳定在 1.99 亿吨左右，成功实现了产能控制在 2 亿吨以内的目标。这些企业主要分布在唐山、邯郸、秦皇岛、石家庄等地，形成了沿铁临港、资源高效利用的产业布局。在技术创新方面，河北省钢铁企业积极推动设备升级，全省高炉平均炉容已达到约 1500 立方米，转炉平均吨位约为 130 吨，均处于全国领先水平。此外，河北省钢铁产业还积极响应国家绿色发展号召，环保绩效 A 级企业数量和国家级绿色工厂数量均位居全国前列，展现了河北省钢铁企业在绿色发展方面的领先地位。

---

① 芮明杰、马昊、韩自然：《产业过度集聚的形成机制研究——以河北省钢铁产业为例》，《经济与管理研究》2017 年第 7 期。

　　江苏省作为华东地区的经济大省，其钢铁产业同样呈现显著的集聚效应。江苏省钢铁企业主要集中在苏南、苏北地区，形成了较为完善的钢铁产业链。近年来，江苏省钢铁产业积极响应国家去产能政策，通过淘汰落后产能、兼并重组等方式，优化了产能结构，提高了生产效率和市场竞争力。在技术层面，江苏省钢铁企业注重产品升级和技术创新，不断引进和自主研发新技术，提高产品附加值。此外，江苏省还注重钢铁产业的绿色发展，通过加强环保设施建设和改造，推动钢铁产业与生态环境的和谐共生。江苏省将继续深化供给侧结构性改革，推动钢铁产业高质量发展。

　　辽宁省是中国传统的钢铁工业基地之一，其钢铁产业集聚现象也较为明显。辽宁省钢铁企业主要集中在沈阳、鞍山、本溪等地，形成了较为完善的钢铁产业链。近年来，辽宁省钢铁产业在产能调整、结构优化和技术创新等方面取得了显著成效。通过实施一系列产能调整措施，辽宁省钢铁产业有效控制了产能规模；通过兼并重组等方式，优化了产能布局；通过引进和自主研发新技术，提高了产品竞争力和附加值。然而，辽宁省钢铁产业在集聚化过程中也面临一些挑战和问题，如产能过剩、环保压力等。未来，辽宁省钢铁产业需要继续加大技术创新和环保投入力度，朝绿色、低碳、循环方向发展。

　　2.集聚化过程中的瓶颈与挑战

　　尽管各区域钢铁产业集聚化发展取得了一定成效，但仍面临诸多问题与挑战。首要问题便是产能过剩，尽管通过产能调整、结构优化及政策引导等措施，部分区域的产能得到了有效控制，但仍有部分地区因盲目扩张或市场需求变化，产能过剩风险持续存在。与此同时，环保压力的不断增大也成为钢铁企业难以回避的问题。随着国家环保政策的日益严格及公众环保意识的增强，钢铁企业需承担更大的环保责任，面临更严格的排放标准与监管要求。此外，技术创新能力的不足严重制约了钢铁产业的集聚化发展，部分企业在技术研发上的投入不足，缺乏核心技术与自主知识产权，难以在激烈的市场竞争中胜出。市场竞争加剧，国内外钢铁企业的竞争日益白热化，以及资源约束趋紧，原材料供应不稳定与价格上涨等，均对钢铁产业的集聚化发展构成了严峻挑战。

对于这些问题与挑战，各区域钢铁企业需要采取积极措施加以应对。首先，针对产能过剩，应继续深化供给侧结构性改革，通过产能置换、兼并重组等手段优化产能布局，同时加强市场需求预测，合理安排生产计划，避免盲目扩张导致的产能过剩风险。其次，面对日益严格的环保要求，钢铁企业需加大环保投入力度，提升污染治理水平，确保排放达标，并积极推广绿色制造技术和工艺，实现钢铁产业的绿色发展。此外，为提升技术创新能力，钢铁企业应增加研发投入，引进和自主研发新技术、新工艺和新产品，同时加强产学研合作，共同开展技术创新和产品研发，推动科技成果转化，以技术创新引领产业升级。在市场竞争加剧的背景下，钢铁企业需加强品牌建设，优化产品结构，提高产品附加值和市场竞争力，并通过成本控制和效率提升增强盈利能力。最后，针对资源约束趋紧的问题，钢铁企业应积极拓宽资源渠道，加强资源循环利用，提高资源利用效率，并寻求国际合作，共同应对资源挑战。通过这些综合措施的实施，各区域钢铁企业能够更好地应对产业集聚化过程中面临的问题与挑战，推动钢铁产业实现高质量发展。

（四）钢铁产业集聚化推动高质量发展的路径

高质量发展作为新时代中国经济发展的根本要求，强调的是经济发展的质量与效益，而非单纯的速度与规模。它要求在经济增长的同时，实现产业结构的优化、创新能力的提升、资源环境的改善以及人民生活水平的提高。钢铁产业作为国民经济的重要支柱，其集聚化对于推动高质量发展具有重要意义。钢铁产业集聚化可以优化资源配置，提高生产效率，促进技术创新，同时降低环境污染，实现绿色发展。

1. 绿色发展、资源节约与环境治理

钢铁产业集聚化对绿色发展、资源节约以及环境治理的推动作用日益显著。首先，产业集聚化促进了钢铁企业间的资源共享和循环利用，有效降低了单位产出的资源消耗和污染物排放。[①] 例如，通过构建产业间耦合发展的

---

① R. Wu, B. Lin, "Does Industrial Agglomeration Improve Effective Energy Service: An Empirical Study of China's Iron and Steel Industry," *Applied Energy* 295（2021）: 117066.

资源循环利用体系，钢铁企业能够实现废水、废气、固体废弃物等的资源化利用，减少对环境的影响。统计数据显示，中国钢铁产业的水重复利用率持续提升，吨钢耗新水量显著降低，已达到国际领先水平。同时，超低排放改造的持续推进也使得污染物排放总量及强度均显著降低，截至 2023 年底，已有超过全国总体目标一半的钢铁产能完成了全环节超低排放改造。

其次，产业集聚化推动了钢铁企业技术创新和环保设施升级。为了应对日益严格的环保政策和市场需求变化，钢铁企业不得不加大在技术创新和环保设施方面的投入力度。这不仅提高了企业的生产效率和产品质量，还显著增强了其环保能力。例如，一些领先企业通过引入先进的炼钢工艺和技术，如电弧炉炼钢、低碳冶炼等，实现了降耗减排的双重目标。此外，环保设施的建设和改造也使得钢铁企业的排放水平大幅下降，为区域环境质量改善做出了积极贡献。

最后，产业集聚化还促进了环境治理的协同合作。在钢铁产业集聚区内，企业间的环境治理不再是孤立的行为，而是通过协同合作实现整体优化。例如，通过共建共治共享环境治理设施和服务平台，企业可以降低环境治理成本并提高治理效率。同时，政府和行业协会等组织也积极参与其中，通过制定行业规范、推广先进技术等手段推动整个行业的绿色发展。

2. 区域间合作与差异化发展策略

在推动区域钢铁产业集聚化与高质量发展的进程中，加强区域间合作与实现差异化发展尤为重要。加强区域间合作是提升钢铁产业集聚效应的关键。构建跨区域的产业合作机制可以促进钢铁企业间的资源共享、技术交流和市场协同。例如，沿海地区与内陆地区可以通过产能合作、技术转移等方式，实现优势互补，共同提升钢铁产业的竞争力。近年来，中国钢铁产业通过区域间合作，成功推动了多个大型钢铁项目的建设，有效优化了产能布局，提高了产业集中度。

明确发展定位和方向是差异化发展的前提。各区域应根据自身的资源禀赋、产业基础和市场需求，制定符合自身特点的钢铁产业发展规划。例如，资源丰富的地区可以重点发展铁矿石采选和初加工产业，而技术领先的地区

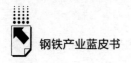

则应专注于高端钢材的生产和研发。明确发展定位可以避免同质化竞争，实现产业的错位发展。

推动技术创新和产业升级是差异化发展的核心。钢铁企业应加大研发投入力度，引进和自主研发新技术、新工艺，提高产品的附加值和市场竞争力。同时，政府应加强对钢铁产业技术创新的支持，通过设立专项基金、提供税收优惠等方式，鼓励企业开展技术创新活动。近年来，中国钢铁产业在技术创新方面取得了显著成效，多项关键技术取得了突破，为产业升级提供了有力支撑。

实施差异化发展政策是保障。政府应根据各区域钢铁产业的发展情况，制定差异化的政策措施。例如，对于产能过剩的地区，应严格控制新增产能，推动产能结构调整；对于技术领先的地区，应给予更多的政策支持，鼓励其继续加大技术创新力度。实施差异化政策可以引导钢铁产业实现有序发展，避免恶性竞争和资源浪费。

综上所述，加强区域间合作、明确发展定位和方向、推动技术创新和产业升级以及实施差异化发展政策是推动区域钢铁产业集聚与高质量发展的有效途径。未来，应继续深化这些方面的政策措施，促进钢铁产业实现更高质量、更有效率、更加公平、更可持续的发展。

五 钢铁产业结构布局优化面临的挑战与对策

（一）当前中国钢铁产业结构布局优化面临的挑战

1. 粗钢产能过剩

近年来，随着全球经济增速放缓以及国内经济结构调整，中国钢铁产业面临严重的产能过剩问题。尽管自 2021 年起，粗钢产量调控工作一直在持续，但产能过剩问题依然存在。产能利用率低、钢材价格下滑、企业盈利能力下降等问题仍困扰着钢铁产业。国家统计局的统计数据显示，2023 年中国粗钢产量约为 10.19 亿吨，占全球总产量的 54%，然而，产能利用率并未达到理想水平。特别是建筑钢材领域，如螺纹钢，其产能利用率自 2021 年起快速下滑,至 2024 年 6 月,最高仅达到约 54%,远低于正常水平的 80%。产能过剩不仅增加了企业的运营成本,还限制了可用于研发、技改的资源投入,进一步影响了钢铁产业的转型升级和可持续发展。[①]

2. 环保压力较大

钢铁产业作为传统的高能耗、高排放产业,面临严峻的环保压力。党的十八大以来,随着生态文明建设和"双碳"目标的提出,国家对钢铁产业的环保要求不断提高。根据中国钢铁工业协会的统计数据,"十三五"期间钢铁行业累计减排烟粉尘颗粒物 85 万吨、二氧化硫 194 万吨,但距离全面实现超低排放仍有较大差距。截至 2023 年底,钢铁行业虽然已有 89 家企业约 4.26 亿吨粗钢产能完成全部环节超低排放改造,但仍有大量企业未完成改造,环保压力较大。

3. 区域发展不平衡

中国钢铁产业区域发展不平衡问题突出,这种不平衡主要体现在不同地区钢铁产业的规模、技术水平和经济效益等方面。具体而言,部分地区如河北、江苏、山东等省份的钢铁产业规模较大,产量在全国占有重要份额,而一些西部地区和边远地区的钢铁产业则相对较弱。这种区域发展不平衡不仅导致了资源配置的不合理,还加剧了环境污染和能源消耗问题。东部地区由于经济发达、市场需求旺盛,钢铁企业相对集中,但面临土地、能源等资源的紧张约束;而中西部地区虽然资源丰富,但钢铁企业规模较小、技术水平相对较低,难以实现规模经济和高效利用。因此,如何优化钢铁产业结构布局、促进区域协调发展,是当前钢铁产业面临的重要问题之一。

4. 兼并重组和集团化布局中的协调困难

随着国家产业政策的引导和市场环境的变化,钢铁产业兼并重组和集团化布局的步伐加快,旨在通过资源整合、规模经济等手段提升产业竞争力。然而,这一过程中面临的协调困难不容忽视。[②]

---

① X. Dai, Z. Zhao, "Can Exporting Resolve Overcapacity? Evidence from Chinese Steel Companies," *Economic Modelling* 102 (2021): 105578.

② 刘现伟、刘丽华:《钢铁行业去产能成效与高质量发展研究》,《经济纵横》2019 年第 2 期。

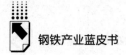

　　首先，兼并重组涉及多方利益的博弈。不同的企业在资产规模、经营状况、市场地位等方面存在差异，兼并后如何平衡各方利益，尤其是隐形债权人、股东以及民间借贷者的权益，成为一大难题。从现实案例看，兼并重组案例中，由利益分配不均导致的纠纷频发，严重影响了兼并重组进程和效果。

　　其次，组织结构的调整和文化整合也是兼并重组中的一大挑战。不同的企业拥有各自的管理体系、企业文化和工作流程，兼并重组后如何实现有效整合，避免"两张皮"现象，是摆在决策者面前的重要课题。中国钢铁工业协会的调研显示，超过半数的企业在兼并重组后，需要花费较长时间进行内部整合，这一过程往往伴随着生产效率的下降和成本的上升。

　　再次，生产流程的再造和优化同样面临诸多困难。钢铁产业属于典型的流程制造业，兼并重组后如何优化生产流程，提高产能利用率，减少资源浪费，是企业必须面对的问题。然而，在实际操作中，由于设备老化、技术差异、人员变动等因素，生产流程的再造和优化往往进展缓慢，难以达到预期效果。

　　最后，兼并重组和集团化布局还受到外部环境的影响。国家产业政策的调整、市场需求的变化、原材料价格的波动等，都可能对兼并重组的效果产生不利影响。根据国家统计局公布的数据，近年来中国钢铁产业面临市场供需失衡、钢材价格下跌、原料价格高昂等多重挑战，兼并重组和集团化布局中的协调困难进一步增加。

（二）促进钢铁产业结构布局优化的对策

1.优化政府政策引导，充分利用市场化机制

　　政府应发挥其在政策制定与引导上的核心作用，同时充分利用市场机制，形成双轮驱动效应。具体而言，政府可通过税收优惠、财政补贴、金融支持等政策工具，鼓励钢铁企业进行技术改造、节能减排和绿色生产。例如，根据国家统计局的统计数据，近年来国家对符合条件的钢铁企业实施了增值税即征即退政策，有效降低了企业税负，促进了产业升级。同时，政府还应建立健全市场准入与退出机制，通过市场竞争淘汰落后产能，推动产业

集中度和整体竞争力的提升。① 市场化机制的引入，如碳排放权交易、绿色信贷等，能够进一步激发企业的内在动力，加速产业结构优化进程。以宝武钢铁集团为例，宝武钢铁集团充分利用政策支持和市场化机制，成功整合了多家钢铁企业，形成了规模庞大、技术先进、管理规范的企业集团。

2. 强化创新驱动，提升企业的技术和管理能力

创新驱动是钢铁产业结构优化的关键。钢铁企业应加大研发投入力度，聚焦关键技术突破，如高端钢材研发、智能制造、节能减排技术等，以提升产品附加值和市场竞争力。据中国钢铁工业协会统计，近年来中国钢铁产业研发投入持续增加，部分企业在高端钢材、新材料等领域取得了重要进展。同时，加强企业管理创新，引入先进的管理理念和方法，如精益生产、六西格玛管理等，推进管理信息化、智能化和标准化建设，提高生产效率和运营管理水平。此外，鼓励企业建立产学研用合作机制，与高校、科研机构紧密合作，加速科技成果向现实生产力转化，推动产业技术进步和产业升级。

3. 推进区域协调发展，促进产业集聚升级

针对钢铁产业区域布局不合理、资源浪费等问题，应强化区域间协调发展，推动产业集聚升级。一是通过规划引导，优化钢铁产业布局，鼓励企业在资源富集区、交通便利区或市场需求大的区域集中建设，形成规模效应和集群效应。如河北唐山、江苏张家港等地的钢铁产业集群，通过资源共享、协同创新，显著提升了区域竞争力。二是加强跨区域合作，促进产业链上下游企业的紧密衔接，降低物流成本，提高产业协同效率。三是支持产业园区建设，提供基础设施、公共服务等配套支持，为产业集聚营造良好的外部环境。四是通过加强技术创新、管理创新和服务创新，推动钢铁产业朝高端化、绿色化、智能化方向发展。同时，应积极培育新兴产业和新业态，拓展钢铁产业链和价值链，提高产业附加值和竞争力。

---

① 何维达、潘峥嵘：《产能过剩的困境摆脱：解析中国钢铁行业》，《广东社会科学》2015年第1期。

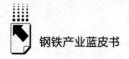

4. 优化企业内部管理，应对外部环境挑战

针对钢铁产业兼并重组和集团化布局中面临的协调困难，在内部管理层面，首先，钢铁企业应充分认识兼并重组过程中利益协调的重要性，建立健全的利益分配机制，确保各方权益得到合理保障。通过充分沟通、协商和谈判，明确各方在兼并重组中的权利和义务，尤其是隐形债权人、股东和民间借贷者的利益，以减少利益纠纷的发生。其次，应加强企业文化的融合与建设，通过培训和交流等方式，促进不同企业之间的文化认同和价值观统一，形成共同的企业精神和行为准则。再次，还应注重组织结构的调整和优化，根据兼并重组后的实际情况，合理设置管理层级和职能部门，实现资源的有效配置和协同作战。在生产流程再造和优化方面，钢铁企业应加大技术创新和研发投入力度，引进先进的生产技术和设备，提高生产效率和产品质量。最后，应加强人员培训和团队建设，提高员工的专业技能和综合素质，为生产流程的再造和优化提供有力的人才保障。

在外部环境层面，政府应加强对钢铁产业兼并重组和集团化布局的引导和支持。通过制定和完善相关政策法规，明确兼并重组的指导思想、基本原则和操作流程，为钢铁企业提供明确的政策导向和法律保障。同时，加大市场监管和执法力度，打击兼并重组过程中的不正当竞争行为，维护市场秩序和公平竞争。政府还应加强对钢铁产业的宏观调控和政策扶持，通过财政补贴、税收优惠、金融支持等手段，鼓励钢铁企业加强技术创新和产业升级，提高核心竞争力。同时，加强对钢铁产业市场供需、原材料价格等信息的监测和分析，为企业提供及时、准确的市场信息，帮助企业更好地应对市场变化和风险挑战。这些措施的实施可以进一步推动钢铁产业兼并重组和集团化布局的顺利进行，实现产业的持续健康发展。

综上所述，钢铁产业结构布局优化面临产能过剩、环保压力、区域发展不平衡以及兼并重组和集团化布局中的协调困难等挑战。促进钢铁产业结构优化需政府、企业和社会各界共同努力，通过政策引导与市场机制相结合，强化创新驱动，推进区域协调发展，优化内部管理等，全面提升钢铁产业的整体素质和竞争力，推动高质量发展取得新成效。

六 结论与展望

（一）钢铁产业结构布局优化对高质量发展的重要性

随着全球经济的不断发展和中国经济进入高质量发展阶段，钢铁产业作为国民经济的重要支柱，其结构布局优化对于实现高质量发展尤为重要。通过提升产业集中度、实施集团化布局与区域集聚策略，钢铁产业不仅能够实现资源的优化配置，还能有效提升生产效率、降低成本、减少环境污染，从而推动钢铁产业的整体优化，进而为经济社会的可持续发展注入强劲动力。

第一，钢铁产业集中度提升有助于减少无序竞争，提高产业的整体议价能力和抗风险能力。近年来，中国钢铁产业通过兼并重组等手段，逐步提高了市场集中度。例如，宝武钢铁集团通过一系列的战略整合，包括与马钢、太钢的重组，显著扩大了规模，增强了实力。同时，鞍钢与本钢的合并也是中国钢铁产业的另一重要整合案例。这两大整合举措使得相关企业在国内外市场的竞争力得到显著提升。产业集中度提升不仅优化了资源配置，还促进了技术创新和产业升级，使得大型钢铁企业更有能力和动力投入研发，推动新技术、新工艺的应用，从而进一步巩固和提升整个产业的竞争力。

第二，集团化布局有助于实现资源共享、优势互补，提升整体运营效率。通过集团化布局，钢铁企业可以形成完整的产业链体系，实现上下游协同发展。同时，集团化布局还有助于企业更好地应对市场波动和政策调整，提高抗风险能力。以河钢集团为例，该集团通过跨地区、跨行业的资源整合，构建了涵盖采矿、炼铁、炼钢、轧钢、销售等多个环节的完整产业链体系，实现了规模化、集约化发展。

第三，区域集聚有助于形成产业集群效应，推动区域经济的协调发展。钢铁产业区域集聚可以吸引相关配套产业和服务的集聚，形成完整的产业链生态系统。同时，区域集聚还有助于企业之间的信息共享和技术交流，推动整个产业的技术进步和产业升级。中国沿海地区如唐山曹妃甸、日照等地已

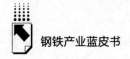

经形成了较为完善的钢铁产业集群，吸引了大量上下游企业和相关服务机构集聚，推动了区域经济的快速增长。

第四，从技术创新与智能化发展来看，钢铁工业正积极应用5G、人工智能等新技术，推动智能化改造和数字化转型。《关于促进钢铁工业高质量发展的指导意见》提出，到2025年，中国钢铁工业关键工序数控化率将达到80%左右，生产设备数字化率达到55%，并打造30家以上智能工厂。这一目标的实现将显著提升钢铁工业的生产效率、产品质量和市场竞争力。例如，宝钢股份冷轧厂热镀锌智能车间通过智能化升级，实现了无人驾驶行车和24小时黑灯操作，使生产效率提高30%；湘潭钢铁集团接入5G网络，实现了天车远程操控，效率大幅提升且人力成本降低。

第五，绿色低碳发展也是钢铁产业结构布局优化的重要方向。面对全球气候变化的严峻挑战和碳达峰碳中和目标的要求，钢铁产业必须加快绿色低碳转型步伐。通过原燃料替代、废钢铁回收利用、推进电炉炼钢发展等措施降低碳排放强度；通过构建碳排放统计、核算、监测与评估体系以及推进超低排放改造等措施提升环保水平。《关于促进钢铁工业高质量发展的指导意见》提出，到2025年，中国钢铁工业80%以上的产能将完成超低排放改造，吨钢综合能耗降低2%以上，水资源消耗强度降低10%以上。

第六，从政策支持和市场需求来看，一系列产业政策文件的相继出台为钢铁产业高质量发展提供了遵循和保障。例如，《关于促进钢铁工业高质量发展的指导意见》明确了钢铁工业高质量发展的目标和路径；《"十四五"原材料工业发展规划》提出了钢铁工业结构调整的具体措施；《河南省加快钢铁产业高质量发展实施方案（2023—2025年）》则结合地方实际提出了具体的实施方案和发展目标。这些政策文件的实施将有力地推动钢铁产业结构优化、技术升级和绿色发展。

综上所述，钢铁产业结构布局优化对高质量发展的重要性不言而喻。通过优化产业布局、推进技术创新与智能化发展、促进绿色低碳转型以及政策支持和市场需求的双重驱动，中国钢铁产业将实现更高质量、更可持续的发展目标。

（二）钢铁产业未来的发展趋势与方向

1. 钢铁产业的进一步兼并重组与集团化

近年来，钢铁产业兼并重组的步伐明显加快，这既是供给侧改革的必然结果，也是应对市场变化、提升竞争力的有效途径。2018年以来，中国钢铁产业兼并重组工作取得了显著进展。例如，宝武钢铁集团与多家钢企的整合行动不断推进，不仅扩大了生产规模，也提升了市场影响力。随着鞍钢与本钢的重组正式落地，中国钢铁产业的十大企业产能集中度进一步提升，标志着产业整合进入了一个新的阶段。

根据工业和信息化部、国家发展改革委、生态环境部联合发布的《关于促进钢铁工业高质量发展的指导意见》，未来钢铁产业的兼并重组将继续深化，目标是产业化集聚发展水平明显提升，钢铁产业集中度大幅提高。这一目标的实现，将极大地优化资源配置，减少无效供给，提高整体运营效率。同时，兼并重组还将促进技术创新和产业升级，推动钢铁产品向中高端迈进。

在具体实施路径上，钢铁产业的兼并重组将更加注重区域协调与优势互补。京津冀及周边地区、长三角地区等钢铁产能集中区域，将通过减量重组、优化布局等方式，减轻区域环境压力，提升产业集中度。中西部地区和东北老工业基地则将依托区域内的相对优势企业，实施区域整合，减少过剩产能。此外，东南沿海地区将以调整全国"北重南轻"钢铁布局为着力点，建设一流水平的沿海钢铁精品基地。①

2. 区域协调发展与国际化战略的深化

区域协调发展是推动高质量发展的关键支撑，也是钢铁产业未来发展的重要方向。随着国家区域协调发展战略的深入实施，钢铁产业将更加注重区域间的协同与联动。一方面，通过优化产业布局和资源配置，推动钢铁产业向具有比较优势的地区集聚；另一方面，通过加强区域间的合作与交流，推

---

① 苏步新、苏长永、林严：《优化钢铁产业布局助力高质量发展》，《中国冶金》2022年第8期。

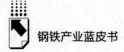

动钢铁产业产业链上下游的协同发展。同时，企业也将积极寻求区域合作机会，通过跨区域资源整合和产业链协同提升整体竞争力。

在国际化战略方面，钢铁企业将充分利用"一带一路"等国际合作平台，拓展海外市场，提升国际竞争力。随着全球经济的不断融合，中国钢铁产业正逐步融入全球产业链、供应链体系。一方面，通过加强与国际市场的合作与交流，推动钢铁产品和技术的出口；另一方面，通过海外投资并购等方式获取更多资源和市场机会。未来，钢铁企业将在海外投资建厂、参与国际工程项目等方面加大力度，实现产品、技术、资本、管理的国际化。

同时，钢铁产业还将积极应对国际贸易环境的变化，加强国际贸易规则的研究与应对，提升国际贸易风险防范能力。通过加强与国际钢铁协会的合作与交流，推动行业标准、技术、市场等方面的国际合作，共同应对全球钢铁产业面临的挑战。

综上所述，钢铁产业的未来发展将呈现兼并重组与集团化趋势加速、区域协调发展与国际化战略深化的特点。这些趋势不仅将推动钢铁产业自身的高质量发展，也将为中国经济的转型升级和高质量发展做出重要贡献。

参考文献

付晓云：《我国钢铁企业并购重组绩效研究——以宝钢并购武钢为例》，《中国市场》2020 年第 16 期。

何维达、潘峥嵘：《产能过剩的困境摆脱：解析中国钢铁行业》，《广东社会科学》2015 年第 1 期。

刘现伟、刘丽华：《钢铁行业去产能成效与高质量发展研究》，《经济纵横》2019 年第 2 期。

芮明杰、马昊、韩自然：《产业过度集聚的形成机制研究——以河北省钢铁产业为例》，《经济与管理研究》2017 年第 7 期。

苏步新、苏长永、林严：《优化钢铁产业布局助力高质量发展》，《中国冶金》2022年第 8 期。

王璇、郑银巧、王蕾：《打出"六好"组合拳助力钢铁企业步入兼并重组快车道》，

《冶金经济与管理》2023 年第 3 期。

徐康宁、韩剑:《中国钢铁产业的集中度、布局与结构优化研究——兼评 2005 年钢铁产业发展政策》,《中国工业经济》2006 年第 2 期。

R. Wu, B. Lin, "Does Industrial Agglomeration Improve Effective Energy Service: An Empirical Study of China's Iron and Steel Industry," *Applied Energy* 295 (2021): 117066.

X. Dai, Z. Zhao, "Can Exporting Resolve Overcapacity? Evidence from Chinese Steel Companies," *Economic Modelling* 102 (2021): 105578.

J. S. Bain, *Industrial Organization* (New York: John Willey & Sons, 1968).

B.9
钢铁产业资源保障的高质量发展研究

陈炳昊　俞　峰*

摘　要： 全球钢铁产业作为全球经济的重要基石，其资源保障问题在全球化加速和环境可持续发展压力增大的背景下变得尤为重要。资源来源的不确定性、原料成本的波动以及环境政策的严格化，都直接影响着钢铁产业的稳定与发展。本报告针对钢铁产业面临的这些挑战，聚焦钢铁产业资源保障的高质量发展，通过定量数据分析及案例研究方法，探讨了通过资源多元化和供应链升级来保障资源供应和提高产业竞争力的策略。研究显示，通过拓宽原料来源、提高供应链的灵活性与效率，可以显著提升钢铁产业的抗风险能力和市场竞争力。具体而言，本报告分析了铁矿石依赖减少、废钢和其他替代原料使用增加的趋势，以及这些变化如何帮助钢铁企业应对价格波动和供应链中断的风险。本报告还详细考察了供应链升级在提高原料供应效率和质量控制中的作用，尤其是数字化和信息化技术的应用如何提升供应链透明度和响应速度，从而加强企业的市场适应性和决策能力。本报告为钢铁产业在全球资源保护主义日益增强和环境法规日趋严格的背景下，通过资源多元化和供应链创新实现可持续发展提供了科学依据和实践指导。

关键词： 钢铁产业　资源保障　供应链管理　资源多元化　高质量发展

---

* 陈炳昊，北京科技大学经济管理学院硕士研究生，研究方向为产业经济；俞峰，博士，北京科技大学经济管理学院讲师，研究方向为国际贸易与企业创新。

一 引言

钢铁产业作为国民经济的基础性和支柱性产业，在国家工业化、城市化和现代化进程中发挥着不可替代的核心作用。钢铁产品广泛应用于建筑工程、机械制造、能源开发、交通运输、国防军工等各个领域，其发展状况直接影响着上下游产业链的运转效率和整体竞争力。钢铁产业的发展水平是衡量一个国家工业实力和综合国力的重要标志，其发展支撑国家经济稳定增长和社会持续进步。图1清晰地展示了钢铁产业从原材料获取、产品加工到最终应用的全流程。在上游阶段，铁矿石和焦炭作为主要原材料，通过加工形成生铁，再进一步转化为粗钢。中游阶段则是钢材的生产和加工，粗钢被加工成各种钢材产品，如管材、线材、螺纹钢等多个品类的钢材。下游阶段展示了钢铁产品广泛的应用领域，凸显了钢铁作为基础材料在国民经济各个领域的重要作用。

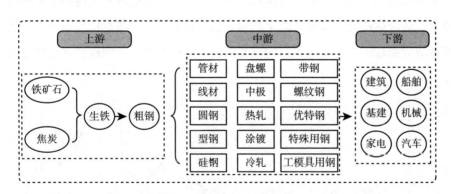

图 1　钢铁产业全流程产业链

资料来源：Wind 供应链数据库。

如今，在全球经济一体化和新一轮科技革命的背景下，钢铁产业面临资源瓶颈、环境压力、市场波动等多重挑战。[①] 资源保障对钢铁产业的可持续

---

① 刘治彦：《新时代中国可持续发展战略论纲》，《改革》2018 年第 8 期。

发展具有战略性、基础性和全局性影响。资源保障水平的提高，不仅有助于钢铁企业降低生产成本、提升产品质量和市场竞争力，还对保障国家资源安全、产业安全具有重要意义。构建高质量的资源保障体系，是推动钢铁产业转型升级、实现高质量发展的必由之路，也是落实国家绿色发展战略、建设生态文明的重要举措。因此，深化对钢铁产业资源保障的研究与实践，具有重大的现实意义和战略价值。但随着世界经济格局的调整和新兴市场的崛起，铁矿石等原生矿产资源的供需关系日趋紧张，国际市场竞争加剧。主要矿产资源出口国的政策变动、地缘政治风险以及国际贸易摩擦等因素，导致原料价格波动频繁、供应链的不确定性增加。尤其是全球资源保护主义抬头，部分资源出口国加强了对矿产资源的管控和出口限制，给依赖进口原料的钢铁企业带来了巨大压力。伴随着中国制造业转型升级，中国对特种钢的需求越来越大，但由于原料供应和技术积累不足等，2020 年后中国进口的特种钢数量出现了明显的上升（见图 2）。同时，全球环境保护意识的增强和碳排放法规的日益严格，对钢铁产业的生产方式和能源消耗提出了更高的要求。传统高耗能、高排放的生产模式已难以为继，资源利用效率和环境友好性成为衡量钢铁企业竞争力的重要指标。在此背景下，钢铁产业必须寻求

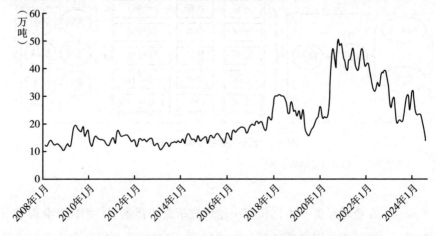

图 2　2008 年 1 月至 2024 年 7 月中国特种钢进口量

资料来源：海关总署。

新的资源保障方式，以降低对单一原料和特定市场的依赖，增强抗风险能力。① 此外，科技进步和产业升级推动了新材料、新工艺的发展，对钢铁产品的性能和质量提出了更高的要求。这也需要钢铁企业在原料选择和生产过程中，不断优化资源配置，提高原料质量和供应的稳定性，以满足高端市场的需求。

而资源多元化和供应链升级则被认为是钢铁产业应对全球资源格局变化、保障原料供应安全的战略选择。通过拓展原料来源渠道，积极开发多种矿产资源，钢铁企业可以降低对某一特定资源或市场的过度依赖，分散供应风险。资源多元化不仅包括铁矿石来源的多元化，还涉及生铁、直接还原铁（DRI）、热压铁块（HBI）等替代原料的利用，以及合金元素的多元化选择。同时供应链管理的优化和升级带来的信息共享、协同管理和联合创新，增强了供应链弹性，使供应链的效率、灵活性和可控性大幅提升，为钢铁企业的转型升级和可持续发展提供了强有力的支撑。

综上所述，面对国际矿产资源竞争加剧、中国资源环境约束增强的形势，提升资源保障能力已成为钢铁产业面临的重大课题。而资源多元化战略不仅是钢铁产业保障资源供应、降低生产成本、提升竞争力的有效手段，也是推动产业绿色转型、实现可持续发展的必然选择，在全球资源格局中的重要性日益凸显。因此，本报告主要采用数据统计分析和案例研究等方法，通过数据的定量化分析和成功案例的剖析，力求全面、客观地揭示钢铁产业资源保障现状和发展趋势，并重点探讨原料供给、供应链管理、原料种类和来源等方面的改善情况，通过对钢铁产业资源保障现状的系统研究，为产业决策和企业实践提供科学依据和战略建议。

---

① 王永中、万军、陈震：《能源转型背景下关键矿产博弈与中国供应安全》，《国际经济评论》2023 年第 6 期。

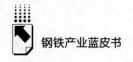

二 钢铁产业的资源保障情况

（一）传统钢铁产业资源使用情况回顾

1.铁矿石过度依赖

传统钢铁产业自诞生以来，一直将铁矿石作为最主要的原料来源。铁矿石的冶炼和钢铁的生产历史可以追溯到几千年前，但现代意义上的钢铁工业是在19世纪工业革命时期兴起的。如图3所示，随着高炉炼铁和转炉炼钢技术的成熟，包括贫铁矿、富铁矿在内的多种铁矿石逐渐成为钢铁生产不可或缺的基础原料。在中国，钢铁产业的发展与国家的工业化进程密切相关。新中国成立后，国家高度重视钢铁工业的发展，提出了"以钢为纲"的发展战略。20世纪50~70年代，中国通过自主建设和引进苏联技术，大力发展钢铁生产能力。然而，由于当时经济和技术水平的限制，中国铁矿石的开采和加工能力不足，铁矿石资源的品位也相对较低，难以满足钢铁产业快速增长的需求。进入20世纪80年代，随着改革开放的深入，中国经济进入快速发展阶段，基础设施建设和工业生产对钢铁的需求激增。中国铁矿石供给出现了严重的短缺，供需矛盾日益突出。为了弥补原料缺口，中国开始从国际市场大量进口铁矿石。20世纪90年代，中国的铁矿石进口量迅速攀升，逐渐成为全球最大的铁矿石进口国。根据中国钢铁工业协会的统计数据，2000年中国铁矿石进口量为7000多万吨，到了2010年，进口量猛增至6.2亿吨，2020年更是达到11.7亿吨。进口铁矿石在总供应量中的占比也从不足50%上升到超过80%。这种高度依赖进口铁矿石的模式，使得钢铁企业在原料供应上受到国际市场的制约，存在较大的资源安全隐患。

与此同时，中国铁矿石资源的开发也面临诸多挑战。中国铁矿石资源的特点是品位低、埋藏深、伴生元素复杂，开采和选矿成本较高。[①] 由于经济

---

① 韩跃新等：《中国铁矿石选矿技术发展与展望》，《金属矿山》2024年第2期。

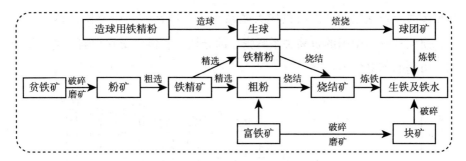

图 3　铁矿石加工流程

资料来源：Wind 供应链数据库。

效益不佳，许多中国矿山逐渐关闭或减产，进一步加剧了对进口铁矿石的依赖。此外，传统的高炉—转炉流程对铁矿石的品质要求较高，只有高品位的铁矿石才能保证生产效率和产品质量。而进口的铁矿石，尤其是来自澳大利亚和巴西的铁矿石，具有品位高、杂质少的优势，深受中国钢铁企业的青睐。这也在客观上强化了对进口铁矿石的依赖。因此，传统钢铁产业主要依赖铁矿石是由技术工艺、资源禀赋和市场需求等多重因素共同决定的。这种资源使用模式在一定时期内满足了钢铁产业快速发展的需要，但也为后续的发展埋下了资源安全和产业安全的隐患。

2.供应链单一性与脆弱性

在高度依赖进口铁矿石的背景下，钢铁产业的原料供应链呈现单一性和脆弱性特征，这主要体现在供应来源、运输方式、市场结构和风险管理等方面。图 4 展示了 2009～2023 年中国铁矿石进口量的变化趋势，可以看出中国铁矿石进口量从 2009 年的 6.28 亿吨增加至 2023 年的 11.79 亿吨，整体呈现增长趋势。根据海关总署的统计数据，澳大利亚和巴西是中国进口铁矿石的主要来源地，2020 年，中国从澳大利亚进口的铁矿石占总进口量的60% 以上，从巴西进口的铁矿石约占 20%。这意味着，中国超过 80% 的进口铁矿石依赖两个国家的供应。这种供应来源的过度集中带来了明显的风险。一旦主要供应国发生政治动荡、自然灾害或调整出口政策，都会对铁矿石的供应产生重大影响。例如，2019 年初，巴西淡水河谷（Vale）发生尾矿坝溃坝事故，导致巴西铁矿石供应大幅减少，全球铁矿石价格随之飙升。同年，澳大利亚与中国的贸易关系紧张，部分铁矿石供应受到影响，进一步加剧了市场的不确定性。

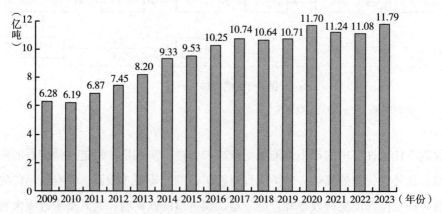

图4　2009~2023年中国铁矿石进口量变化趋势

资料来源：海关总署。

　　另外，中国进口铁矿石的运输通道单一且易受干扰。铁矿石的国际运输主要依赖海运，运输线路相对固定。澳大利亚和巴西的铁矿石主要通过海运途经马六甲海峡等重要航道，运往中国的沿海港口。海运过程容易受到各种因素的干扰，包括恶劣天气、海盗活动、航运事故和地缘政治冲突等。同时，运输周期长且成本高也是问题之一。巴西至中国的海运时间长达40~45天，澳大利亚至中国的海运时间相对较短，但仍需10~15天。海运成本占铁矿石总成本的10%以上，国际油价的波动也会直接影响运输成本。此外，港口设施的容量和效率，以及中国物流的衔接问题，可能会导致运输瓶颈，影响原料的及时供应。

　　与此同时，国外企业的市场垄断导致铁矿石价格波动剧烈。全球铁矿石市场被少数大型矿业公司垄断，如澳大利亚的力拓（Rio Tinto）、必和必拓（BHP Billiton）和巴西的淡水河谷等。这些矿业巨头控制了全球70%以上的海运铁矿石供应量，在价格谈判中占据绝对优势。长期以来，铁矿石的定价机制经历了从年度长协价、季度定价到指数化定价的演变。指数化定价使得铁矿石价格与市场波动的关系更加紧密，价格频繁波动且幅度较大。钢铁企业由于议价能力弱，难以控制原料成本，利润空间被进一步压缩。例如，2010~2011 年，铁矿石价格一度从每吨 100 美元上涨至接近 200 美元，给钢铁企业带来了巨大的成本压力。

不仅如此，过度依赖进口铁矿石的供应链还缺乏足够的弹性和风险管理机制。钢铁企业在应对国际市场波动和突发事件时，往往缺乏有效的策略和手段。同时供应链的信息化和数字化程度较低，供应链各环节缺乏协同和信息共享，难以及时获取市场动态和供应风险信息。这使得企业在供应链管理上处于被动地位，无法主动防范和应对供应链风险。此外，由于资金、仓储和管理等方面的限制，中国钢铁企业的原料战略储备能力普遍不足，面对国际市场的波动，缺乏足够的储备来平抑市场冲击。而中国矿山企业规模小、分散，开采和选矿技术落后，生产成本高，竞争力弱，这也导致了中国铁矿石供给能力的不足，无法有效补充进口资源的短缺。

（二）钢铁产业资源使用的新趋势

面对全球资源格局的深刻变化和行业自身发展的迫切需求，近些年以来，钢铁产业在资源使用方面呈现新的发展趋势，主要体现在原料供应质量的提升、供应链稳定性的增强以及行业抗风险能力的提高。这些趋势不仅推动了钢铁企业生产效率和产品质量的提升，也为产业的可持续发展奠定了坚实基础。

1. 原料供应质量的提升

资源多元化战略的深化使得钢铁企业积极拓展原料来源，不再局限于传统的铁矿石供应，开始大规模引入直接还原铁、热压铁块和高品位球团矿等新型原料。这些原料铁含量高，杂质低，具有良好的冶金性能，如直接还原铁和热压铁块的铁含量可达到 90% 以上，硫、磷等有害杂质含量极低，有助于提高钢水的纯净度和冶炼效率，满足高端钢材生产的要求。表 1 展示了1971~2021 年直接还原铁产量的变化情况，可以看出 50 余年间，全球对于直接还原铁的需求大幅上升，涨幅达到 124 倍。同时，加强废钢资源的高效利用也对提升原料质量具有重要意义。随着废钢回收体系的完善和加工技术的进步，废钢的纯度和质量得到了大幅提升。通过采用先进的分选和预处理技术，如磁选、涡电流分选和激光诱导击穿光谱分析等，废钢中的杂质和有害元素得以有效去除，提高了废钢的利用价值和质量稳定性。

表 1　1971~2021 年全球直接还原铁产量变化情况

单位：百万吨

年份	直接还原铁产量	年份	直接还原铁产量	年份	直接还原铁产量
1971	0.95	1988	14.09	2005	56.87
1972	1.39	1989	15.63	2006	59.70
1973	1.90	1990	17.68	2007	67.12
1974	2.72	1991	19.32	2008	67.95
1975	2.81	1992	20.51	2009	64.33
1976	3.02	1993	23.65	2010	70.28
1977	3.52	1994	27.37	2011	73.21
1978	5.00	1995	30.67	2012	73.14
1979	6.64	1996	33.30	2013	74.92
1980	7.14	1997	36.19	2014	74.59
1981	7.92	1998	36.96	2015	72.64
1982	7.28	1999	38.60	2016	72.76
1983	7.90	2000	43.78	2017	87.10
1984	9.34	2001	40.32	2018	100.73
1985	11.17	2002	45.08	2019	108.10
1986	12.53	2003	49.45	2020	104.84
1987	13.52	2004	54.60	2021	119.16

资料来源：世界钢铁协会。

而技术升级与质量控制的加强也为原料供应质量的提升提供了有力支持。钢铁企业引入先进的原料检测技术，采用 X 射线荧光光谱仪、等离子体发射光谱仪等先进检测设备，对原料的化学成分和物理性能进行快速、准确的分析，实现了对原料质量的实时监控，及时发现和纠正质量问题，保障了生产过程的稳定性。同时，优化原料处理工艺，通过改进破碎、筛分、磁选等原料处理流程，提高原料的均匀性和纯净度。采用自动化、智能化的处理设备，减少人为因素对原料质量的影响。例如，利用智能配矿系统，根据原料的实时成分，优化配矿方案，提高高炉的冶炼效率和稳定性。此外，实施精细化的原料配比管理，根据不同原料的特性和工艺要求，制定科学合理的配料方案，采用计算机模拟和优化算法，对原料配比进行精确控制，提高原料利用率和冶炼效果，降低生产成本。

此外，标准化和规范化建设的推进也是原料供应质量提升的重要因素，行业协会和相关部门不断完善原料质量标准和技术规范，对铁含量、杂质含量、粒度分布等关键指标提出更高的要求。2024 年 7 月，钢铁行业发布了六项强制性国家标准，涉及钢筋和钢丝绳各三项标准，并于 9 月 25 日正式实施。① 这些标准的发布与实施，通过统一产品标准，消除市场上的不合格产品和低质量竞争，鼓励企业加大技术研发和质量控制投入力度，提升整个行业的技术水平和竞争力。标准化和规范化建设为原料供应链的上下游企业提供了明确的质量要求和合作基础。下游制造业企业在采购钢铁原料时，可以根据国家标准明确产品质量要求，选择符合标准的供应商，保障自身产品的质量和安全性能。上游原料供应商在生产过程中，也会依据标准要求进行生产和质量控制，确保提供的原料符合下游企业的需求。这种标准化的协同，提升了整个供应链的效率和质量水平。这不仅有助于钢铁产业自身的高质量发展，也为下游行业提供了可靠的原料支持，有助于推动全产业链的协同发展和竞争力提升。标准化建设作为保障人身安全和维护公共利益的基石，将继续发挥重要作用，为钢铁产业实现高质量发展目标提供坚实保障。

2. 供应链稳定性的增强

以效率为导向的产业链供应链跨国转移是全球产业生产布局的客观规律，也是全球经济发展中的重要议题。随着国家分工不断深入，传统产业被

---

① 《钢铁业将实施六项强制性国家标准》，"人民网"百家号，2024 年 7 月 8 日，https：//baijiahao. baidu. com/s? id＝1803970585791740520&wfr＝spider&for＝pc。

不断细化分割为各个生产环节并在全球范围内进行配置，形成全球供应链。在全球供应链分工背景下，中国凭借供应链多元化布局和全球化采购显著增强了供应链的稳定性。钢铁企业积极拓展全球采购渠道，构建多元化的供应链网络，降低了对特定国家或供应商的依赖，分散了供应风险。通过在非洲、南美洲、中亚等资源丰富的地区开辟新的原料供应渠道，增强了供应链的弹性和抗风险能力。而供应链数字化和智能化管理也提升了供应链的效率和响应速度。供应商管理和合作模式的创新进一步提高了原料供应质量。钢铁企业对原料供应商实施严格的资质审核和质量评估，只有在产品质量、供货能力和服务水平等方面符合企业要求的供应商，才能进入采购体系。通过定期的质量检测和绩效评估，确保供应商持续满足质量标准。同时，与优质供应商建立长期稳定的战略合作伙伴关系，甚至通过股权投资、联合开发等方式深入合作。这种合作模式有助于供应商加强质量管理，提高原料供应的稳定性和一致性。此外，钢铁企业运用物联网、大数据、云计算和人工智能等先进技术，打造数字化供应链平台，实现对原料采购、物流运输、库存管理和订单履行的全流程可视化和智能化管理。通过实时监控和数据分析，提高供应链各环节的效率，降低库存成本和物流费用，保障原料供应的可靠性和及时性。

3. 行业抗风险能力的提高

资源战略储备和金融工具的运用增强了企业的抗风险能力。通过建立科学的原料战略储备制度，企业在原料价格较低或供应充足时，适当增加原料库存，形成一定的战略储备，以应对未来可能出现的供应紧张或价格上涨的情况。优化库存管理策略，利用先进的信息化管理系统，对库存水平进行实时监控和动态调整，避免过高的库存占用资金或过低的库存导致供应中断。此外，部分企业还建立了应急原料供应渠道，与多家供应商签订备用供货协议，确保在紧急情况下能够及时获得原料供应。

金融工具的有效运用为企业提供了风险对冲的手段。钢铁企业积极参与期货、期权和远期合约等金融衍生品市场，对原料价格和产品价格进行套期保值操作，并形成了成熟的分层套期保值模式。其中，期权作为一种新工具，因风险可控、灵活性强的特点，受到企业的重视。相比期货，期权能够提供更加多元化的选择，实现更精细化的套保方案。期权的最大亏损是确定的，保证金占用较小，适合管理短期风险敞口。此外，含权贸易和远期订单等新模式的运用，有助于增加客户黏性，与客户合作套保，实现共赢。在具体应用中，期权被融入企业的锁价长单模式。在与终端客户的谈判周期（可能长达 1~2 个月甚至更久）中，企业可以支付少量的期权权利金，提前锁定订单成本，防止在谈判过程中原料价格大幅上涨。同时，期权也被用于含权贸易，结合锁价订单使用。当钢价出现不利变动时，企业适时向客户提供含权贸易，使其在防范价格上涨的同时能规避部分价格下跌的风险。以铁矿石采购为例，企业通常采用月度均价模式，载期月份在月初难以确定。根据库存和需求状况，企业对应月度采购，采用每月一议的方式。如果有套期保值意向，就通过询价在相对低位锁定当月铁矿石的采购成本，将浮动价格变为固定价格，弥补期货合约月份和长协交货期不匹配的问题，规避极端风险。

三　原料供给的多元化发展

（一）原料种类的丰富化

随着全球资源环境的变化和钢铁产业自身发展的需求，原料种类的丰富化成为钢铁企业提升竞争力和实现可持续发展的重要策略。传统上，钢铁生产主要依赖铁矿石作为基本原料，但随着铁矿石价格的波动和供应风险的增加，钢铁企业开始调整原料结构，积极引入多种原料，降低对单一资源的依赖。

铁矿石在原料消耗中的比例有所下降。虽然铁矿石仍然是钢铁生产的主要原料，但其占比已从过去的 90% 以上下降到 2024 年 5 月的 70% 左右。[1] 这

---

① 联合资信：《2024 年钢铁行业分析》，2024 年 5 月。

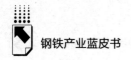

一变化得益于其他原料的引入和使用比例的提高。生铁作为一种重要的补充原料，其使用量有所增加。生铁具有含碳量高、熔点低的特点，可直接用于炼钢，提高生产效率和能源利用率，为钢铁生产提供灵活的原料选择。

废钢的应用比例显著提升，成为原料种类丰富化的重要体现。废钢作为一种优质的二次资源，具有能耗低、污染小的优势。随着废钢回收体系的完善和电炉炼钢技术的进步，废钢在钢铁生产中的应用逐步扩大。在电炉炼钢的原料中废钢占比从过去的10%提高到2024年12月的30%左右，部分先进企业的废钢比甚至达到50%。废钢的大量使用，不仅降低了对原生矿产资源的依赖，还减少了碳排放和环境污染，符合绿色发展的理念。

合金元素的使用更加广泛和多样化。为了满足高性能钢材的生产需求，钢铁企业增加了锰、钒、钛、铌等合金元素的添加。图5展示了锰金属这一钢铁制造中关键合金元素的储量和产量分布，全球锰金属储量主要集中在南非、澳大利亚、中国和巴西，生产方面，南非、加蓬和澳大利亚是主要产地，分别占据全球锰金属产量的36%、23%和15%，三者的总产量占全球的74%。据USGS数据，2023年南非锰金属产量为720万吨，加蓬为460万吨，澳大利亚为300万吨，自2019年以来，以上三大主要产地锰金属产量整体维持稳定，可以有效保障钢铁资源供应需求。这些合金元素的加入，可以显著提升钢材的强度、耐腐蚀性、耐磨性和高温性能，满足航空航天、海洋工程、高速铁路等领域对高端钢材的需求。

与此同时，新型原料的开发和应用为钢铁产业的原料种类丰富化注入了新的活力。直接还原铁和热压铁块作为新型高品质原料，逐渐受到钢铁企业的青睐。直接还原铁通过直接还原技术，将铁矿石在固态下还原成高纯度的铁产品，具有含铁量高、杂质少的特点，适用于电炉炼钢，减少了对高炉炼铁的依赖，便于储存和运输。这些新型原料的应用，有助于提高炼钢效率和产品质量，降低能源消耗和碳排放。此外，低品位矿石和工业废弃物的利用也得到重视。钢铁企业通过先进的选矿和冶金技术，将低品位铁矿石和富含铁元素的工业废弃物转化为可用的炼钢原料。例如，尾矿、赤泥等工业废弃物经过处理后，可以作为烧结原料或球团矿原料，既

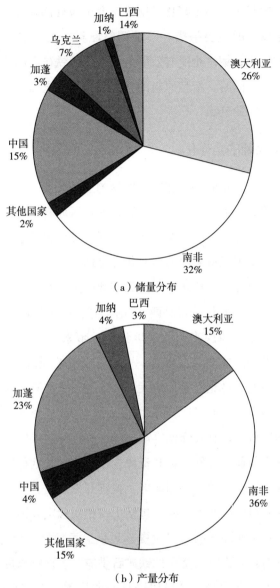

（a）储量分布

（b）产量分布

图5 世界锰金属储量与产量分布

资料来源：USGS、钢联数据、华泰期货研究院。

拓宽了原料来源渠道，又实现了资源的综合利用，符合循环经济的发展
理念。

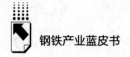

可以看出，原料种类的丰富化是钢铁产业适应外部环境变化、提升竞争力和实现可持续发展的重要举措。通过调整原料结构，增加废钢、合金元素、新型原料的使用，钢铁企业有效降低了对传统铁矿石的依赖，提高了生产效率和产品质量。同时，新型原料的开发和应用，拓宽了资源利用渠道，促进了技术创新和产业升级。

（二）原料来源的全球化

随着全球经济一体化的深入和国际贸易的蓬勃发展，钢铁产业的原料来源呈现全球化的趋势。为了降低对特定国家或地区原料供应的过度依赖，增强供应链的稳定性和弹性，钢铁企业积极拓展海外原料供应渠道，扩大原料进口的地域范围，实现原料来源的多元化和全球化。

首先，钢铁企业加大了从多元化国家和地区进口原料的力度。中国的铁矿石进口主要集中在澳大利亚和巴西（见图6），两国的铁矿石供应占进口总量的80%以上。这种供应来源的过度集中，带来了较大的供应风险。为此，钢铁企业积极开拓非洲、东南亚、中亚、南美等地区的原料供应渠道。例如，从南非、印度、乌克兰、加拿大等国家进口铁矿石，从俄罗斯、蒙古国等邻国进口炼焦煤和其他矿产资源。这些地区的矿产资源丰富，具有开发潜力。多元化的进口可以有效降低供应风险，提高原料供应的稳定性。

其次，钢铁企业通过海外投资和资源合作，建立长期稳定的原料供应基地。企业在海外资源丰富的国家和地区，投资开发矿山，建立合资或独资的矿业公司，掌握原料供应的主动权。包括山钢集团和宝武钢铁集团在内的中国钢铁企业正加紧在非洲国家布局投资建设铁矿石项目，参与矿山的勘探、开发和运营，以期获得稳定的高品位铁矿石供应。这种资源投资和合作，不仅保障了原料的供应和质量，还可以降低采购成本，提高企业的国际竞争力。同时，中国钢铁企业还加强了与国际矿业巨头的战略合作。通过签订长期供货协议、建立战略联盟等方式，与国际知名矿业公司建立紧密的合作关系。以国际矿产巨头力拓为例，其与宝武钢铁集团达成合作，成立合资企业，共同开发澳大利亚皮尔巴拉西坡铁矿，总投资约20亿美元；与宝武钢

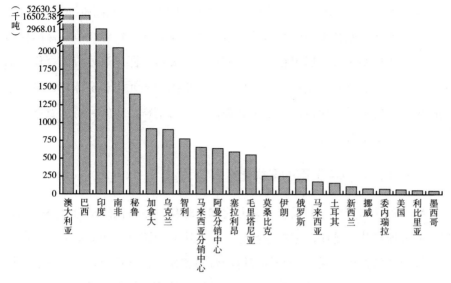

图 6　2024 年 1~9 月世界各地向中国铁矿石发运量

注：纵轴刻度采用断点处理以优化不同量级数据显示，其中//表示刻度断点。
资料来源：富宝铁矿石全球发运数据。

铁集团、中铝集团合作，共同开发几内亚西芒杜高品位铁矿石资源；与宝武钢铁集团、首钢集团等钢铁企业共同研发钢铁行业碳减排方案。

与此同时，政府出台了一系列政策措施，支持中国矿产资源的开发和利用。2016 年，国务院印发《全国矿产资源规划（2016—2020 年）》，加大矿产资源勘查投入力度，强调加强重要矿产的勘查开发，保障国家资源安全。2019 年，自然资源部下发《关于推进矿产资源管理改革若干事项的意见（试行）》，强调加强矿业权市场建设，完善矿业权交易规则，促进矿业权有序流转，提高资源配置效率。2020 年，国务院办公厅出台了《自然资源领域中央与地方财政事权和支出责任划分改革方案》，通过财税政策支持矿产资源开发，激励地方政府加大矿产资源勘查和保护力度。该方案明确了中央和地方在矿产资源领域的财政事权，优化了资源开发的政策环境。2024 年 3 月，《自然资源部关于完善矿产资源规划实施管理有关事项的通知》印发，指出要全面落实国家资源安全战略，服务矿产资源管理改革大局和找矿突破战略行动，更好地引导

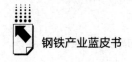
矿产资源合理勘查开采，助力增储上产，推动矿业绿色转型和高质量发展。

综上所述，原料来源的全球化是钢铁产业应对国际资源竞争、保障原料供应安全的战略选择。通过拓展全球原料供应渠道，深化海外资源合作，加强中国矿产资源开发，钢铁企业实现了原料来源的多元化和全球化，降低了供应风险，增强了供应链的稳定性和弹性。这为钢铁产业的可持续发展和高质量发展提供了有力保障。

（三）原料供给渠道的多样化

随着钢铁产业对原料需求的多元化和全球化，原料供给渠道日益呈现多样化的发展趋势。传统的原料采购方式已无法完全满足企业对灵活性、高效性和稳定性的要求。为了提升供应链的效率和弹性，钢铁企业积极拓展供给渠道，创新采购模式，构建了多层次、多维度的原料供应体系。

首先，长期合同、现货市场和期货市场等多种供给渠道并存。钢铁企业为了保障原料供应的稳定性和价格的可控性，与主要供应商签订长期供货合同，确定在一定时期内的供货量和价格。这种方式有助于降低市场价格波动带来的风险，确保原料的持续供应。同时，企业也活跃于现货市场，根据生产需求和市场行情，灵活采购原料，抓住市场机会，降低采购成本。期货市场的运用则为企业提供了价格风险管理的工具，企业可以通过参与铁矿石、焦煤等大宗商品的期货交易，锁定未来的采购成本或销售价格，进行套期保值操作。例如，宝武钢铁集团作为全球最大的钢铁企业之一，积极利用期货市场进行原料采购和风险管理。通过参与铁矿石期货交易，宝武钢铁集团能够锁定采购价格，降低原料价格波动对生产成本的影响。同时宝武钢铁集团旗下的华宝证券作为连接实体经济与资本市场的重要中介机构，持续聚焦绿色金融领域，不断提升专业能力，依托宝武钢铁集团的生态圈优势，为企业提供包括股权融资、债权融资、供应链 ABS 等全生命周期的投行服务，引导社会资源向新质生产力集聚。

其次，电商平台和供应链金融的应用为原料供给渠道的多样化注入了新的活力。随着互联网技术和电子商务的发展，钢铁企业逐步利用电商平台进行原料采购和交易。宝武钢铁集团旗下的欧冶云商是中国最大的钢铁电商平台之一。通过欧冶云商，宝武钢铁集团实现了原料采购的数字化和透明化，拓宽了原料供应渠道，提升了采购效率。供应链金融的应用也为原料供给渠道的多样化提供了有力支持。通过与金融机构合作，宝武钢铁集团为供应商和客户提供供应链金融服务，包括应收账款融资、保理、票据贴现等，缓解了上下游企业的资金压力，稳定了供应链关系。

最后，自营物流和港口设施的建设也助力了原料供给渠道的多样化。钢铁企业投资建设自有的物流运输体系和港口设施，提高原料运输的效率和可靠性。宝武钢铁集团建设了专用的矿石码头和铁路运输线路，实现了原料运输的自主化和高效化。通过掌握物流环节，企业可以更好地控制原料供应链，降低运输成本，减少对第三方物流的依赖。同时，数字化技术和信息系统的应用也助力了原料供给渠道的多样化。钢铁企业利用大数据、云计算、区块链等技术，构建智能化的供应链管理平台，实现对原料采购、物流运输、库存管理的全流程可视化和实时监控。信息技术的应用，提高了供应链的透明度和响应速度，降低了供应风险和运营成本。

（四）废钢资源利用的高效化

废钢作为钢铁生产中极为重要的原料，具有不可替代的地位和作用。废钢的回收和利用不仅是钢铁企业实现资源多元化的重要途径，也是降低对铁矿石等原生矿产资源依赖的关键手段。废钢的回收和利用能够显著减少能源消耗，降低生产成本，同时减少碳排放和环境污染，符合钢铁产业绿色发展和循环经济的要求。因此本部分将以废钢资源的高效利用与技术革新为例进行说明。

近年来，随着国家政策的大力支持和行业规范的不断完善，中国废钢资源的回收量和利用率显著提升，废钢回收加工逐步迈向规模化、集约化的发展阶段。废钢回收量和利用率的变化体现了行业发展的积极趋势。图7反映了中国废钢回收量和进口量。可以看出，废钢回收量在2022年和2023年上半年相对稳定，略有波动。这反映了中国在钢铁生产和回收过程中逐渐形成了一套较为成熟的循环经济机制。废钢资源在钢铁生产中的重要性日益凸显，废钢已成为钢铁生产不可或缺的原料之一。然而，废钢回收量并未出现持续上升的趋势，表明废钢回收系统的效率和社会废钢利用仍有提升空间。

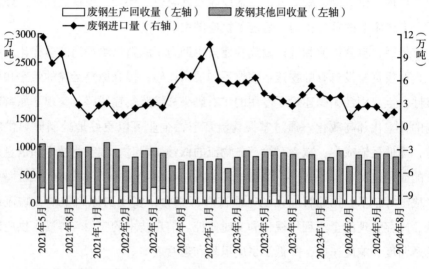

图7 2021年5月至2024年8月中国废钢回收量及进口量

资料来源：中国钢铁工业协会、海关总署。

废钢利用率的提高主要得益于废钢回收网络的完善、废钢加工技术的进步、电炉炼钢产能的扩大以及钢铁企业废钢利用意识的增强。随着经济的发展和城市化进程的推进，废钢资源的来源日益丰富，包括工业生产产生的加工废料、建筑拆迁产生的废钢材、报废的机械设备和车辆等。废钢回收企业数量增多，废钢集散中心的建设逐步完善，废钢回收渠道更加畅通，回收效率显著提升。如表2所示，随着对钢铁资源保障的重视，废钢比出现了明显的上升，连续多年稳定在20%以上，由于对钢铁原料的需求增长，自2023年7月开始废钢社会库存出现了明显的降低，并出现了一定量季节性波动（见图8）。

表2 2013~2022年中国粗钢产量、炼钢废钢消耗量及废钢比

单位：万吨，%

年份	粗钢产量	炼钢废钢消耗量	废钢比
2013	82200	8570	10.43
2014	82270	8830	10.73
2015	80383	8330	10.36
2016	80837	9010	11.15
2017	83173	14791	17.78
2018	92826	18777	20.23
2019	99634	21593	21.67
2020	106500	23262	21.85
2021	103279	22621	21.90
2022	101796	21531	21.15

资料来源：世界钢铁协会。

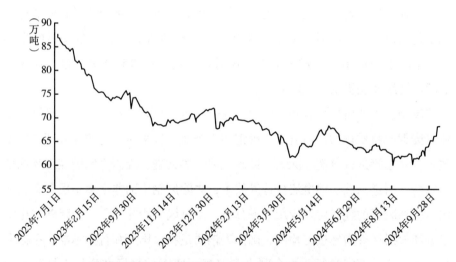

图8 2023年7月至2024年10月中国废钢社会库存

资料来源：我的钢铁网。

具体来说，先进的加工技术不仅提高了废钢处理的效率和质量，也扩大了废钢在钢铁生产中的应用范围。其中，电炉炼钢技术的广泛应用是废钢加工技术发展的重要标志。电炉炼钢以废钢为主要原料，利用电能产生的高温

将废钢熔化，并通过调整化学成分，生产出符合要求的钢水。相比传统的高炉—转炉炼钢工艺，电炉炼钢具有能耗低、污染小、投资省、生产灵活等优点，特别适合中小型钢铁企业和特殊钢材的生产。随着超高功率电炉、直流电炉等新型电炉技术的推广，电炉炼钢的生产效率和能源利用率显著提高，废钢利用率也随之提升。另外，废钢利用显著降低了钢铁生产的综合成本。与传统的高炉—转炉炼钢工艺相比，以废钢为主要原料的电炉炼钢在原料和能源消耗方面具有明显的优势。中国金属学会专家研究的数据显示，每使用1吨废钢，可替代约1.6吨的铁矿石和0.6吨的焦炭，直接节约了矿石采购和焦炭生产的成本。与此同时，电炉炼钢的能源消耗比高炉炼钢降低约60%，电力成本相对稳定，可有效规避煤炭、焦炭等能源价格波动带来的风险。此外，废钢价格通常低于铁矿石价格，尤其是在铁矿石价格高企的情况下，废钢的经济性更加突出。通过提高废钢在炼钢原料中的比例，钢铁企业可以大幅降低原料采购成本，提升产品的市场竞争力。部分先进企业通过优化工艺和提升废钢质量，成功将废钢比提高到50%以上，单位钢材的生产成本下降了5%~10%。成本下降不仅增强了企业的盈利能力，也为钢铁产业的可持续发展提供了经济动力。

废钢加工的质量控制和标准化措施也取得了重要进展。为了满足钢铁企业对废钢原料质量的严格要求，废钢加工企业积极采用先进的预处理和加工技术，对废钢进行分类、除杂、破碎、剪切等处理，提高废钢的纯度和规格一致性。引进磁选、涡电流分选等技术，去除废钢中的非金属杂质和有色金属，提高废钢的纯净度。应用光谱分析、X射线检测等手段，对废钢的化学成分和放射性等指标进行检测，确保废钢质量符合国家和行业标准。在标准化方面，相关部门和行业协会制定和完善了废钢质量标准和技术规范，如2018年7月1日实施的《废钢铁》（GB/T 4223—2017），规定了进口废钢的化学成分、物理性能、尺寸规格等方面的要求；2021年1月1日实施的《再生钢铁原料》（GB/T 39733—2020），对废钢的原料分类、技术要求、检验方法、验收规则、运输和质量证明书等做出了明确规定。废钢加工技术的进步和质量控制的加强，不仅提高了废钢资源的利用效率，满足了钢铁企业对高质量原料的需求，也促进了钢铁产业的绿色转型和可持续发展。随着科技的不断创新，废钢加工将进一步朝自动化、智能化和绿色化方向发展，为钢铁产业的高质量发展注入新的动力。

四　供应链的优化与升级

（一）供应链管理的现代化

在全球化竞争加剧和信息技术迅猛发展的背景下，钢铁企业的供应链管理正经历深刻的现代化变革。信息化和数字化技术的广泛应用，以及智能物流和仓储的建设，显著提升了供应链的效率、灵活性和透明度，增强了企业的市场竞争力。钢铁企业借助物联网、大数据、云计算和人工智能等先进技术，构建了数字化供应链平台，实现了采购、生产、物流、销售等环节的全面信息化。通过供应链管理系统（SCM）与企业资源计划系统（ERP）的集成，企业能够实时监控原料库存、生产计划和订单交付情况，快速响应市场变化，优化资源配置。例如，钢铁企业建立精准的需求预测模型，利用大数据分析和人工智能算法，提升生产计划的准确性，减少库存积压和资金占用，通过供应链平台激发数据要素流通新活力，实现以客户需求为导向，制造端到用户端的交易、生产、仓储、加工和物流等全过程高效协同。同时，应用区块链技术构建供应链的可信环境，实现供应商资质、原料质量、物流信息的可追溯性，提高供应链的透明度和风险防控能力。

在智能物流和仓储建设方面，钢铁企业积极引入自动化立体仓库、无人搬运车（AGV）、智能分拣系统和物流机器人等（见图9），打造高度自动化和智能化的物流仓储体系。通过物流信息系统（LIS）和仓储管理系统（WMS）的应用，实现物流运输和仓储管理的实时监控和优化调度。例如，日照钢铁对ESP成品库和冷轧原料库进行仓储智能化、无人化改造，加速数字赋能增效，驱动全流程智能制造转型升级，使钢材产品的入库、存储、拣选、出库等环节实现全流程自动化，仓储效率提高了30%以上。在物流运输方面，钢铁企业通过智能调度系统和车联网技术，优化运输路线和车辆调度，提升运输效率，降低物流成本和碳排放。此外，钢铁企业还积极探索供应链金融的创新应用，与银行和金融科技公司合作，利用区块链和智能合约等技术，为供应链上下游的中小企业提供便捷的融资服务。通过供应链金融，企业缓解了资金压力，提高了供应链的稳定性和协同效率。这种创新举措不仅提高了供应链的整体效率，也促进了企业间的协同合作。

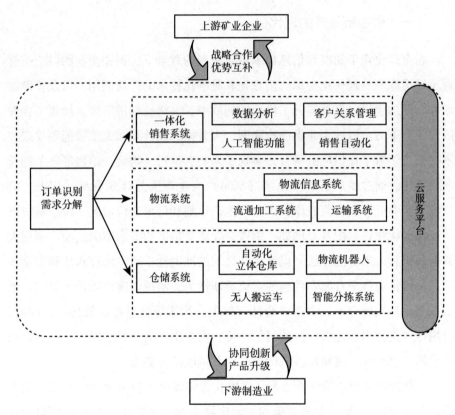

图9 钢铁供应链的优化与升级框架

资料来源：Wind 供应链数据库。

因此，供应链管理的现代化成为钢铁企业提升竞争力和实现资源保障高质量发展的关键举措。信息化和数字化技术的深度应用，以及智能物流和仓储的建设，使供应链的效率、灵活性和可控性大幅提升，为钢铁企业的转型升级和可持续发展提供了强有力的支撑。通过供应链管理的现代化，钢铁企业不仅优化了自身的运营模式，也为整个产业链的协同发展和价值创造奠定了坚实基础。

（二）供应链风险管理能力的提升

在全球经济一体化和市场环境日益复杂的背景下，钢铁企业面临的供应链风险显著增加。原材料价格波动、市场需求变化、地缘政治风险、自然灾害以及供应商管理等因素，都可能对企业的生产经营造成重大影响。为此，钢铁企业通过制定市场波动应对策略、建立战略储备和增强供应链弹性等措施，有效提升了供应链风险管理能力，保障了生产的连续性和稳定性。

在采购策略上，钢铁企业采取了多元化的采购方式，避免过度依赖单一供应商或地区。通过拓展全球采购渠道，与不同国家和地区的供应商建立合作关系，分散供应风险，提高供应链的稳定性。企业采用长期合同采购与现货采购相结合的模式，确保在一定时期内的供货量和价格，减少市场价格波动对经营的影响。此外，企业积极运用金融衍生工具，如期货、期权、远期合同等，对原材料价格风险进行对冲和管理。通过在期货市场上建立与现货市场相反的头寸，锁定未来的采购成本或销售价格，降低市场价格波动对利润的影响。

为了提高供应链的抗风险能力，钢铁企业还建立了战略储备体系，增强了供应链弹性。企业规划了合理的原材料战略储备水平，在市场供需紧张或突发事件发生时，依靠储备资源维持正常生产，避免由原材料短缺造成的损失。为了增强供应链的弹性，企业建立多层次的供应网络，当某一供应商或渠道出现问题时，企业能够迅速启用替代方案，保障供应链的连续性。此外，钢铁企业还建立了全面的供应链风险管理体系，涵盖风险识别、评估、监控和应对等环节。通过制定风险管理政策和流程，明确各部门和岗位的风险管理职责，形成全员参与的风险管理机制。通过引入专业的风险管理工具和方法，对供应链风险进行定量和定性评估，定期召开风险管理会议，通报

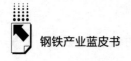

风险状况，讨论应对策略，不断完善风险管理体系。

综上所述，供应链风险管理能力的提升，是钢铁企业在复杂多变的市场环境中实现可持续发展的重要保障。通过制定市场波动应对策略、建立战略储备和增强供应链弹性，企业能够及时识别和应对市场变化，降低原材料价格波动和需求变化带来的风险。

（三）供应链协同效应的增强

钢铁企业在供应链的优化与升级过程中，通过与上游矿业企业的战略合作和与下游制造业企业的协同创新，显著增强了供应链的协同效应。这种协同效应不仅提高了资源配置效率，降低了运营成本，还促进了全产业链的可持续发展和竞争力提升。

与上游矿业企业的战略合作，是钢铁企业增强供应链协同效应的重要举措。通过与矿业公司建立长期稳定的合作关系，钢铁企业能够确保原料供应的稳定性和质量一致性，降低了原材料价格波动和供应中断的风险。双方在资源开发、技术创新和市场拓展等方面开展深度合作，实现优势互补和资源共享。钢铁企业通过与矿业公司共同投资开发海外矿山，参与矿产资源的勘探和开采，掌握了原料供应的主动权。这种合作不仅保障了钢铁企业的原料供应安全，还使矿业企业获得了稳定的销售渠道和资金支持。在技术层面，双方合作推进矿石选矿、提纯和物流运输技术的升级，提高了矿产品的品质和供应效率。通过共享技术成果和生产经验，双方的生产效率和资源利用率得到显著提升。此外，钢铁企业还与上游供应商共同开展环保技术的研究与应用，推动绿色矿业的发展。例如，共同开发低品位矿石的高效利用技术和矿山生态修复技术，减少资源浪费和环境破坏。这种战略合作模式，不仅保障了钢铁企业的原料供应安全，还提升了上游矿业企业的市场稳定性，实现了双赢。

与下游制造业企业的协同创新，则进一步强化了供应链的整体竞争力。钢铁企业与汽车、家电、机械、建筑等下游制造业企业密切合作，深入了解客户需求，共同开发高性能、高附加值的钢材产品。通过联合研发、技术共享和生产协同，双方共同提升了产品质量和市场竞争力。钢铁企业与汽车制造商合作开发高强度、轻量化的汽车用钢，满足了汽车行业对减重和安全性能的要求。通过使用新型钢材，汽车制造商能够降低整车重量，提高燃油经济性，减少排放，符合节能环保的要求。同时，钢铁企业拓展了产品应用领域，提高了市场份额。在建筑领域，钢铁企业与建筑公司合作开发高强度、耐腐蚀的建筑用钢，满足了高层建筑和海洋工程的特殊需求。通过协同创新，钢铁企业不仅提升了产品的技术含量和附加值，还促进了下游产业的技术进步和产品升级。

在供应链协同效应的增强过程中，信息共享和协同管理起到了关键作用。钢铁企业利用信息化和数字化技术，与上下游合作伙伴建立了高效的信息交流平台，实现了生产计划、库存状态、物流信息等数据的实时共享。通过供应链协同管理系统，企业能够与供应商和客户共同规划生产和物流方案，优化资源配置，降低库存成本和物流费用。这种全流程的协同管理，提升了供应链的响应速度和灵活性，满足了市场对快速交付和个性化定制的需求。同时，信息共享也提高了供应链的透明度和可追溯性，有助于加强质量控制和风险管理，提升了整个供应链的运行效率。

供应链协同效应的增强，不仅提升了钢铁企业自身的运营效率和市场竞争力，也带动了整个产业链的协调发展。通过与上游矿业企业的战略合作，保障了资源供应的可持续性；通过与下游制造业企业的协同创新，推动了产品和技术的升级换代。信息共享、协同管理和联合创新的综合运用，使供应链的整体效能得到显著提升，为钢铁产业的高质量发展奠定了坚实基础。这种供应链协同模式，顺应了全球化和信息化的时代潮流，体现了现代企业在竞争中合作、在合作中共赢的战略思维。

五 钢铁资源保障高质量发展的实践成果

通过对原料供给的多元化发展和供应链的优化与升级，钢铁企业在资源保障方面取得了显著成效。这些举措不仅提升了企业的运营效率和市场竞争

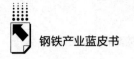

力，也为钢铁资源保障的高质量发展奠定了坚实基础。在此背景下，本部分将具体阐述钢铁资源保障高质量发展的主要特征和实践成果。

（一）高品质钢材生产能力的增强

高品质钢材生产能力的增强是钢铁资源保障高质量发展的重要体现。通过优化升级产品结构和提升满足高端市场需求的能力，钢铁企业在全球竞争中取得了显著的优势。首先，产品结构的优化升级推动了高品质钢材生产能力的提升。钢铁企业在原料来源多元化和高质量保障的基础上，积极调整产品结构，朝高强度、高韧性、耐腐蚀、耐高温等高性能钢材方向发展。宝武钢铁集团通过引进先进的生产工艺和技术装备，如真空冶炼、电渣重熔、连铸连轧等，大幅提高了钢材的纯净度和组织均匀性。以河钢集团为例，该企业深入推进钢铁资源保障的高质量发展，实现了高品质钢材生产能力的显著提升。面对钢铁产业前所未有的市场与结构性变革，河钢集团提升资源保障水平，强化技术创新能力，通过聚焦钢铁产业高端材料、智能制造、绿色低碳等前沿技术研究，引领"钢铁向材料、制造向服务"的转型发展。作为中国第二大汽车用钢制造商，河钢集团已实现汽车用钢产品全覆盖，共计开发了6条工艺路线、6大系列产品、5个降碳等级的绿色低碳钢，吸引了宝马集团和长城汽车等客户合作共建绿色低碳钢铁供应链；在家电领域，河钢集团是中国第一大家电用钢制造商，生产的具有抗菌防腐等性能的彩涂板被用于高端品牌家电面板；此外，河钢集团还是海洋工程、建筑桥梁、能源及核电用钢的领军企业，生产的百米重轨成功供应了多个国铁集团基建用轨项目。

其次，满足高端市场需求的能力显著增强。随着原料供应质量的提升和供应链的稳定，钢铁企业具备了生产高端产品的物质基础和技术保障。企业积极与下游高端制造业合作，深入了解客户需求，定制化生产满足特定性能要求的钢材产品。2022年底，鞍钢铸钢有限公司自主研发的ANi36因瓦钢取得成功，已为中国航空领域公司生产该品种150吨板坯轧制产品，产品质量和技术指标满足用户要求。进入"十四五"时期后，鞍钢铸钢有限公司将研发 ANi36 因瓦钢作为突破国外垄断、解决"卡脖子"难题的科研项目，集中力量进行技术攻关。在这一过程中，钢铁资源保障的高质量发展发挥了关键作用。通过对冶炼工艺、钢水纯净度、锻轧工艺等方面的深入探索，企业充分利用了电渣重熔的设备和技术优势，攻克了钢水纯净度要求高、锻轧过程易发生裂纹等技术难点。高质量的原料供应和先进的工艺保障，使企业在钢材研发和生产中取得了突破性进展，实现了中国首次采用电渣工艺研发生产因瓦钢的先例。

这一成果的取得，充分体现了钢铁资源保障高质量发展对高品质钢材生产能力增强的关键作用。通过提高原料供应的质量和稳定性，优化资源配置，企业能够专注于技术创新和高端产品研发，满足国家重大需求和高端市场的需求，打破国外垄断，提升中国钢铁产业的核心竞争力。钢铁资源的高质量保障，不仅为高端钢材的生产提供了必要的物质基础，还促进了技术水平的提升和产品结构的优化，推动了钢铁企业的高质量发展。

（二）生产效率的提升

生产效率的提升是钢铁资源保障高质量发展的又一重要体现。通过提高资源利用率、降低生产成本和提升利润率，钢铁企业在市场竞争中取得了更大的优势。

首先，资源利用率的提高显著促进了生产效率的提升。钢铁企业通过优化原料配比、引入高品质原料和先进的生产工艺，实现了对资源的高效利用。以废钢资源的高效利用为例，企业加强了废钢回收加工，提升了废钢在炼钢过程中的添加比例。先进的冶炼技术，如电炉炼钢、转炉复吹等的应用，使废钢的熔化效率和利用率大幅提升。通过增加废钢等二次资源的利用，企业有效减少了对铁矿石等原生资源的依赖，同时降低了能源消耗和污染物排放。以宝武钢铁集团为例，其通过实施资源优化策略，积极提升废钢利用率。宝武钢铁集团引进了世界先进的电炉炼钢技术，建成了智能化电炉生产线。通过优化废钢配比和冶炼工艺，废钢利用率提高了 10 个百分点以上，每年可减少铁矿石消耗数百万吨。此外，宝武钢铁集团还应用了高效连

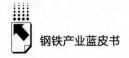

铸连轧技术，提高了金属收得率，减少了材料浪费。资源利用率的提高，不仅降低了原料消耗，还提升了生产效率。

其次，生产成本的降低和利润率的提高进一步体现了生产效率的提升。资源利用率的提高直接带来了成本的节约。例如，使用废钢替代部分铁矿石，可以显著降低原料采购成本；先进的冶炼技术和工艺优化，减少了能源消耗和材料浪费，降低了生产过程中的单位成本。同时，供应链的优化和稳定性的增强，使原料供应更加及时、可靠，减少了库存成本和供应中断风险。企业通过数字化、智能化手段，提高了生产过程的自动化和精益管理水平，进一步降低了运营成本。鞍钢通过引入智能制造技术、建设数字化车间，实现了生产全过程的自动化控制和实时监测；通过大数据分析和人工智能技术，优化了生产调度和工艺参数，减少了设备故障和生产停滞，提高了生产效率。资源利用率的提高和生产效率的提升，使鞍钢的吨钢生产成本下降了5%，利润率提高了3个百分点。此外，河钢集团通过供应链的优化和原料采购的多元化，降低了原料成本。与多家原料供应商建立了战略合作关系，确保了高质量原料的稳定供应。通过优化物流运输和库存管理，减少了物流成本和库存资金占用。生产成本的降低，直接提升了公司的盈利能力和市场竞争力。

综上所述，生产效率的提升、资源利用率的提高和生产成本的降低，不仅增强了钢铁企业的盈利能力和市场竞争力，也为钢铁产业的可持续发展奠定了坚实基础。高效利用资源、降低生产成本、提高利润率，已成为钢铁企业实现高质量发展的重要路径。在钢铁资源保障高质量发展的支撑下，钢铁企业将继续深化技术创新和管理优化，推动生产效率的进一步提升，为行业的转型升级和高质量发展做出更大的贡献。

（三）可持续发展的推进

2023年，中国占世界能源生产二氧化碳排放总量的近1/3，超过了整个西半球和欧洲的总排放量，从图10中也可以看出中国的二氧化碳排放量持续处于高位。而钢铁产业是能源消耗和碳排放的重点产业，传统的高炉炼铁过程会产生大量的二氧化碳、二氧化硫、粉尘等污染物。同时如表 3 所示，以美国和欧盟等为代表的国家和地区早已实现钢铁产业碳达峰，并且这些国家和地区钢铁产量远低于中国，与其相比，中国面临减排总量大和时间紧迫的双重压力。因此，钢铁企业在保障资源供应的高质量发展的同时，积极推进可持续发展，通过绿色制造的实践和成果，展现了行业对环境保护和社会责任的担当。资源保障的优化为绿色制造提供了坚实的基础，企业在生产过程中全面贯彻绿色发展理念，实现了经济效益和环境效益的双赢。

图 10　1995~2023 年中国二氧化碳排放量

资料来源：Our World in Date。

表 3　世界主要国家和地区 2023 年粗钢产量、碳达峰时间及碳达峰年钢产量

单位：百万吨

国家与地区	2023 年粗钢产量	碳达峰年份	碳达峰年钢产量
中国	1019.1	未达峰	—
欧盟	126.3	1990	191.8
印度	140.2	未达峰	—
日本	87.0	2013	110.6
美国	80.7	2007	98.1
俄罗斯	75.8	1990	154.4
韩国	66.7	2018	72.5
土耳其	33.7	未达峰	—

资料来源：世界钢铁协会。

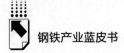

　　钢铁企业在绿色制造方面取得了显著成效。通过优化原料结构，增加废钢等二次资源的利用，降低了对铁矿石等原生资源的依赖，减少了采矿和运输过程中对环境的破坏。据研究，每使用1吨废钢，可减少1.6吨的二氧化碳排放、1.2吨的固体废弃物产生以及大量的废水和废气排放。这对于实现碳达峰碳中和目标具有重要意义。同时，废钢利用还减少了采矿、选矿等上游环节对自然环境的破坏。铁矿石开采过程会造成土地荒漠化、水土流失和生态系统的破坏，而废钢回收则是对现有资源的再利用，降低了对自然资源的消耗，保护了生态环境。以宝武钢铁集团为例，其积极推进废钢资源的高效利用，废钢比大幅提升，单位钢材的碳排放显著降低。宝武钢铁集团引入了先进的节能减排技术，如高炉煤气回收、转炉余热利用、干法除尘等，大幅降低了能源消耗和污染物排放。2024年由宝武环科、宝武水务承建的马钢炼铁总厂1号高炉煤气精脱硫项目已实现连续稳定运行近半年，技术达到中国领先水平，项目各项数据均达到设计指标要求。宝武钢铁集团内部首套高炉煤气精脱硫项目的顺利投运，不仅为高炉煤气源头治理提供了先进的技术支持，还在行业内形成了重要的示范效应。高炉煤气是炼铁过程中产生的主要副产气体，除用于炼铁自身的热风炉外，还被送往轧钢加热炉、煤气发电等用户单元作为燃料使用。这一技术的成功应用，不仅提升了资源利用率，降低了生产成本，还为高品质钢材的生产提供了清洁、高效的能源支持。通过对高炉煤气的深度净化，钢铁企业实现了资源的高效循环利用，减少了环境污染，体现了钢铁企业在资源保障高质量发展中的积极探索和实践。河钢集团同样在绿色制造方面取得了突出成果。河钢集团实施了全流程的绿色制造体系，引入了清洁生产技术和装备，单位产品能耗持续下降。河钢集团还建设了循环经济产业园，实现了能源、资源的梯级利用和循环利用。通过与上下游企业的协同，构建了绿色供应链，提升了全产业链的环保水平。

　　与此同时，钢铁资源保障的高质量发展，不仅为钢铁企业提升生产效率和产品质量提供了有力支撑，也使其在履行社会责任和提升公众形象方面取得了积极进展。以山钢集团为例，该企业通过强化钢铁资源的高效配置和绿色利用，切实履行了国有企业的政治责任、社会责任和经济责任，全面加强了党的建设和领导，深入推进市场化改革，持续推动国有资本和国有企业做强做优做大。高质量的资源保障使山钢集团着力锻造绿色、智慧、可持续发展的比较优势，2020~2023年，山钢集团累计纳税超300亿元，通过提升资源利用效率和减少环境污染，践行了绿色发展理念，履行了对社会和环境的责任。首钢集团在搬迁至曹妃甸后，打造了绿色生态的钢铁生产基地，实现了钢铁生产与城市环境的和谐共生。首钢集团还积极参与北京冬奥会的建设和服务工作，提供高品质的绿色钢材，助力绿色冬奥的实现。企业的社会责任实践，赢得了公众的广泛赞誉，提升了企业的社会形象。

综上所述，钢铁企业在资源保障高质量发展的背景下，积极推进可持续发展，取得了绿色制造的实践成果，履行了社会责任，提升了公众形象。这些努力不仅有助于企业自身的可持续发展，也为产业的转型升级和高质量发展指明了方向。未来，钢铁企业将继续深化绿色发展理念，强化资源保障和环境保护的协同效应，为建设资源节约型、环境友好型社会做出更大的贡献。

六　研究总结与展望

本报告深入探讨了钢铁产业资源保障的多元化发展，指出了在全球经济一体化和资源竞争加剧的背景下，资源多元化、供应链的稳定性和高质量原料供应是钢铁产业可持续发展的关键。首先，资源多元化战略的实施显著降低了钢铁产业对传统铁矿石资源的依赖。通过引入新型原料，以及增加废钢等二次资源的利用，钢铁企业拓宽了原料来源渠道，提高了资源供应的安全性和稳定性。尤其是废钢回收技术革新在钢铁资源保障高质量发展中发挥了重要作用。通过提高废钢回收利用率和加工技术水平，钢铁企业不仅显著降低了生产成本、提升了经济效益，还实现了钢铁产业的可持续发展。其次，供应链管理的优化与升级提升了钢铁企业的运营效率和抗风险能力。通过供应链的数字化和信息化建设，企业实现了从原材料采购、生产计划到产品销售的全流程协同管理。通过采用先进的供应链管理技术，钢铁企业能够提高供应链的响应速度，降低库存成本和物流费用。同时，完善的供应链风险管理体系，使企业能够有效应对市场波动、供应中断等不确定因素，保障生产的连续性和稳定性。最后，系统总结了钢铁资源保障高质量发展的实践成果。钢铁资源保障的高质量发展对高品质钢材生产能力的增强、生产效率的提升和推进可持续发展均起到了关键作用，为产业的转型升级和高质量发展指明了方向。综上所述，本报告通过案例分析和数据统计，全面展示了钢铁产业资源保障状况以及发展趋势，为产业决策和企业实践提供了重要的参考和指导。

本报告提出以下政策建议。

促进资源多元化。钢铁产业的可持续发展离不开原料来源的多元化战略。政府应出台相关激励政策，如税收优惠和财政补贴，鼓励企业开发新的原料资源。鼓励企业合作，共同开发回收技术和再生材料的应用技术，提高废钢等二次资源的利用率和质量。

完善供应链管理。钢铁产业的供应链复杂，涉及从原材料采购到产品销售的多个环节。为了提高整个产业的稳定性和效率，需要系统地完善供应链管理。首先，政府应出台政策支持供应链的数字化和信息化。建设统一的信息平台，促进信息的透明共享，可以有效降低供应链中的不确定性，提高反应速度和管理效率。其次，鼓励企业采用先进的供应链管理技术和方法，如供应链协同、库存优化和需求管理等。政府可以通过提供培训、技术咨询和金融支持等措施，帮助企业提升供应链管理水平，从而提升钢铁产业整体的竞争力和抗风险能力。

加强国际合作。钢铁企业和政府应积极参与国际交流与合作，以获取更多资源、市场和技术。政府可以通过双边或多边协议，促进与资源丰富国家的合作，确保原料供应的多样性和稳定性。同时，鼓励企业参与国际研发合作，共同开发新技术、新产品。这不仅可以加速技术创新，还能帮助企业拓展国际市场。政府可以提供必要的外交支持和研发资金，降低企业在国际合作中的风险和成本。加强与国际组织的合作，积极参与或牵头制定国际行业标准。通过在国际舞台上发声，提高中国钢铁产业的国际影响力，为本国企业营造更为有利的国际竞争环境。政府可以支持企业和专业人才参与国际会议、组织和标准制定，增强中国在全球钢铁产业中的话语权。

参考文献

《2024 年钢铁行业分析》，联合资信评估股份有限公司网站，https：//www.lhratings.com/file/f992b647533.pdf。

《国务院办公厅关于印发自然资源领域中央与地方财政事权和支出责任划分改革方案》，中国政府网，2020 年 7 月 10 日，https：//www.gov.cn/zhengce/zhengceku/2020-07/10/content_5525614.htm。

《国务院关于全国矿产资源规划（2016—2020 年）的批复》，中国政府网，2016 年 11 月 8 日，https：//www.gov.cn/zhengce/zhengceku/2016-11/08/content_5129991.htm。

韩跃新等：《中国铁矿石选矿技术发展与展望》，《金属矿山》2024 年第 2 期。

刘治彦：《新时代中国可持续发展战略论纲》，《改革》2018 年第 8 期。

上官方钦等：《新形势下中国钢铁行业碳达峰碳中和若干问题探讨》，《钢铁》2024 年第 9 期。

王永中、万军、陈震：《能源转型背景下关键矿产博弈与中国供应安全》，《国际经济评论》2023 年第 6 期。

《自然资源部关于推进矿产资源管理改革若干事项的意见（试行）》，自然资源部网站，2020 年 1 月 9 日，https：//gi.mnr.gov.cn/202001/t20200109_2497072.html。

《自然资源部关于完善矿产资源规划实施管理有关事项的通知》，中国政府网，2024 年 3 月 12 日，https：//www.gov.cn/zhengce/zhengceku/202403/content_6939733.htm。

B.10
中国钢铁产业供给高质量发展路径

马建峰　贺娅桐*

摘　要：　中国钢铁产业自改革开放以来经历了从缓慢发展到迅猛扩张的转变，中国已成为全球最大的钢铁生产和消费国。然而，随着产业规模的不断扩大，产能过剩、环境污染和资源消耗等问题日益凸显，严重制约了钢铁产业的可持续发展。本报告阐述了提升钢铁产业供给质量的重要性，指出技术创新、产品结构优化、资源利用效率提升及环保措施实施是实现高质量发展的关键路径。通过分析鞍钢集团、河钢集团和河北永洋特钢集团等典型案例，展示了中国高端钢铁产品在技术创新和市场拓展方面取得的显著成就。本报告进一步探讨了中国钢铁产业面临的技术创新、经济成本压力及政策和市场环境的不确定性等主要挑战，并提出了加强技术研发与创新合作、优化成本管理和财务策略、建立风险管理与市场应对机制等对策建议。同时，本报告总结了中国钢铁产业在规模、技术创新和生态环保方面的卓越表现，展望了在全球化和绿色发展的背景下，中国钢铁产业通过技术与政策双轮驱动实现高质量发展、提升全球竞争力的广阔前景。

关键词：　中国钢铁产业　供给质量　高质量发展　技术创新　绿色环保

钢铁产业作为国家经济发展的基石，一直是推动全球工业化进程的关键力量。自改革开放以来，中国钢铁产业经历了由缓慢发展到迅猛扩张的巨大

---

* 马建峰，北京科技大学经济管理学院应用经济系副主任、副教授，研究方向为数字基础设施建设与管理、数据要素治理，效率评价伦理与方法；贺娅桐，北京科技大学经济管理学院硕士研究生，研究方向为数字经济、产业数字化转型。

转变，中国成功跃升为世界上最大的钢铁生产和消费国。这一成就不仅彰显了中国经济的快速崛起，也反映了中国在全球制造业产业链中的重要地位。然而，随着行业规模的迅速扩大，钢铁产业面临产能过剩、环境污染和资源消耗等问题，这些问题严重制约了钢铁产业的可持续发展，对国家经济结构调整和绿色转型提出了严峻的考验。近年来，去产能政策的实施在一定程度上缓解了中国钢铁产业产能过剩的问题，但整体产能依然高于实际需求，导致市场供需失衡、企业盈利能力下降，甚至引发部分钢铁企业的倒闭或被兼并重组。此外，钢铁生产作为高耗能、高排放的行业，长期以来对环境造成了严重影响。大量二氧化碳、硫氧化物、氮氧化物和粉尘的排放，给生态环境带来了巨大压力。同时，钢铁产业对铁矿石、煤炭和电力等基础资源的高强度消耗，不仅带来了成本压力，也引发了人们对资源安全和供应链稳定性的担忧。国际市场上铁矿石价格的频繁波动，进一步加剧了中国钢铁企业在成本控制和市场竞争等方面面临的挑战。

当前，全球经济结构发生深刻变化，环保和资源节约成为全球发展的重要趋势，钢铁企业面临更严格的环保政策和排放标准、更高昂的运营成本及更高要求的技术改造和生产方式。在这样的背景下，提升中国钢铁产业的供给质量显得尤为重要。这不仅关系满足国内外市场对高质量钢材的需求，更是中国钢铁产业转型升级、实现绿色发展的必经之路。通过创新技术、优化产品结构、提高资源利用效率和实施环保措施等，钢铁产业可以有效应对产能过剩、环境污染和资源消耗等问题，实现高质量发展。

一 提升中国钢铁产业供给质量的意义

（一）提升中国钢铁产业供给质量对国内的意义

中国钢铁产业供给质量的提升在促进国家经济转型、实现绿色发展和保障社会稳定等方面起到至关重要的作用。这不仅是产业自身发展的需要，也是国家战略发展需求的体现，是中国全面建设社会主义现代化国家、实现高

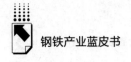

质量发展的重要内容。

1. 驱动经济转型与产业升级

中国正经历从重工业和制造业向服务业和高技术产业的转型。在这一过程中，钢铁产业作为基础原材料产业，其产品质量的提升对于推动国家整体产业升级具有重要意义。近年来，国内高端制造业如汽车、船舶、航空航天等领域对特种钢材的需求急剧增加，传统钢铁产品已难以满足这些领域的高标准要求，只有高质量的钢铁产品才能支持下游产业向高端化、精密化发展。数据显示，在汽车用钢领域，中国钢铁企业已能稳定供应抗拉强度达到1500MPa以上的热成形钢[①]，这种更轻、更强、更耐用的高质量钢材不仅直接提升了汽车的性能和安全性，还在一定程度上减少了能耗和碳排放。这一成就不仅增强了国内汽车制造业的竞争力，也提升了中国钢铁产业在国际市场上的声誉。此外，高质量钢材产品的推广促进了制造业的技术进步和产品升级，带动了冶金设备制造、钢材加工、物流配送等相关配套产业的发展。这种产业间的良性互动加速了产业结构的优化升级，提高了整体经济运行效率。根据国家统计局的数据（见图1），中国钢材出口量在2019~2023年整体呈增长态势，出口量增速整体呈上升趋势，而进口量自2020年起逐年下降，表明国内钢材自给率不断提高，部分关键领域已实现进口替代，有效缓解了国外技术封锁和市场垄断带来的压力。

2. 促进环境保护与绿色发展

钢铁产业是能源消耗和环境污染的重要来源。随着中国对环境保护和可持续发展的日益重视，钢铁产业在环保和节能减排方面的表现已成为衡量其发展质量的重要指标。通过采用电弧炉技术、连续铸造技术和废热回收系统等先进环保技术和设备，钢铁企业能够显著提高能效，减少废气和固体废物的排放。这不仅有助于钢铁产业的可持续发展，也是实现国家环保目标、促进绿色低碳经济发展的重要举措。同时，高质量的钢铁产品具有更长的使用

---

① 《新钢汽车用1500MPa级热成形钢成功"出圈"》，我的钢铁网，2022年7月18日，https://factory.mysteel.com/22/0718/16/1DD0120FE51416A3.html。

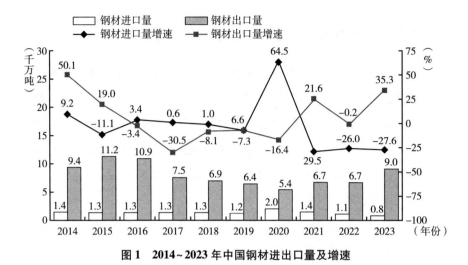

图 1　2014～2023 年中国钢材进出口量及增速

资料来源：国家统计局。

寿命和更强的可回收性，能有效减少生命周期内资源的消耗，减轻环境负担。

3. 保障社会长期稳定发展

钢铁产业供给质量的提升与国家的社会稳定和长期发展密切相关。一方面，钢铁产业是众多基础设施项目和重大工程的物质基础，高质量的钢材是确保这些项目和工程安全、耐用的前提。例如，桥梁、高速公路、高层建筑和防洪工程所用的钢材，其性能直接关系工程的安全性和耐久性。另一方面，钢铁产业的稳定发展为社会提供了大量就业机会，在一定程度上提高了中西部和东北地区就业率，对于促进地区经济均衡发展、改善民生具有重要意义。随着产业升级和技术进步，提高钢铁产业供给质量还将推动劳动力市场的需求转型，促进劳动力从低技能向高技能的结构调整，提高整个社会的职业技能和生产效率。

综上所述，中国钢铁产业供给质量的提升不仅增强了自身的竞争力，提升了自身的附加值，也为国内经济的持续健康发展注入了强劲动力。未来，随着技术创新的深入和产业政策的持续引导，中国钢铁产业有望在供给质量上取得更大突破，为国内外市场提供更加优质的钢铁产品和服务。

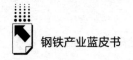

（二）提升中国钢铁产业供给质量对国际的意义

在全球化深入发展的今天，中国钢铁产业的变革不仅重塑了国内市场，也对世界钢铁产业链产生了深远影响。作为全球最大的钢铁生产和消费国，中国在提升钢铁产业供给质量的过程中展示了其对全球钢铁产业发展趋势的引领作用。这一转变不仅关乎技术创新和产业升级，更是环境责任和可持续发展的体现，对全球经济和工业化进程具有重要的战略意义。

1. 稳定全球钢铁供应链

在全球化深入发展的背景下，中国钢铁产业的转型对全球钢铁产业链产生了深远影响。根据世界钢铁协会2014~2023年的数据（见图2），自2018年以来，中国粗钢产量始终占全球总产量的50%以上，2020年达到10.6亿吨，占全球总产量的近57%，位居世界前列。较强的生产能力使中国在稳定全球钢铁供应链中具有不可替代的地位。随着中国钢铁供给质量的稳步提升，全球建筑、汽车、船舶和机械制造等重要行业的技术和质量也得到了显著提升。此外，中国钢铁产品质量的提升有助于降低全球制造业的生产成本，中国钢铁因其较高的性价比在国际贸易中得到广泛应用。同时，中国钢铁企业通过国际合作与交流，与其他国家的钢铁企业建立了紧密的合作关系，推动全球钢铁产业链的优化升级，维护全球钢铁供应链的稳定性，促进全球经济的互联互通。

2. 推动全球环保技术的进步

中国钢铁产业在环保和节能减排方面所做的努力对全球绿色发展具有示范作用。中国政府已将生态文明建设上升为国家战略，实施了一系列针对钢铁产业的环保政策[①]，不断促进钢铁企业的技术升级和创新，显著提高钢铁生产效率，减少了污染排放。通过推广电炉炼钢技术和提高废钢利用率，提升资源循环利用率，大幅降低了生产过程中的碳排放。此外，许多钢铁企业积极探索将可再生能源（如风能和太阳能）集成到生产过程中，以实现更

---

① 《科技创新引领中国钢铁破浪前行》，《中国冶金报》2018年11月22日。

图 2　2014~2023 年中国粗钢产量及其占全球的比重

资料来源：世界钢铁协会。

高的环保标准。这些努力不仅降低了中国钢铁产业的碳排放强度，也为全球钢铁产业的绿色低碳发展树立了典范。通过国际交流与合作，中国钢铁企业与其他国家的企业共同探索绿色低碳发展的新路径和新模式，为全球应对气候变化贡献了中国的智慧和力量。

3. 引领全球钢铁技术创新

中国钢铁产业在技术创新方面的成就为全球钢铁产业树立了新的标准。随着市场对质量和效率的要求不断提高，中国钢铁企业大力投资研发环节，与钢铁研究机构合作，成功开发出多种高性能钢材，如高强度轻量化钢板等，被广泛应用于现代建筑、高速铁路和新能源汽车等领域。此外，智能制造的推广使钢铁生产过程更加自动化和智能化，大幅提高了钢铁的生产效率和安全性，降低了生产成本。通过引进和自主研发的智能化生产线，中国钢铁企业不仅优化了钢铁生产流程，还大大提升了产品质量和生产的灵活性，为全球钢铁产业的技术进步做出了重要贡献，推动了相关技术在全球范围内的普及和应用。

总体而言，无论是在推动全球钢铁供应链稳定和发展、全球环保技术进步方面，还是在引领全球钢铁技术创新方面，中国钢铁产业供给质量的提升

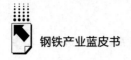
都具有不可替代的作用，不仅促进了全球经济的进步，还有助于实现全球环境的可持续发展，提高全球钢铁产业的整体技术水平。

二　中国钢铁产业供给高质量发展概述

（一）中国钢铁产业供给现状分析

在全球经济版图中，钢铁产业宛如坚固的基石，支撑着工业化进程与国家经济命脉。中国作为这一领域的领军者，在高质量发展的道路上迈出了坚实的步伐，成为全球钢铁市场的中流砥柱。通过技术创新、结构优化及绿色转型等方面的努力，中国钢铁产业成功实现了从"大"到"强"的华丽转变，展现出在供给数量与供给质量双重维度上的飞速成长与深刻变革。这一进程反映了中国工业体系的深度调整与转型升级，对重塑全球经济格局起到重要作用。

1. 生产总量稳步增长，规模优势持续凸显

在钢铁产业供给量方面，中国钢铁产业持续巩固其全球领先地位。2020年，中国粗钢产量达 10.6 亿吨，占世界粗钢产量的 56.5%。截至 2023 年，中国已连续 28 年稳居全球钢铁生产第一位。从图 3 可以看出，2015~2023年，中国钢材产量逐年递增，生铁和粗钢产量整体呈现上升趋势。2005~2023 年，无论是生铁、粗钢还是钢材，中国的产量均保持上升趋势，并且在 3 种材料的生产上取得巨大突破。这不仅彰显了中国钢铁产业较强的生产能力和稳定的供给基础，也体现了中国在全球钢铁市场中的重要地位。面对国内外市场的复杂变化，中国钢铁企业凭借灵活的产能调控和高效的物流体系，确保了钢铁产品的稳定供应，为国内外基础设施建设、制造业发展等提供了坚实的物质基础。

中国钢铁产业并未止步于供给数量的增长，而是更加注重供给质量的提升。近年来，中国钢铁企业积极响应国家高质量发展号召，在技术创新、产品结构优化、绿色低碳转型等方面多措并举，推动钢铁产业向高质量发展

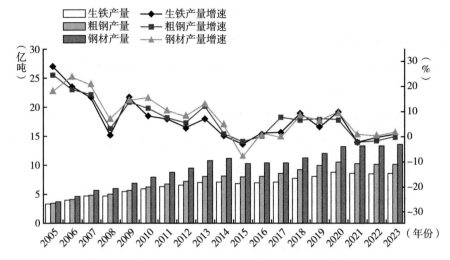

图3 2005～2023年中国生铁、粗钢、钢材产量及增速

资料来源：国家统计局。

迈进。

在技术创新方面，中国钢铁企业不断加大研发投入力度，引进和消化吸收国际先进技术，推动绿色低碳技术、智能制造技术等在钢铁生产中广泛应用。氢冶金、低碳冶炼等前沿技术的研发和应用，有效降低了生产过程中的碳排放量，提高了资源利用效率，推动钢铁产业向绿色化转型。截至2023年末，中国共有116家钢铁企业完成或部分完成超低排放改造和评估监测。其中，89家钢铁企业完成全过程超低排放改造，涉及粗钢产能约4.26亿吨；27家钢铁企业部分完成超低排放改造公示，涉及粗钢产能约1.05亿吨。2024年初，河钢集团120万吨氢冶金示范工程成功应用绿氢作为还原气，实现稳定生产，相比同等规模的传统工艺，该工程每年可减少80万吨二氧化碳排放量[①]。此外，宝武集团、鞍钢集团等大型企业在"双碳"目标的推动下，纷纷加入氢冶金项目，在氢直接还原、新能源制氢联产无碳燃料等技术领域持续深耕。截至2024年6月底，中国已

---

① 《河钢集团张宣科技首次实现"绿氢"氢冶金》，人民网，2024年10月4日，http://he.people.com.cn/n2/2024/1004/c192235-40998130.html。

有超过 140 家钢铁企业完成了超低排放改造及其评估监测公示工作,这些企业的吨钢平均投资约 466.36 元,用于环保设施改造和升级项目;同时,吨钢平均环保运行成本达到了约 226.45 元,显示出中国钢铁企业在环保方面的巨大投入和坚定决心。

与此同时,智能制造技术的快速发展为中国钢铁产业带来了变革。通过建设智能工厂和智能集控中心,积极推进数字化和智能化转型,形成了智慧生产、质量管控、设备运维、无人库区及安环消防等多业务集成的平台管控架构,实现了生产效率、能效水平、自动化水平、智能化水平和可视化水平的全面提升。截至 2023 年末,中国钢铁产业机器人应用密度达到 54 台(套)/万人,90%的钢铁企业已建立了生产制造执行及能源管控系统,显著提高了钢铁产品的生产效率和供给质量,在优化生产流程、降低能耗排放的同时,提升了产品的整体性能和市场竞争力,进一步巩固了中国钢铁产业在全球市场中的领先地位。

2. 生产种类日益丰富,满足多元化市场需求

在产品结构优化方面,中国钢铁企业紧跟市场需求变化,加大高端钢材和绿色钢材的研发和生产力度。据统计,近年来中国高端钢材和绿色钢材的产量占比逐年提升,其中汽车用钢、船舶用钢、家电用钢等高端制造业用钢产品的产量和质量均实现了显著提升[①]。在高端钢材方面,宝武集团的取向硅钢获得全面领先优势;太钢集团拥有 800 多项核心技术,引领世界高端不锈钢产品发展;鞍钢集团的高强钢轨、河钢集团的特厚板、兴澄特钢的轴承钢等产品均达到国际领先水平。在绿色低碳转型方面,张宣科技依托氢冶金绿色高端制造工艺,为下游用钢行业减碳打通了"最后一公里"。2023 年前 8 个月,张宣科技累计开发特材领域高端大客户 7 家,研发 20 余种新材料,其中配加直接还原铁(DRI)的近零碳绿色模具钢有 8 种,产销量同比增长 110%,并开发生产了 40Cr 等 3 个绿色圆钢品种及 Q420C 等 3 个绿色角钢品

---

① 《前三季度我国钢材品种结构不断优化》,"新华社"百家号,2023 年 10 月 24 日,https://baijiahao.baidu.com/s?id=1780632965030023366&wfr=spider&for=pc。

种；28 个绿色镀锌丝产品问世，并应用于印度尼西亚河道治理工程等国内外重点工程。在进口替代方面，自 2010 年起，单价高于 2000 美元的高端钢材产品出口量超过了进口量。高端钢材和绿色钢材不仅满足了国内外市场对高质量、高性能钢材的需求，也为中国钢铁产业赢得了良好的市场口碑和品牌形象。

3. 产品用途广泛多样，支撑国家经济发展

中国钢铁产业的产品用途广泛且多样，几乎涵盖了国民经济的各个领域。从基础设施建设到制造业发展，再到交通运输和能源环保，钢铁产品在其中发挥着不可替代的作用。在基础设施建设方面，钢铁材料作为现代化城市建设的重要基石，支撑着高楼大厦、桥梁隧道以及高速公路、铁路网络等各类基础设施项目的建设。中国钢铁企业所提供的高质量钢材产品，为这些基础设施项目的顺利实施提供了坚实的保障，确保了工程的安全性和耐久性。钢材的强度、韧性及可塑性直接影响着建筑结构的稳定性和使用寿命，因此优质钢材在基础设施建设中具有至关重要的作用。此外，中国钢铁企业在供应链管理和物流体系上的优化，进一步提升了钢材的供应效率和可靠性，为国内外基础设施建设提供了有力支持。在制造业发展方面，钢铁材料作为制造机械设备、汽车、船舶等工业产品的重要原材料，其质量直接影响着下游产业的技术水平和产品质量。中国钢铁企业通过持续研发高性能、高精度和高附加值的钢材产品，满足了制造业对高质量原材料的需求，推动了制造业的转型升级和高质量发展。高质量钢材不仅提升了工业产品的性能和安全性，还延长了产品的使用寿命，减少了维护成本，提升了整体经济效益。在交通运输方面，钢铁材料是构建现代交通网络的关键元素，涵盖汽车制造、船舶制造、航空航天等多个领域，为这些领域的发展提供了有力支撑，促进了交通运输基础设施的现代化和高效化。在能源环保方面，钢铁产业同样发挥着重要作用。随着全球对环境保护和可持续发展的日益重视，钢铁企业开始注重绿色生产和低碳发展，采用先进的环保技术和设备，优化能源结构，降低生产过程中的能耗和排放，减少环境污染和生态破坏。这种绿色发展模式不仅契合全球绿色低碳发

展的趋势，也为中国钢铁产业的可持续发展注入了新的动力。通过技术创新和绿色转型，中国钢铁产业不仅提升了自身的供给质量，还在推动整体经济的绿色转型中发挥了积极作用。例如，通过应用低碳炼钢技术和氢冶金工艺，显著降低了碳排放强度，提升了资源利用效率，促进了循环经济的发展。这种绿色生产方式不仅有助于环境保护，还增强了钢铁企业的社会责任感和市场竞争力。

由此看来，在供给高质量发展方面，中国钢铁产业取得了显著成就。从生产总量稳步增长到生产种类日益丰富，再到产品用途广泛多样，充分展示了中国钢铁产业的强大实力和无限潜力。未来，随着技术的不断进步和市场的不断拓展，中国钢铁产业将继续保持高质量发展态势，为全球经济的发展和繁荣做出更大贡献。

（二）中国钢铁产业供给质量提升机遇分析

在全球经济格局深度调整与科技革命浪潮不断席卷的背景下，钢铁产业作为工业化的基础支柱，正迈入一个新的历史发展阶段。全球经济的复苏、新兴市场的快速崛起以及制造业的转型升级，为中国钢铁产业带来了前所未有的发展机遇。本报告对这些机遇进行深入分析，旨在为中国钢铁产业的未来发展提供有益的参考。

1. 全球经济复苏与新兴市场崛起带来的市场需求增长

随着全球经济逐步走出低谷，新兴市场国家的经济快速增长，对基础设施建设、城市化进程及工业化发展提出了日益旺盛的需求。为了提升经济实力和人民生活水平，这些国家不断加大对基础设施建设的投入力度，涵盖公路、铁路、桥梁、机场及港口等重大项目的建设。同时，房地产、汽车、家电等消费领域的快速发展为钢铁产业提供了广阔的市场空间。此外，"一带一路"倡议的深入实施，促进中国与共建"一带一路"国家的经贸合作不断深化，为中国钢铁企业"走出去"创造了重要机遇。这一全球范围内的基础设施建设热潮，不仅带来了持续增长的市场需求，还为钢铁产业扩大生产规模、提升产品质量提供了坚实的支撑。通过技术创新、资源优化配置及绿色转型等方面的努力，中国钢铁企业能够有效应对国际市场的变化，抓住发展机遇，实现高质量发展，进一步巩固其在全球钢铁产业中的领先地位。

2. 制造业转型升级催生高端钢材需求

全球制造业的转型升级与高科技产业的迅速发展，推动了市场对高端化、多元化钢材需求的显著增长。新能源汽车、航空航天、海洋工程、电子信息等高科技领域对高性能、高附加值钢材产品的需求尤为迫切。这些领域的发展不仅要求钢材具备卓越的机械性能、耐腐蚀性能和耐高温性能，还要求其具备轻量化和环保等特性。因此，钢铁企业必须紧跟制造业转型升级的步伐，增强技术创新能力，研发和生产符合市场需求的高端钢材产品。这不仅能有效满足制造业对高品质钢材的需求，还能显著提升钢铁企业的市场竞争力，实现产业的升级与高质量发展。通过持续的技术进步和产品创新，钢铁企业能够在满足高科技行业复杂需求的同时，推动自身朝高附加值、高技术含量的方向发展，从而在全球钢铁市场中占据更加有利的位置。此外，绿色环保的生产方式和可持续发展的战略布局将进一步增强钢铁产业的长期竞争力，确保其在未来经济发展中的重要地位。

3. 政策支持与产业政策的引导

为了促进钢铁产业的高质量发展，中国政府出台了一系列政策措施，给予钢铁企业资金、税收等方面的大力支持，并通过产业政策的引导，促进了钢铁产业的优化升级和绿色发展。同时，通过兼并重组和压减产能等措施，不断优化钢铁产业布局，提升产业集中度。一系列政策的出台和实施，为钢铁产业提升供给质量、实现可持续发展提供了坚实的制度保障和政策支持。与此同时，中国政府积极鼓励钢铁企业加强国际交流与合作，拓展国际市场和多元化发展路径，以应对全球经济形势的不确定性和国际贸易环境的复杂性，促进钢铁产业在国内实现高质量发展，增强国际市场竞争力，进而推动全球钢铁产业的健康和可持续发展。

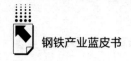

三 中国钢铁产业供给高质量发展探析：
以高端钢铁产品为例

（一）中国高端钢铁产品高质量发展概述

1.高端钢铁产品的定义、分类及用途

高端钢铁产品通常指在质量、性能、耐用性和精确度方面达到或超越国际标准的钢材。作为钢铁产业的重要组成部分，高端钢铁产品体现了高质量与高性能的完美结合，在物理、化学及机械性能上表现出显著的优势，在现代汽车、航空航天、能源、建筑以及重工业等领域发挥着不可或缺的作用。生产高端钢铁产品需采用先进制造技术和设备，实施严格的质量控制流程，以确保产品的一致性和可靠性。高端钢铁产品的制造过程复杂，涉及原材料的精细筛选、先进冶炼技术的应用以及精密的后续加工处理。通过对生产过程的每一个环节进行严格控制，确保钢材的晶粒细化和组织均匀，从而赋予其卓越的力学性能和长期稳定性。这些特性使高端钢铁产品能够在极端的工作环境下保持稳定的性能，满足高科技、高精密和高标准制造业的特殊需求。综上所述，高端钢铁产品不仅提升了钢铁产业的技术水平和市场竞争力，也为相关高端制造行业的发展提供了坚实的物质基础，推动了整体经济的高质量发展。

高端钢铁产品种类繁多、各具特色，广泛应用于各个工业领域。以下列举几种典型的高端钢铁产品。

高速钢：高速钢以其高强度、高硬度、高耐磨能力和耐高温性而著称，是一种优质的合金钢。适用于加工高硬度的材料，如不锈钢、铸铁等，在切削工具、冲压模具、粉末成形模具及热剪切刃等领域展现出无可比拟的优势。高速钢因具备耐磨性好、硬度高、刃口保持能力强等特点，成为高速切削、铣削、车削等工艺的首选材料。

模具钢：模具钢是专门用于制造模具的特种钢，具有高韧性、高强度、

耐磨、耐腐蚀等特点。模具钢根据使用条件的不同，可分为冷作模具钢、热作模具钢和塑料模具钢 3 种类型。冷作模具钢适用于制造小型的冷模具和冲压模具，具有高硬度、高抗磨损能力和耐冲击性强的特点；热作模具钢则适用于模具温度高、加工难度大的情况，其高硬度、高强度和高温抗裂性强的特性使其在此类应用中大放异彩；塑料模具钢则以其优良的耐磨性和机械加工性能，成为制造注塑模、挤出模等塑料制品模具的理想选择。

不锈钢：不锈钢作为一种耐腐蚀性能优异的合金钢，有着广泛的应用。它含有铬、钼等元素，赋予其高强度、高韧性、耐磨和耐高温等特性。根据化学成分的不同，不锈钢可分为奥氏体不锈钢、铁素体不锈钢和双相不锈钢 3 种类型。奥氏体不锈钢以其高强度和耐磨性著称，广泛应用于建筑、化工、食品等领域；铁素体不锈钢则以其较强的耐腐蚀性和耐高温性，成为化工、医疗器械等领域的首选材料；双相不锈钢则融合了奥氏体不锈钢与铁素体不锈钢的优点，具备显著的强度和韧性，适用于制造锅炉、化工设备、石油管道等。

高强度钢：高强度钢是一种强度远超普通结构钢的特种钢，分为耐候钢、极低温冷轧板、高强热轧板等多种类型。其强度高、韧性好、重量轻的特点，使其在机械制造、汽车制造、船舶制造等领域得到了广泛应用。高强度钢按照机械性能的不同，又可分为高强度低合金钢和高强度铝镁钢两种类型。这些钢材在提升产品性能、减轻重量、节约能源等方面发挥着重要作用。

高端汽车用钢：高端汽车用钢以其卓越的性能和可靠的品质，成为汽车制造中的关键材料。高端汽车用钢不仅要具备高强度、高韧性、高耐磨性等基本性能，还要满足汽车轻量化、节能减排等现代制造理念的要求。例如，邢台钢铁自主研发的 Qst32-3 产品成功替代了欧洲某知名钢铁企业的产品，用于生产汽车安全带扭力杆等关键部件，展现了中国高端汽车用钢的强劲实力。

高端钢铁产品凭借其卓越的性能和广泛的适用性，在多个工业领域发挥着重要作用。以下列举几个主要应用领域。

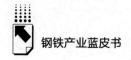

汽车制造：汽车是高端钢铁产品的重要应用领域之一。随着汽车工业的快速发展和消费者对汽车性能要求的不断提高，高端钢铁产品在汽车制造中的应用越来越广泛。从车身结构到发动机部件再到底盘系统，高端钢铁产品以其高强度、高韧性、高耐磨性等特性，为汽车的安全性、可靠性和耐久性提供了有力保障。同时，随着新能源汽车的兴起，高端汽车用钢在轻量化、节能减排等方面也展现了巨大的潜力。

航空航天：航空航天领域对材料的要求极为苛刻，而高端钢铁产品凭借其卓越的性能成为该领域的重要材料之一。在飞机制造中，高端钢铁产品被广泛应用于机身结构、发动机部件、起落架等关键部位。其高强度、高韧性、耐高温等特性确保了飞机在极端环境下的安全稳定运行。此外，在航天领域，高端钢铁产品也发挥着重要作用，如火箭发动机壳体、卫星结构件等都需要采用高端钢铁材料。

石油化工：石油化工行业对材料的耐腐蚀性和耐高温性要求较高，而高端钢铁产品正好满足这些要求。在石油开采、炼制和化工生产过程中，高端钢铁产品被广泛应用于管道、储罐、反应器等设备中。其较强的耐腐蚀性和耐高温性确保了设备在恶劣环境下的长期稳定运行。同时，高端钢铁产品还具有良好的加工性能和焊接性能，便于制造和安装大型设备。

轨道交通：轨道交通领域对材料的安全性和可靠性要求极高，而高端钢铁产品以其卓越的性能成为该领域的首选材料。在高速铁路、地铁等轨道交通系统中，高端钢铁产品被广泛应用于轨道、桥梁、车辆结构等关键部位。其高强度、高韧性、耐疲劳等特性确保了轨道交通系统的安全性和稳定性。同时，高端钢铁产品还具有良好的可焊性和加工性能，便于制造和安装大型结构件。

桥梁建筑：桥梁建筑领域对材料的承载能力和耐久性要求较高，而高端钢铁产品以其卓越的性能成为该领域的理想选择。在大型桥梁的建设中，高端钢铁产品被广泛应用于主梁、桥塔、索塔等关键部位。其高强度、高韧性、耐腐蚀等特性确保了桥梁在恶劣环境下的长期安全稳定运行。同时，高端钢铁产品还具有良好的抗震性能和可焊性，为桥梁的建设提供了有力保障。

2.高端钢铁产品的发展历程

（1）发展初期：基础钢材的工业化生产

在工业革命之前，钢铁生产主要依靠传统手工操作的锻造和炼铁技术，效率低下、产量有限。此时期的钢铁产品主要用于制作工具、武器和简单的机械设备。由于技术限制，这些钢铁产品的质量和性能差异较大，无法保证一致性和可靠性。工业革命的到来标志着钢铁生产的根本转变。1784 年，亨利·科特（Henry Cort）发明了新式精炼炉，大大提升了铁的纯净度和生产效率，这是向现代钢铁生产迈出的关键一步。1828 年，詹姆斯·尼尔森（James Neilson）引入热风炉技术，进一步提高了炼铁的热效率和产量。1856 年，亨利·贝塞麦（Henry Bessemer）发明了贝塞麦转炉，这是钢铁生产历史上的一次革命性突破。贝塞麦法可以快速从生铁中去除杂质，制造出更强更坚硬的钢。这一过程的效率和成本优势，使钢铁能够大规模生产，并开始替代铁成为工业和建筑的主要材料。贝塞麦转炉的应用标志着钢铁工业的现代化开端，为后来的高端钢铁产品铺平了道路。随着贝塞麦转炉的广泛应用，钢铁产业对质量的控制需求日益增加。1864 年，德国工程师卡尔·威廉·西门子（Carl Wilhelm Siemens）和他的兄弟发明了再生热炉技术，即西门子-马丁炉。西门子-马丁炉可以使用固体、液体和气体燃料，对生产环境的控制更为精确，可以生产出更高质量的钢材，大大满足了轨道、桥梁和建筑等更复杂工程的需求。这一时期，钢铁产品的质量和生产效率得到提升，使钢材在工业革命中的应用越来越广泛。铁路的迅速扩张、摩天大楼的建造以及大型机械设备的普及，都离不开高质量钢材的支持。经过该时期的发展，钢铁逐渐成为现代化进程的基石，开始向高端化发展，为未来钢铁产业的进一步发展奠定了坚实的基础。

（2）第二次世界大战后：特种钢材的兴起

第二次世界大战后，全球经济迅速进入恢复和重建阶段，欧洲和亚洲等地区的许多国家需要大量的基础设施建设。这一时期，钢铁需求激增，而技术进步和工业化的深入发展对钢铁性能的要求也越来越高。传统的钢铁产品已无法满足新兴工业需求，这促使钢铁企业开始研究和开发特种钢材。特种钢材通常指的是那些具有特定用途或特殊性能的钢材，通常具有更高的强度、更强的耐腐蚀性和耐热性及更优良的加工性能，在高压、高温、强腐蚀或重负载等极端环境中依然具有良好性能。

该时期的主要创新之一是不锈钢的广泛应用。不锈钢以其卓越的抗腐蚀性能满足了化工、医疗、建筑等多个行业的需求。1946年，美国开发了针对奥氏体不锈钢的焊接技术，大大扩展了不锈钢在工业及民用领域的应用范围。在该时期，高强度低合金钢（HSLA）因其高强度、较强的韧性和焊接性，成为航空和汽车制造的首选材料。这些材料的开发标志着钢铁产业开始逐步从传统的碳钢向合金钢和其他高性能材料转变。与此同时，第二次世界大战后的经济复苏不仅带来了对传统基础设施建设材料的需求，也促进了对高性能、高精度钢材的需求。汽车行业的快速发展尤其推动了对先进高强度钢材的需求，这类钢材可以减轻车身重量，提高燃油效率并提升安全水平。随着全球化的不断加深，特种钢材的开发与生产越来越多地依赖国际合作和技术交流。许多钢铁公司通过与国外同行的合作，引进先进的技术和管理经验，提升自身的研发与生产能力。这一时期，国际贸易中的特种钢材比重逐渐提升，国际市场的互联互通对钢铁产品质量的提升和种类的增多起到了重要推动作用。

（3）20世纪末：精细化钢材和高科技钢铁产品的发展

20世纪末，全球经济的持续扩张和技术的快速进步使钢铁产业面临更加多样化和高端化的市场需求。新兴的科技行业如信息技术、生物技术以及持续发展的航空和汽车行业，均需要具有特定功能和高性能的钢铁产品。这一需求推动了钢铁产业朝更精细化、更高科技的方向发展，促使产业不断进行技术创新和材料改进。精细化钢材主要指那些通过特殊工艺制造、具有优异性能的钢材①。这些钢材往往具有更高的强度、更好的韧性、出色的耐热

---

① 袁国、王国栋：《高品质钢铁材料轧制加工新技术研究进展及发展趋势》，《轧钢》2022年第6期。

和耐腐蚀性能，甚至在电磁属性上也有特殊要求。例如，用于电子设备和通信设施的硅钢，需要具有良好的磁导性能；而用于航天和高速列车的钢材，则需要极高的强度和耐高温性能；洁净钢技术通过控制钢液中的氧、硫、磷等杂质含量，显著提高了钢材的均匀性和性能，在抗疲劳和抗断裂性能上具有十分显著的效果。此外，为了提升钢材的耐用性和特殊功能，涂层和表面处理技术应运而生。热浸镀锌、镀铬及纳米涂层技术不仅增强了钢材的抗腐蚀能力，也赋予了钢材自清洁、抗菌等附加功能。这一时期的技术创新不仅提升了钢铁产品的性能，也大大扩展了其应用范围，使钢材在极端环境下的使用寿命大幅延长，满足了海洋平台和化学工业的严苛要求，带动了相关制造技术和装备的升级，包括连铸连轧技术、精密控制的炼钢炉等。

（4）21世纪初至今：智能制造和绿色技术的整合

21世纪的钢铁产业面临前所未有的变革。这一时期不仅标志着从传统制造到智能制造的转变，而且环保和可持续发展的理念也贯穿整个行业。在全球范围内，钢铁产业不仅要应对日益激烈的竞争，还要满足日渐严格的环保法规和市场对高性能、低环境影响产品的需求。这一时期的显著特征是智能制造的兴起。通过集成自动化、物联网（IoT）、大数据分析和人工智能（AI）等技术，钢铁企业能够实现对生产过程的实时监控，优化资源配置，减少能源消耗，提高生产灵活性和市场响应速度。这些技术的应用不仅提升了生产效率，也增强了产品的一致性与可靠性。例如，通过实时数据监控，钢铁企业可以精确控制炼钢过程中的温度和化学成分，确保钢材的性能符合严苛的工业标准。绿色技术的应用同样是这一时期的重要发展方向。环保法规的日趋严格和公众对可持续发展的要求促使钢铁产业必须使用更环保的生产技术和方法，提升能源利用效率。同时，技术与市场的双重驱动推动了废钢的高效回收和再利用，不仅减少了对原材料的依赖，也大幅减少了生产过程中的环境污染。随着全球对低碳经济的追求，技术创新不仅提升了钢铁产业的竞争力，更满足了市场的环保需求。与此同时，消费者不断增加的对高性能、环保钢材的需求，也是钢铁企业持续推动技术创新的源泉。

展望未来，数字化和可持续技术的进一步融合将继续推动钢铁产业朝更

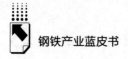
高效、更智能、更绿色的方向发展。随着全球化和国际合作的加深，全球钢铁企业可能通过更广泛的合作来应对全球性的环保挑战和技术革新需求，共同推进钢铁产业的可持续发展。

3. 高端钢铁产品的发展现状

在全球工业化加速推进的时代背景下，高端钢铁产品作为制造业的重要基石，其发展状况不仅关乎钢铁产业的兴衰，更直接影响国家经济的整体竞争力和可持续发展能力。本报告将从技术创新与产品升级、市场需求与结构调整、绿色低碳与可持续发展3个方面对高端钢铁产品的发展现状进行深度剖析。

（1）技术创新与产品升级：驱动高端钢铁产品持续进步

技术创新是高端钢铁产品发展的核心驱动力。近年来，随着材料科学、信息技术、智能制造等领域的快速发展，钢铁企业不断加大研发投入力度，在促进传统钢铁产品性能提升的同时，催生了一系列具有自主知识产权的高端钢铁产品。在特殊钢领域，通过优化合金成分、改进热处理工艺等手段，钢铁企业成功研发出高强度、高韧性、耐腐蚀等性能优异的特殊钢产品，广泛应用于航空航天、海洋工程、汽车制造等高端领域。同时，随着智能制造技术的引入，钢铁企业实现了生产过程的智能化、自动化和精细化控制，进一步提升了高端钢铁产品的质量和稳定性。宝钢集团的"虚拟工厂"、南钢集团的一体化运营管理平台以及首钢集团的"智慧工厂"等典型案例相继涌现，成为行业的标杆。目前，钢铁产业的数字化和智能化建设已经从最初的施耐德能源管理系统（EMS）、企业资源计划（ERP）系统，扩展到产品创新、生产技术创新、产业模式创新以及智能制造系统集成创新4个更深层次的领域。此外，中国钢铁工业协会已经启动了109项智能制造标准计划，其中48项团体标准已经完成编制并正式发布。

截至2022年末，中国钢铁产业已经展现出强大的自给自足能力，其涵盖的22类钢铁产品中，19类产品的国内自给率超过100%，而剩余3类亦达到或超过98.8%。这一显著成就不仅标志着中国钢铁产业在产品创新上的重大飞跃，更是中国经济高质量发展的重要支撑点，实现了从依赖外部到自主引领的"华丽转身"。中国钢铁产业从最初的"跟跑者"角色，逐步成长为与国际同行"并驾齐驱"、在多个领域引领全球钢铁产品发展的风向标。这一转变直接惠及了国内船舶制造、工程机械、家用电器及汽车制造等多个关键用钢行业，使它们从原先依赖高价进口钢材的困境中解脱出来，转而采用成本更低、性能更优的国产钢材，实现了行业竞争力的显著提升。

（2）市场需求与结构调整：引领高端钢铁产品发展方向

市场需求是高端钢铁产品发展的直接动力。随着全球经济的复苏和新兴产业的崛起，以及新能源、智能制造等领域的快速发展，市场对高端钢铁产品的需求不断增加。这种需求不仅体现在数量上，更体现在品质、性能、环保等多个方面。

为了满足市场需求，钢铁企业纷纷调整产品结构，加大高端钢铁产品的生产力度。近年来，全球高端钢铁产品的产量和销量均呈现快速增长的态势。随着制造业的转型升级和"一带一路"倡议的推进，高端钢铁产品的市场需求更加旺盛。为满足不断增长的汽车、船舶、家电等制造业和风电、光伏等新兴产业用钢需求，钢铁产业的产品结构调整速度显著加快，高端钢材需求持续提升。以盛德鑫泰为例，公司预计 2024 年上半年实现归属于上市公司股东的净利润 1.05 亿~1.15 亿元，同比增长 104.22%~123.66%。公司表示，2024 年上半年各品类出货量增长，其中合金钢产品出货量较上年同期增长约 21.68%，不锈钢产品出货量较上年同期增长约 81.06%。钢铁产品结构的调整，不仅为钢铁企业提供了新的增长点，也推动了整个行业的结构调整和转型升级。

（3）绿色低碳与可持续发展：高端钢铁产品的未来趋势

绿色低碳与可持续发展是当前全球工业发展的重要趋势，也是高端钢铁产品未来发展的必经之路。随着全球气候变化的加剧和环保意识的增强，钢铁产业面临巨大的环保压力。为了应对这一挑战，钢铁企业不断加大环保投入力度，推进超低排放改造和节能降碳工作。

在绿色低碳方面，钢铁企业采用先进的环保技术和设备，减少生产过程中的能耗和排放。例如，通过采用先进的除尘、脱硫、脱硝等环保设施，钢铁企业有效降低了废气、废水和固体废弃物的排放量。同时，企业积极探索资源循环利用和清洁生产模式，提高资源利用效率，减少环境污染。在可持续发展方面，钢铁企业注重将科技创新和绿色发展相结合，推动高端钢铁产品的绿色化、智能化和定制化发展。通过开发绿色、低碳、环保的高端钢铁产品，企业不仅满足了市场需求，还提升了自身的品牌形象和市场竞争力。同时，企业积极履行社会责任，推动产业链上下游企业的协同发展和合作共赢，共同构建绿色、低碳、循环的钢铁产业生态体系。2023年，湛江钢铁成功执行了16个节能技术项目，年节约能源量达到55000吨标准煤。在"2024~2026年能效提升计划"中，湛江钢铁已规划实施72个节能项目，旨在确保能效工作的持续性和高效性。此外，公司还大力推动分布式光伏、陆上风电和海上风电项目的发展，构建了水陆空全方位绿色能源体系。公司正在积极推进陆上风电项目，并开发了400兆瓦的海上风电项目，每年为工厂提供超过15亿度的绿色电力。通过这些措施，湛江钢铁预计每年可以减少二氧化碳排放超过850000吨，为行业树立了绿色发展的新标杆。

未来，随着全球经济的不断发展和科技的不断进步，高端钢铁产品的发展前景将更加广阔。钢铁企业需继续加大研发投入力度，优化产品结构，推进绿色低碳发展，以应对市场挑战、满足客户需求、实现可持续发展。

（二）中国高端钢铁产品高质量发展案例

在全球化背景下，中国钢铁产业的迅猛发展和技术创新已经成为全球钢铁产业的显著标志。伴随技术进步和创新活动的不断加速，中国钢铁企业不仅在国内市场占据了主导地位，更在国际舞台上展示了其引领技术潮流的能力，从传统的生产型企业转变为技术创新先锋，推动了整个行业的技术进步和产品升级。中国钢铁企业的创新尤为引人注目。河钢集团、鞍钢集团、邯钢集团、武钢集团以及马钢集团等已经成功推出了多款高端钢铁产品。这些产品不仅在技术上达到了国际先进水平，更在一定背景下实现了全球首发，标志着中国钢铁企业的研发和创新能力已跃升至全球领先水平。本报告将结合具体案例来进一步探讨中国高端钢铁产品的供给情况。

1. 案例一：鞍钢集团

鞍钢集团是中央直接管理的国有大型企业，总部位于辽宁省鞍山市，是中国及全球重要的钢铁生产和研发基地之一。鞍钢集团不仅在中国钢铁工业中占有举足轻重的地位，还是全球钢铁产业的重要参与者。作为中国最早建立的钢铁联合企业，鞍钢集团被誉为"共和国钢铁工业的长子"和"新中国钢铁工业的摇篮"，见证了新中国钢铁工业的兴起和进步。鞍钢集团的业务涵盖从铁矿石采掘到钢铁生产、加工及销售的全产业链。

鞍钢集团的生产能力十分强大，具备年产铁5300万吨、钢6400万吨、钒制品4.6万吨和钛产品50万吨的能力，控制着中国辽宁、四川及澳大利亚卡拉拉的丰富铁矿和钒、钛资源，是全球最大的产钒企业和中国最大的钛原料生产基地。在持续推进技术创新和高质量发展的过程中，鞍钢集团致力于通过技术升级和产品优化，提升自身在国际市场上的竞争力。鞍钢集团不断优化战略布局，推进钢铁产业的转型升级，同时整合内外部资源，调整产业结构，延伸产品价值链条，构建多元发展新格局。此外，鞍钢集团致力于突出钒、钛资源特色，聚焦关键技术攻关，加快技术突破和成果产业化，不断提高钒、钛资源的利用效率和经济性，全面推动企业更为稳健地运行。

2023年6月，鞍钢股份大型总厂生产的 UIC54 R370CrHT 50米出口钢轨实现国内首发，并成功出口到印度尼西亚，标志着中国钢铁产业在高端钢轨制造领域取得重大突破。该钢轨是国内钢铁企业首次轧制的新材质出口轨，硬度和强度较高，全长淬火焊轨的生产工艺满足了欧洲最严格的 X 等级和 A 级标准。这一突破不仅增强了鞍钢集团在全球钢轨市场的竞争力，也展示了中国钢铁产业在高端钢材研发方面的实力。

2024年6月，鞍钢股份大型总厂又成功轧制出 60E1 型钢轨，这标志着鞍钢集团在欧洲市场的进一步拓展，并显著增强了其产品在国际上的竞争力。60E1 型钢轨是专门为满足欧洲市场的高标准需求而开发的。为确保研发的成功，鞍钢集团的技术团队对轧制工艺进行了深入研究，并开展了孔型精确修改等一系列技术攻关，显著提高了钢轨的性能和质量，为钢轨即将参加的欧洲标准认证打下了坚实的基础。

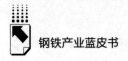
此外，2024 年 8 月，鞍钢集团又成功研制出成品电镀基板 DC01 钢卷，这是一种高质量冷轧低碳钢，专为满足电镀和精密加工需求设计。这种钢卷因其较高的表面质量、良好的成形性能和高度适应性，成为电子、汽车和家电行业的理想选择。DC01 钢卷的表面平滑度极高，能够确保电镀层均匀且紧密地附着在钢材表面上。此外，DC01 钢卷还展现出卓越的冷成形性能，适用于生产采用深冲压和复杂弯曲工艺制成的复杂形状的零部件。DC01 钢卷能够适应各种电镀工艺，包括锌镀、镍镀和铜镀等，满足不同应用场景对防腐蚀、耐磨损和装饰性的需求。在电子行业，DC01 钢卷被广泛用于制造电子元器件的外壳，如电脑和手机外壳；在汽车行业，DC01 钢卷被用于生产各种内外饰件及防腐部件；在家电行业，DC01 钢卷被用于生产冰箱、洗衣机等家用电器的外壳和结构部件。

通过开发和推广 UIC54 R370CrHT 50 米出口钢轨、60E1 型钢轨以及 DC01 钢卷等一系列高端钢铁产品，鞍钢集团不仅满足了国内外市场的高标准需求，还推动了钢铁产品和技术的持续进步和创新。这些成就体现了鞍钢集团在提升产品质量、优化工艺技术以及增强国际竞争力方面所做的努力。通过不断优化产品结构和加强国际合作，鞍钢集团无疑将继续在钢铁产业中保持其领导地位，为全球钢铁产业的发展做出更大贡献。

2. 案例二：河钢集团

河钢集团是中国最大的钢铁制造商之一，总部位于河北省石家庄市。自 2008 年成立以来，河钢集团迅速成长为全球钢铁产业的领先力量，凭借其创新的管理模式和前瞻性的战略布局，在国内外市场展现了显著的影响力。河钢集团的业务范围广泛，涵盖铁矿石采掘、钢铁生产和销售以及后续的加工服务。河钢集团拥有多个大型生产基地，分布在河北、天津、山东等地，同时在海外有投资项目，如在塞尔维亚的钢铁厂等。这些生产基地使河钢集团能够年产数千万吨钢铁产品，满足全球各地客户的需求。

2023 年，河钢集团张宣科技全球首创 120 万吨氢冶金示范工程实现安全顺利连续生产绿色 DRI 产品，标志着钢铁制造业取得重大突破。这一项目成功利用绿氢作为还原剂，实现了钢铁生产过程中的稳定输出，产品合格率达到100%，产品金属化率达到94%，充分验证了利用全绿氢实现近零碳排放的冶金工艺的技术可行性。该示范工程利用张家口地区丰富的风光资源直接制取绿氢，实现了从太阳能、风能到绿氢的转化，确保整个生产过程近零碳排放。一期工程初期采用焦炉煤气作为气源，同时预留了向绿氢转换的功能。这项成就不仅丰富了氢冶金的原料气源选择，也为全球钢铁产业由传统碳冶金向绿氢冶金转型提供了有效经验。此外，张宣科技的氢冶金示范项目已安全稳定运行16个月，各项技术经济指标均达到国际先进水平，成为全球钢铁产业从传统碳冶金向绿氢冶金转型的典范。

在河北省委和省政府的战略指导下，张宣科技正加速推进中国首个钢铁工业绿色转型示范区建设。该示范区内的氢冶金产业园旨在利用张家口地区的风光资源优势，打造一个涵盖氢气制备、储存及应用的绿色氢能产业链。同时，实施全球首个"氢基竖炉—近零碳排放电弧炉"新型短流程技术开发项目，建成全球领先的氢冶金生产和科研基地，为钢铁产业的能源结构转型和工艺革命提供新的路径和应用场景，展示中国钢铁产业在绿色转型中的积极作为。

展望未来，河钢集团将继续秉承高端、智能、绿色发展的战略方针，进一步深化供给侧结构性改革，推动高质量发展。集团将加大对高技术钢材和新材料的研发投入力度，提升产品的附加值和市场竞争力，同时继续拓展国际市场，实现更广泛的全球布局。通过这些举措，河钢集团不仅能满足全球客户的需求，还能为全球钢铁产业的可持续发展做出更大的贡献。

3. 案例三：河北永洋特钢集团

河北永洋特钢集团成立于1993年，位于河北省邯郸市永年特钢工业园区。河北永洋特钢集团最初以地方性小型企业起步，经过30多年的发展和创新，已经成长为中国特殊钢铁行业的领军企业，主要涉及轻轨、重轨、起重机轨道、矿用支撑钢材、工字钢等多种工业用轨道和结构钢材的生产和供应。河北永洋特钢集团以其在轨道和重型结构钢材方面的专业制造能力而闻名，特别是在矿业和基础设施建设领域。集团拥有一支由专业技术人员组成的研发团队，不断探索新材料、新产品和新工艺，以适应快速变化的市场需

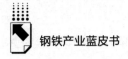

求。通过与国内外科研机构和高等院校开展合作，集团加强了技术创新和人才培养，确保技术和产品始终保持行业领先。

2020 年，河北永洋特钢集团投建的具有自主知识产权的国内首条轻轨万能连轧生产线顺利过钢，试车成功，标志着中国在高端钢铁装备制造领域迈出了重要步伐。这一成就得益于中冶赛迪提供的全线关键工艺、装备及控制技术支持，成功打破了国外在这一领域的技术垄断，并达到了世界领先水平。该生产线采用了 2 架往复可逆式开坯轧机和 3 架往复可逆式万能轧机，主要生产高质量的轨梁、矿用型钢、H 型钢以及其他型钢产品，设计年产量可达 90 万吨。此外，该生产线还配备了 TCS 工艺控制系统，首次集成了自动液压位置控制和自动辊缝控制技术，确保了高效、精确的生产过程。万能连轧生产线不仅显著提升了集团的国际竞争力，而且增强了中国钢铁产业的自主创新能力，为高铁等关键领域的高品质轨道钢材生产提供了坚实的技术保障，有效推动了中国钢铁产业的技术进步和产业升级，同时为全球钢铁产业的发展贡献了中国智慧和中国力量。

四　中国钢铁产业供给高质量发展面临的挑战与对策建议

随着全球经济格局的变化和技术进步的加速，钢铁产业作为基础工业的核心，其供给质量面临前所未有的挑战。从环境压力、资源约束到市场需求的多样化，这些因素都对钢铁产业的可持续发展提出了更高的要求。面对这些挑战，深入分析现状，探讨问题的根源，并提出切实可行的对策建议，能够帮助钢铁产业应对当前的困难，为钢铁产业未来的转型升级和可持续发展提供方向指引。

（一）面临的挑战

1. 技术创新

在钢铁产业中，技术创新是实现供给质量提升的核心挑战，涉及新材料的研发、生产工艺的改进以及环保技术的提升。每个环节都要求企业进行大量的技术投入和长期的技术积累，以确保材料同时具备高性能和环保特性，并全面增强其加工性和耐用性。此外，通过采用更先进的炼钢和轧钢技术，企业可以提高生产效率和产品质量，采用自动化和智能化控制系统提高操作精度，有效减少人为失误，降低生产成本。然而，这些技术的更新和应用不仅需要先进设备和高技能人才的支持，还对企业的财务和人力资源提出重大挑战。此外，随着全球环保标准的提高，钢铁产业必须采用更清洁、更高效的生产技术来降低污染物排放、减少能源消耗。环保技术的改进不仅需要资金投入，还要求企业及时适应环保法规的变化和市场的要求，保持技术的持续领先和高适应性。因此，一系列技术创新活动虽是钢铁产业提升供给质量、实现可持续发展的关键，但也给企业带来了不小的挑战。

2. 经济成本压力

提升供给质量所面临的经济成本压力是一个多维度的挑战，主要包括技术升级的高初始投资、环保改造的持续运营成本以及市场竞争中的成本控制。首先，技术升级涉及采购先进炼钢设备和构建自动化生产线，前期需要大量的资金投入，后期需要承担高昂的维护成本。其次，废气和废水处理系统更新等环保改造工作要求企业投入巨资以满足严格的环境标准，增加了企业日常运营成本。再次，市场竞争的加剧要求企业在提高产品质量的同时必须控制成本，以保持价格竞争力，这需要企业找到成本效益最优的技术解决方案。最后，资金的筹措也是推动技术升级和环保改造的关键，企业需要通过借贷、发行股票等方式解决资金问题，这可能带来额外的财务成本或股权结构的变化。因此，钢铁企业必须通过加强财务管理和成本控制，维持财务健康和市场竞争力，这对企业的策略规划和操作执行能力提出了高要求。

3. 政策和市场环境的不确定性

在钢铁产业中，政策和市场环境的不确定性是企业提升供给质量面临的一大挑战。政策的变化直接影响钢铁企业的生产决策和长期投资规划。目前，全球环保要求的日益提升可能促使政府出台更严格的排放限制或资源利用政策，迫使企业在短时间内调整生产工艺或进行技术升级以符合新法规，这不仅增加了运营成本，还可能降低已有投资的回报效率。此外，全球贸易政策如反倾销和关税调整，会影响钢铁产品的国际市场策略。钢铁在全球贸易中具有举足轻重的地位，面临高额关税或进口限制等潜在风险，这对出口依赖型钢铁企业构成冲击，导致市场需求缩减，影响销售利润。此外，市场需求的波动也是影响中国钢铁产业供给质量提升的重要因素。钢铁需求与全球经济状况密切相关，依赖建筑和汽车等产业的健康发展，而经济的波动会导致这些产业对钢铁需求的急剧下降。因此，企业需及时调整生产策略，增强市场分析预测能力，构建风险管理机制，制定多元化策略，减少对单一市场或产品线的依赖，增强在动荡环境中的适应性和稳定性，通过灵活调整策略来抵御外部变动带来的影响，从而在不断变化的全球市场中保持竞争力和持续增长。

（二）对策建议

1.加强技术研发与创新合作

钢铁企业需要采取多元化策略来增强技术创新能力。首先，加大研发投入力度是关键。企业应增强内部研发能力，通过设立研发中心或与高校、研究机构开展合作，加速新材料和新技术的开发进程。其次，企业可以通过政府资助的科技项目或行业合作项目获得资金和技术支持，减轻研发成本负担。再次，在生产工艺创新方面，企业应坚持精益生产和持续改进的理念，通过持续优化生产流程提升效率、减少浪费。最后，自动化和智能化技术的引入也应被视为提升生产效率和降低人工成本的长期投资而非短期负担，企业应实施阶段性技术升级，逐步替换老旧设备，同时进行员工的技术培训，确保技术升级的顺利进行。

2.优化成本管理和财务策略

针对经济成本压力，钢铁企业应采取综合财务策略和成本控制措施。首先，企业需要通过成本管理来优化资本结构，如通过供应链管理降低原材料成本，通过能源管理减少能源消耗。其次，企业应积极探索通过技术创新形成成本优势，如通过回收利用废弃物来减少原料成本，或采用新的生产技术来降低能源消耗。再次，在资金筹措方面，企业应考虑多元化融资渠道，如发行债券、股票或利用政府和行业补贴等。最后，企业还可以加强与金融机构的合作，利用金融工具对冲价格波动风险，保障资金链的稳定。

3. 建立风险管理与市场应对机制

面对政策和市场环境的不确定性，钢铁企业应建立健全风险管理与市场应对机制。首先，企业需要加强对市场动态的监测和分析，及时调整业务策略，以应对政策变动和市场波动。在政策不确定性增加的背景下，企业可以通过推出多样化的产品组合来降低风险。其次，企业应积极参与行业协会举办的交流活动，与政府部门建立良好的沟通机制，以便更好地理解政策导向、参与政策制定，争取更有利的发展环境。最后，企业应围绕资金等要素制定应急预案，以应对突发的市场波动或政策变动带来的冲击。

五 结语

近年来，随着全球工业化的不断推进和国内经济结构的持续优化升级，中国钢铁产业通过持续的技术创新与政策引导，成功实现了从量的扩展向质的提升的转变。这一转变不仅显著优化了生产流程，降低了能耗和污染物排放，还大幅提升了产品的整体性能和市场竞争力，充分证明了技术创新与政策引导"双轮驱动"策略的有效性。技术创新在这一过程中发挥了核心作用，中国钢铁企业通过加大研发投入力度，积极引进和自主研发先进生产技术，不断提升产品的技术含量和附加值，尤其是研发的高性能钢材满足了航空航天、新能源汽车、建筑工程等高端制造业的多样化需求，提升了下游产业的技术水平和产品质量，也增强了中国钢铁产品在国际市场上的竞争力。此外，政策引导在推动中国钢铁产业高质量发展方面同样起到了关键作用。国家层面出台了一系列促进钢铁产业转型升级的政策措施，包括去产能、环保标准提升、税收优惠、研发补贴等，帮助钢铁企业缓解了产能过剩和环保压力。此外，政府还积极引导企业加大技术创新和绿色生产投入力度，通过实施碳排放交易制度，激励钢铁企业采取更加节能环保的生产方式，推动产

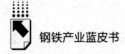

业整体向低碳化转型。这些综合性的策略不仅使中国钢铁产业实现了自身的高质量发展，也为国家经济的整体转型和可持续发展提供了坚实的支撑。

展望未来，中国钢铁产业面临的挑战与机遇并存。全球化的市场环境日益复杂多变，国际贸易规则不断调整，贸易保护主义抬头，这要求中国钢铁企业具备更强的应变能力和国际竞争力。同时，资源短缺问题日益突出，铁矿石等关键原材料的供应不稳定性增加，给钢铁生产带来了巨大的成本压力。此外，全球各国环保法规的日益严格，使钢铁企业必须在满足生产需求的同时进一步减少污染排放，提升能源利用效率，实现绿色生产。这些挑战要求中国钢铁产业在保持规模优势的同时，在技术创新、资源优化配置和环保措施方面持续发力。为了支持钢铁产业的高质量发展，除了政府的政策支持外，钢铁企业必须持续推进技术创新，优化资源配置，进一步实施环保措施，以保持在全球范围内的竞争力和可持续发展。通过技术创新与政策引导，中国钢铁产业将继续引领全球钢铁产业的发展趋势，推动全球经济的高质量增长和绿色转型，实现经济效益与环境效益的双提升。

参考文献

姜维：《科技创新推动钢铁行业高质量发展》，《中国发展观察》2023 年第 6 期。

袁国、王国栋：《高品质钢铁材料轧制加工新技术研究进展及发展趋势》，《轧钢》2022 年第 6 期。

《科技创新引领中国钢铁破浪前行》，《中国冶金报》2018 年 11 月 22 日。

案 例 篇

B.11

酒钢集团：厚植生态底色　推进绿色发展

李晓辉*

摘　要：　酒泉钢铁（集团）有限责任公司位于甘肃省嘉峪关市，始建于1958 年，是中国西北地区建设最早、规模最大、黑色与有色并举的多元化现代企业集团。党的十八大以来，酒泉钢铁（集团）有限责任公司深入践行"绿水青山就是金山银山"的理念，完整准确全面贯彻新发展理念，积极开展碳达峰碳中和工作，深入推进污染防治攻坚战，不断提高能源利用效率，加快构建现代化产业体系，绿色高质量发展稳步推进。

关键词：　酒泉钢铁　绿色发展　新质生产力

一　企业概况

酒泉钢铁（集团）有限责任公司（以下简称"酒钢"）位于甘肃省嘉

---

*　李晓辉，博士，北京科技大学经济管理学院副教授，研究方向为组织理论及企业社会责任。

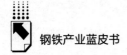
峪关市，始建于 1958 年，是中国继鞍钢、武钢、包钢之后的第 4 个钢铁基地，也是中国西北地区建设最早、规模最大、黑色与有色并举的多元化现代企业集团，经过 60 多年的建设发展，已初步形成钢铁、有色、电力能源、装备制造、生产性服务业、现代农业等多元产业协同发展的格局，资产规模、年工业总产值均超千亿元，连续多年入围中国企业和中国制造企业500 强。

二 发展历程

1955 年 8 月，原西北地质局 645 队前往祁连山找矿，发现镜铁山铁矿。1958 年 8 月 1 日，酒泉钢铁公司在酒泉县祁连剧院正式成立，5 万多名来自祖国五湖四海的建设者汇聚嘉峪关脚下开始钢城建设。1961 年 1 月，根据党中央、中共中央西北局关于甘肃河西走廊地区基本建设暂停一年、调出一批基建队伍去兄弟省承担基建任务的指示，大批酒钢建设者陆续前往全国各地援建，酒钢建设暂时中断。1964 年 7 月，国务院决定恢复酒钢建设。1970 年，酒钢迎来了发展契机：1 月，全国计划会议要求酒钢"确保十一出铁"；6 月，根据国务院的指示，兰州军区、甘肃省革命委员会、冶金部召开"全国抬酒钢"会议，动员全国支援酒钢建设；经过建设者的不懈努力，1970 年 9 月 30 日凌晨，酒钢 1 号高炉炼出第一炉铁水。

1985 年 12 月 24 日，酒钢成功炼出了第一炉钢水，结束了"有铁无钢"的历史。此后，酒钢驶入了发展快车道。1988 年 10 月，酒钢高速线材工程竣工投产，标志着酒钢真正形成了铁、钢、材完整配套的综合生产能力，实现了向钢铁联合企业的转变。1998 年 8 月 28 日，酒钢中板工程热负荷试车成功，轧制出第一块中厚板材。2003 年 9 月，200 万吨热轧薄板工程铁钢项目开工建设。2005 年 12 月，不锈钢建成投产。2011 年 12 月 20 日，酒钢转炉钢产量突破 1000 万吨，酒钢正式进入千万吨级钢企行列。

2009 年，酒钢立足充足的电力能源和自有电网，谋划布局电解铝产业。2011 年 12 月 31 日，东兴铝业成为酒钢全资子公司，标志着酒钢成为国内第一家黑色、有色产品兼备的冶金企业。2021 年以来，酒钢大力发展风电、光伏发电，推进风光火储一体化产业链发展，加快调整优化能源结构，实现能源产业转型发展。目前，酒钢已初步形成钢铁、有色、电力能源、装备制造、生产性服务业、现代农业等多元产业协同发展的格局。钢铁产业具备年产粗钢 1047.5 万吨的生产能力；有色产业已形成年产电解铝 170 万吨、铝板带铸轧材 60 万吨、铝板带冷轧材 50 万吨、高端合金棒 5 万吨的生产能力；电力能源产业已形成 4025 兆瓦的自备发电机组装机容量。

三　经验做法

党的十八大以来，酒钢认真贯彻落实习近平生态文明思想，深入践行"绿水青山就是金山银山"的理念，完整准确全面贯彻新发展理念，积极开展碳达峰碳中和工作，深入推进污染防治攻坚战，不断提高能源利用效率，加快构建现代化产业体系，绿色高质量发展稳步推进。

（一）扎实做好污染防治工作，稳步提升生态环境质量

酒钢以守土有责、守土负责、守土尽责的坚定决心和有力举措，集中力量打好污染防治攻坚战，持续筑牢生态安全根基、守牢生态安全底线。"十四五"以来，酒钢累计投资 59 亿元实施 57 个环保项目。现阶段，企业大气污染物全面达标排放，废水实现零排放，危险废物规范化管理评估达标率为 100%。

依法合规，构建现代环境治理体系。对标对表环保法律法规，修订完善《生态环境保护管理制度》《生态环境保护"党政同责、一岗双责"实施意见》等制度 22 项，健全制度体系。分层组建生态环境保护委员会，定期召开环保专题会议，研究部署重点工作，形成分工协作、齐抓共管的大环保格局。动态分级管理环境隐患，集团层面建立重点任务清单，基层建立一般隐患清单，构建"自查—自报—自改—自验"的隐患排查治理长效机制。结合实际制定生态环境保护监督举报管理办法、约谈办法、考核管理办法、问

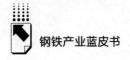

责细则，定期签订环保目标责任书，建立横向到边、纵向到底的监督考评机制。

精准治气，持续改善环境空气质量。扎实推进超低排放改造，不断强化源头减排，累计投资 6.19 亿元完成 10 台火电机组超低排放改造任务，计划投资 155.42 亿元有序实施 51 个钢铁超低排放改造项目。目前，所有火电机组排放均达到《全面实施燃煤电厂超低排放和节能改造工作方案》规定限值，二氧化硫、氮氧化物、烟尘等排放浓度大幅降低；炼铁厂 7 号高炉超低排放改造、焦化厂 3 号和 4 号焦炉烟气脱硫脱硝等钢铁超低排放改造项目已建成投运，污染排放总量逐年降低。着力强化环保设施管理，落实施工场地扬尘管控措施，加大料场、渣场、灰场、工业垃圾场及尾矿库环境整治力度，建成的储运部嘉东料场总储量达 167 万吨，实现所有物料封闭化管理，有效改善了区域环境质量。近年来，嘉峪关市生态环境质量不断提升，空气质量多年排名甘肃省前三，截至 2024 年 8 月 31 日，细颗粒物（$PM_{2.5}$）浓度均值为 17 微克/米^3，位列全省第一。

统筹治水，不断强化水源保护利用。加大饮用水水源地保护力度，水源地安全保障达标评估分数连续多年保持在 90 分以上。大力推进再生水回用，投资 3 亿元实施焦化酚氰废水达标处理回用工程、嘉北污水处理厂等项目，实现废水零排放，再生水全部用于绿化灌溉、生产用水调配。嘉北污水处理厂项目全年产出中水 336 万立方米，外供嘉峪关市政绿化用水 65 万立方米，进一步减少了嘉峪关市新水消耗。着力整治矿山环境，投资 6000 万元实施镜铁山矿给排水和污水处理系统优化改造，北大河水源涵养能力持续提升。2024 年，生态环境部公布 1~6 月国家地表水考核断面水环境质量状况排名，嘉峪关市位列全国第四。

稳步治土，巩固深化土壤综合治理。按照减量化、资源化、无害化原则，对固废产生、收集、贮存、运输、利用、处置全过程进行合规管控。实施铝业固废无害化处理、焦化厂脱硫废液及硫泡沫制酸等项目，冶金类固废利用率达到 100%，铝业危险废物实现动态清零。推进铝业固废无害化处理项目，铝灰通过球磨机研磨筛分后，大于 20 目的粗颗粒为金属铝，直接回收利用；20 目至 100 目的细颗粒及小于 100 目的二次灰采用干法压制工艺，通过高压压球机压制成约 40×30×22 毫米的铝灰成品球，转化为可利用的冶金用钢渣促进剂，整个生产过程不再产生新的污染物。持续开展全民义务植树、绿化填平补齐、重点区域绿化美化等工作，形成了点线面相衔接、乔灌花草相结合的生态景观体系，酒钢本部绿化面积达 2458 万平方米，绿化覆盖率达到 38.7%。

（二）深入落实碳达峰碳中和工作，逐步提高节能降碳水平

节能降碳是积极稳妥推进碳达峰碳中和、促进经济社会发展全面绿色转型的重要举措。酒钢将节能降碳工作作为实现绿色低碳发展的重要抓手和突破口，持续提升节能降碳水平。

加强整体谋划和系统布局。优化能源和碳排放管理机构，集团层面成立能源部，各子公司同步设立碳排放专职管理部门，配备专职、兼职碳排放管理人员，形成"管碳必须管能、管能必须管碳"的管理机制。谋划碳达峰碳中和工作路径，制定《碳达峰碳中和实施方案》，聚焦提升装备水平、优化流程结构、强化产品全生命周期管理、加快绿色低碳技术创新应用、推动全体员工低碳生产生活等重点工作，统筹推进绿色低碳发展。构建碳排放管理体系，制定碳排放管理办法，规范管理碳排放监测与报告核查、额度分配和清缴、碳交易等环节，有效指导碳排放工作取得实效。

加强节能降碳技术推广。推进节能项目研究应用，进入"十四五"以来累计投资 14.88 亿元，实施 5 号、6 号焦炉上升管余热回收及酒钢集团——酒泉市肃州区热电联产清洁降碳集中供热等节能项目 36 个，实现节能量 20.02 万吨标准煤/年，减碳 52.7 万吨/年。加快各类节能技术落地，围绕《高耗能行业重点领域节能降碳改造升级实施指南（2022 年版）》《钢铁行业极致能效技术清单》，对钢铁行业 50 项极致能效技术应用情况进行梳理，已应用高温高压干熄焦技术、高炉余压利用技术（TRT）等相关技术 32 项。落实"双新"政策要求，摸清企业重点用能产品设备能效水平，谋划储备气候投融资重点项目和 2024~2025 年重点行业节能改造项目各 11 个，加快

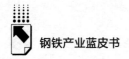

推进设备能效提升。2024 年上半年，企业重点管控的 63 项指标全部达到能耗限额标准，46 项指标同比进步，进步率达 73%。本部不锈钢电炉、1 号和 2 号焦炉、榆钢转炉等 12 道工序能效达到行业标杆水平，本部 2 号 120吨转炉、榆钢 4 号 120 吨转炉获得中国钢铁工业协会"创先炉"称号。

加快绿色低碳技术研究。酒钢立足产业发展和难题破解需求，加快绿色低碳技术创新应用，探索打通钢铁、有色产业低碳发展新路径。粉矿悬浮磁化焙烧技术成功用于工业生产，与强磁选工艺相比，悬浮磁化焙烧系统精矿铁品位提高 12 个百分点，金属回收率提高 26 个百分点，技术达到国际领先水平，"难选氧化铁矿石悬浮磁化焙烧关键技术开发与工业应用"项目获得甘肃省科技进步奖特等奖。"二氧化碳在转炉的应用研究"实现双炉二氧化碳底吹，探索出了二氧化碳在钢铁行业应用的新路径，吨钢平均消纳二氧化碳 1.6 千克，实现温室气体减排 5.6 千克，缩短冶炼周期 1 分钟以上，"二氧化碳绿色洁净炼钢技术及应用"项目获得中国钢铁工业协会、中国金属学会冶金科学技术奖特等奖。"煤基氢冶金+还原气氛下冶金热造块技术"仅需 30~50 分钟即可将含铁冶金固废中的铁氧化物转化为具有较高强度的高金属化块料，回用高炉或转炉，为行业实现冶金固废资源化高效利用提供了酒钢方案。

加速绿色低碳产品研发。酒钢不断落实创新驱动发展战略，积极开发具有高性能、轻量化、长寿命、近终型、可循环等特征的钢、铝绿色低碳产品。家电板系列产品顺利通过 SCS 认证，获得国际化绿色产品认证书。高端餐厨具用马氏体不锈钢、蒸压加气混凝土砌块获评国家绿色设计产品。无铬耐指纹、无铬钝化镀锌铝镁钢板入选甘肃省第一批绿色产品。成功发布连续热浸镀锌系列合金镀层钢板及钢带，不锈钢铁素体、马氏体、奥氏体、双相冷轧钢板及钢带等产品的环境产品声明（EPD），其中马氏体不锈钢取得"循环再生"产品认证，碳钢镀锌、镀铝锌、冷轧板家电系列产品获得翠鸟认证（全球性回收成分认证体系）。在基础原材料制造方面，新一代高耐蚀金属涂镀层锌铝镁钢板填补中国此类产品空白，已应用于国内外 200 多个光伏项目，并替代不锈钢、铝合金板等金属材料首次用于 5G 基站。347H 不锈钢材料产品室温力学性能和高温力学性能指标均达到国际先进水平，被中国钢铁工业协会科技环保部评为钢铁行业优秀"三品"案例。

（三）深入践行绿色发展理念，着力构建现代化产业体系

酒钢坚定践行绿色发展理念，大力推进产业转型升级，加快新旧动能转换，着力构建现代化经济体系，全面打造绿色、协同、高效的现代化产业体系，加快建设世界一流企业，绿色产业发展水平持续提升，被授予甘肃省重点产业链优秀链主企业，2家单位获评国家级绿色工厂，5家单位获评省级绿色工厂，2座矿山入选国家级绿色矿山名单。

全面推进钢铁产业转型升级。投资119亿元先后实施料场、选矿、烧结、焦化、炼铁、炼钢、轧钢等关键工序装备高端化、智能化、绿色化改造升级，扎实推进高炉煤气发电、高炉冲渣水余热回收、上升管余热回收等节能项目，统筹推动大数据、人工智能等新一代信息技术与传统制造业深度融合。项目全部建成后，主要装备将完成超低排放改造，钢铁产业整体装备水平将达到行业先进和西北地区领先水平。紧盯产业发展方向和市场需求变化，实施碳钢薄板厂产品结构优化升级—热轧酸洗板（2.5~6.0mm）镀锌铝镁项目、炼轧厂工艺装备提升及产品结构调整项目、碳钢薄板厂工艺流程优化及产品结构调整项目，优化产品结构。其中，碳钢薄板厂产品结构优化升级—热轧酸洗板（2.5~6.0mm）镀锌铝镁项目将锌铝镁规格上限由2.5mm扩展至6.0mm，锌铝镁产品产能提升至130万吨/年以上，引领中国金属涂镀层钢板朝高耐蚀、高强度方向发展。炼轧厂工艺装备提升及产品结构调整项目增加桥梁用结构钢、管线钢、高强度工程机械用钢、锅炉和压力容器用钢、风塔用钢、耐磨钢等高品质产品，实现西北地区所需中厚板产品钢种、规格全覆盖。

加力提速铝产业延链补链。依托"电解铝+绿色低碳""铝加工+新材料""氧化铝+产业合作"的发展模式，做大做强铝产业，着力推动资源、技术、产品、经营的迭代升级。不断增强资源保障能力，与索通碳素合作在陇西建设30万吨阳极碳素项目，从原料采购、生产工艺和管理等方面保证

阳极产品质量稳定，在实现嘉峪关阳极碳素 80% 以上就地保供的基础上，确保陇西分公司阳极碳素 80% 以上就地保供。持续完善铝加工产业体系，瞄准世界科技前沿领域，实施陇西绿色高端铝合金二期工程、嘉宇新材料公司延链补链项目，推动精深加工产品结构优化升级，实现铝产业高端化、智能化、绿色化。不断壮大新材料等新兴产业，紧盯"高合金、高纯度、高附加值"方向，努力研发交通用轻量化合金、航空航天用高强度合金、高端包装罐体料等竞争力强的新材料、新产品，逐步形成板、带、箔、棒、杆、线等全品类产品结构，实现下游产品覆盖所有应用领域。

调整优化电力能源产业结构。抢抓新能源发展机遇，稳步提升风能、太阳能等可再生能源利用比例。计划投资 133 亿元建设 240 万千瓦智慧电网及新能源就地消纳示范项目，该项目已列入国家以沙漠、戈壁、荒漠地区为重点的大型风电光伏基地建设项目清单。同步投资 1.37 亿元开展智慧能源管控中心项目建设，通过先进的智能调控决策技术，支撑清洁能源大比例高效消纳，增强多能互补条件下电网的安全性、可靠性和稳定性，提升能源综合利用效率。项目建成后，可实现新能源替代企业燃煤机组发电量 58 亿千瓦时，新能源用电量占比达到 26.4%，每年可节约标准煤 190 万吨，减少碳排放超过 530 万吨，大幅降低企业用电成本。

绿色金融赋能绿色生产。酒钢以绿色金融为切入点，拓宽融资渠道，为产业绿色低碳发展提供坚实支撑。"炼铁厂 4 号烧结机烟气脱硫脱硝超低排放改造项目""炼铁厂烧结机工艺装备三化升级改造项目"等 15 个项目入选"中长期贷款重点支持领域备选项目"，2023 年入选的 5 个项目总投资金额达 32.76 亿元，获批项目融资授信金额达 20.91 亿元。酒钢本部 1 号、2 号焦炉优化升级建设项目获得 2 亿元碳减排贷款，每年可带动碳减排 1.4 万吨以上，实现甘肃省首笔技改领域碳减排贷款落地。酒钢宏电铁合金公司环保型全封闭矿热炉改造项目整体交工验收，进入热负荷生产阶段，该绿色项目获得兰州银行提供的 3400 万元中长期贷款支持，贷款利率较贷款市场报价利率（LPR）下浮 25BP，实现全国钢铁行业首笔、甘肃省首笔可持续发展挂钩贷款落地。

　　绿色是高质量发展的底色，新质生产力本身就是绿色生产力。新时代新征程，酒钢将始终以习近平生态文明思想为根本遵循和行动指南，坚持生态优先、节约集约、绿色低碳发展，加快经济结构、能源结构、产业结构低碳转型，坚定不移走绿色低碳发展道路，以生态"含绿量"提升发展"含金量"，全力打造立足西北、行业领先、面向全球的特色金属新材料制造和服务企业，努力成为西北地区工业绿色低碳实践领跑者、低碳技术开发先行者、产业耦合发展示范者。

Abstract

New-quality productivity is an advanced form of productivity that is characterized by high technology, high efficiency, and high quality, and that is in line with the new development concept. It is an advanced form of productivity that is characterized by innovation playing a leading role, breaking away from traditional economic growth methods and productivity development paths. The assertion that "the transformation and upgrading of traditional industries can also develop new productive forces" further points out the direction for the development of the traditional pillar industry of steel. In 2023, the production and operation of China's steel industry generally maintained a stable trend. The annual crude steel output reached 1.019 billion tons, and the inventory of steel at the end of the year decreased compared with the same period last year, especially the inventory of steel in key enterprises decreased by 5.3% year on year. In terms of investment, energy conservation, environmental protection and process improvement have become the mainstream, leading the direction of industrial development. At the same time, the level of environmental protection has been continuously improved, and 116 steel companies have completed the transformation and assessment monitoring of ultra-low emissions. The integration of the two industries has also been further deepened. 90% of steel enterprises have established manufacturing execution and energy control systems. The release of the "Guidelines for the Construction of Intelligent Manufacturing Standard System in the Steel Industry (2023 Edition)" has further promoted the continuous improvement of the intelligent manufacturing level in the steel industry. In addition, enterprises such as Shougang and Ansteel have made significant breakthroughs in new product research and development, and the number of applicants for the Metallurgical Science and Technology Award has reached a record high. In the context of the current steel industry entering a stage of reduced development and optimized inventory, developing new productivity, both based on the current situation and with an eye to the future, is a practical and effective path for high-quality development. Focusing on the new productivity of the steel industry, University of Science and Technology Beijing and the World Steel Development Research Institute have organized the preparation of the Annual Report on *Steel Industry Development in China* (*2024*). The book is divided into five parts: general report, high-tech article, high-efficiency article, high-quality article and case article. It summarizes the development status of China's steel industry from multiple perspectives and interprets the potential of the newproductivity of the steel industry.

The overall report of this book systematically summarizes the development of new quality productivity in the steel industry, and outlines the development trend of the steel industry in high-tech, high-efficiency, and high-quality aspects. The high-tech section deeply explores the current status of advanced process technologies such as hydrogen metallurgy, low-carbon metallurgy, clean steel smelting, thin strip casting and rolling, and headless rolling in the steel industry. It suggests that steel enterprises should increase research and development investment, especially in hydrogen metallurgy and low-carbon metallurgy technology, and strengthen technological innovation. Then, it analyzes the five core technologies and their application status of intelligent manufacturing in the steel industry, and explores the impact of intelligent manufacturing on production efficiency, resource utilization, environmental benefits, and other aspects of the steel industry. Finally, by analyzing typical application cases, the current situation and existing problems of intelligent management in the steel industry were revealed, and improvement directions were discussed from five aspects: intelligent quality, intelligent energy, intelligent carbon, intelligent human resources, and intelligent inventory management. In the high-effciency section, the progress of energy conservation and carbon reduction in China's steel industry was first analyzed from three aspects: production, consumption, and trade. Then, the main influencing factors of carbon emission intensity in Chinese steel enterprises were summarized, and a regression model was used to quantitatively test the influencing factors of carbon emission intensity in steel enterprises. Finally, based on the data envelopment

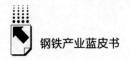

analysis method, the green total factor productivity of the steel industry in 27 provinces and cities in China from 2006 to 2021 was measured, and the main influencing factors of green total factor productivity were studied. In the high-quality section, the optimization of the steel industry structure layout was first discussed around industrial concentration, group layout, and regional agglomeration. Then, the focus was on the high-quality development of steel industry resource guarantee. Through quantitative analysis and case studies, the situation of the steel industry ensuring resource supply and improving industrial competitiveness through resource diversification and supply chain upgrading was analyzed, and it was pointed out that technological innovation, product structure optimization, resource utilization efficiency improvement, and environmental protection measures strengthening are the key paths to achieving high-quality development. In the case study, Jiugang Group is taken as a case study to explore its achievements in cultivating ecological background, promoting green transformation, and developing green productivity.

The current steel industry is entering a new round of adjustment cycle, and the development environment and situation have undergone significant changes. The fundamental issues that hinder industry progress are still unresolved, requiring new concepts, new thinking, and new measures. Developing new quality productivity has become an important focus for the steel industry to overcome difficulties and challenges. This book combines qualitative and quantitative methods to analyze the latest situation of the development of new quality productivity in the steel industry using social science research methods. It is hoped that it can provide practical reference and inspiration for the development of the steel industry, continuously shape new driving forces and advantages for development, and promote new leaps in industrial productivity.

Keywords: Steel Industry; New Quality Productivity; HighTech; High Efficiency; High Quality

Contents

I General Report

Abstract: New-quality productivity, characterized by high technology, high efficiency, and high quality, represents an advanced state of productivity that breaks away from traditional economic growth modes and productivity development paths. Traditional industries can transform and upgrade to become the main front for developing new-quality productivity. As a traditional pillar industry supporting the national economy, the steel industry actively adapts to market demands, proactively adjusts its product mix, strengthens benchmarking, and taps into potential, exhibiting high-tech, high-efficiency, and high-quality characteristics, and highlighting the tremendous potential for continuously promoting the development of new-quality productivity. In the context of the steel industry's critical period of transformation and upgrading, the steel industry should prioritize the development of new-quality productivity and promote high-quality industry development. It should accelerate the formation of advanced productivity driven by innovation, with quality as the key, and high-end, intelligent, and green as important components. It should constantly shape new driving forces and advantages for development, and promote a new leap in industrial productivity.

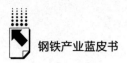
Keywords: Steel Industry; New Quality Productive Forces; High-Quality Development

II High-tech Section

B.2 Current Development Status of Advanced Process Technologies in the Steel Industry

Ge Zehui, Sun Xiaojie and Gu Wei / 010

Abstract: As environmental protection and climate change increasingly command global attention, the steel industry is under urgent pressure to green its production technologies. This chapter explores the current development of several advanced process technologies within the industry, including hydrogen metallurgy, low-carbon metallurgy, clean steel smelting, thin strip casting and rolling, and endless rolling. The study scrutinizes the application of high-furnace hydrogen-rich smelting and all-hydrogen direct reduction processes, highlighting challenges in hydrogen metallurgy development, such as high costs and inadequate infrastructure. Concurrently, it delves into low-carbon metallurgical technologies, encompassing carbon capture, utilization, and storage, electric furnace short-process steelmaking, waste heat recovery, and resource reuse, addressing the challenges of reducing energy consumption and CO_2 emissions. Research on clean steel smelting concentrates on pretreatment, inclusion control, and process issues, including smelting costs and quality control. Furthermore, the chapter assesses the application of thin strip twin-roll casting and rolling technology, as well as thickness and shape control, noting challenges in process stability and product quality. The section on endless rolling technology discusses the synergistic operation of continuous casting machines and rolling mills, the application of ESP production lines, and analyzes key issues like production controllability and process rigidity. The research indicates that these technologies hold significant potential for enhancing production efficiency and mitigating environmental impact, yet they confront challenges related to technological maturity, cost-effectiveness, and operational complexity. Hence, it is recommended that steel companies escalate R&D investments and foster technological innovation, particularly in hydrogen and low-carbon metallurgy. Additionally, they should focus on the cross-integration of process technologies and enhance automation and informatization in the production process. Strengthening international cooperation and technical exchange is also crucial for advancing the green transformation and sustainable development of the steel industry. These findings offer substantial reference value for guiding technological upgrades and strategic planning in steel companies.

Keywords: Steel Industry; Advanced Technology; Technology Upgrade

B. 3   Application and Prospects of Intelligent Manufacturing
in the Steel Industry

Ge Zehui, Guo Zhiyuan and Yan Xiangbin / 033

Abstract: With the steel industry facing overcapacity and China undergoing a critical economic transformation, intelligent manufacturing has emerged as a core strategy for steel companies to enhance competitiveness, optimize economic structure, and shift growth momentum. This chapter analyzes the five core technologies of intelligent manufacturing in the steel industry and their current applications, while also exploring the profound impacts of intelligent manufacturing on production efficiency, resource utilization, and environmental benefits. Additionally, it forecasts future development trends, noting that despite achieving certain economic and social benefits, the overall progress in intelligent manufacturing remains in a phase of continuous exploration and optimization, primarily focused on technological breakthroughs. Moving forward, the development of intelligent manufacturing in the steel sector requires not only ongoing technological advancements but also synchronized progress in talent development and management innovation. To adapt to the rapidly changing market and industrial environment, companies must

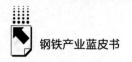
implement multi-layered, comprehensive strategic initiatives to promote the deep integration and full implementation of intelligent manufacturing. This chapter aims to provide management insights and decision-making references for policymakers and corporate strategists through an analysis of the current state and future prospects of intelligent manufacturing in the steel industry.

Keywords: Steel Industry; Intelligent Manufacturing; Manufacturing Industry

B.4　Current Status and Development Trends of Intelligent Management in the Steel Industry

Ge Zehui, He Xiaohui and Yan Xiangbin / 064

Abstract: Against the backdrop of industrial intelligence, intelligent management, as a key branch, encompasses the automation, networking, scientification, and intellectualization of management work, enhancing management efficiency and decision-making quality through intelligent systems. The application of intelligent management has not only improved production efficiency and product quality but also promoted the optimal allocation of resources and reduced operational costs. However, compared with other areas of intelligence such as intelligent transportation and smart cities, the steel industry lags significantly in strategic planning, organizational structure, risk management, and personnel training. The intelligent management of the steel industry is crucial for the long-term healthy development of the sector. Through intelligent transformation, enterprises can better respond to market changes, enhance service levels, and improve safety. Therefore, this report analyzes typical applications of intelligent management in the steel industry, revealing the current state and existing problems. It discusses the future development trends and improvement directions from five aspects: intelligent quality, intelligent energy, intelligent carbon, intelligent human resources, and intelligent inventory management. The report aims to promote top-level design and management innovation in the steel industry to enhance its competitiveness in the global market, narrow the gap in intelligent management between the steel industry and other fields, upgrade the intelligent management structure, and contribute to the enhancement of national industrial competitiveness and the optimization and upgrading of the economic structure.

Keywords: Steel Industry; Intelligent Transformation; Intelligent Management

Ⅲ High Efficiency Section

B.5 Analysis of Progress in Energy Conservation and

Carbon Reduction in China's Steel Industry

Shao Yanmin, Li Junlong / 092

Abstract: The steel industry is a pivotal pillar of the national economy, providing immense support to economic and social development. In 2023, China's steel sector maintained stable production, witnessed a slight decline in steel consumption, and made significant progress in energy conservation and carbon reduction. In terms of production, China's steel output remains at the forefront globally, with enterprises actively enhancing production efficiency through technological innovation. However, due to the influence of domestic and international economic conditions, crude steel production has remained stable. On the consumption front, there is a growing demand for new steel products driven by green and low-carbon initiatives, such as steel for renewable energy, while the decline in real estate investment has led to weakness in demand. Regarding trade, China's steel trade has diversified, with robust export growth. In terms of low-carbon development, the steel industry has actively responded to national calls, with energy consumption across various processes decreasing annually. Breakthroughs have been made in low-carbon technologies, such as blast furnace oxygen enrichment and hydrogen metallurgy. Simultaneously, the recycling and reuse of steel resources have developed rapidly, blast furnace steelmaking technologies have been continuously

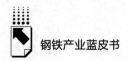

optimized, and green mergers and acquisitions have helped enterprises improve energy efficiency. However, the steel industry still faces challenges such as overcapacity and environmental pressures, necessitating continued efforts in energy conservation and carbon reduction to promote high-quality development in the industry. Looking ahead, the steel industry will place greater emphasis on green, low-carbon, and sustainable development, contributing to the construction of an ecological civilization society.

Keywords: Iron and Steel Industry; Low-carbon Development; Energy Utilization; Technological Innovation

B.6   Research on the Influencing Factors of Carbon Emission Intensity in Chinese Steel Enterprises

Shao Yanmin, Li Junlong / 127

Abstract: This study aims to delve into the factors influencing carbon emission intensity in Chinese steel enterprises, and establishes a model to empirically analyze the impact of these factors on the carbon emission intensity of steel enterprises, which is of great significance for promoting the green transformation of the steel industry and achieving carbon neutrality goals. At the policy level, China actively promotes the transformation and upgrading of the steel industry, providing strong support for low-carbon development. The implementation of the carbon market trading mechanism stimulates steel enterprises to continuously reduce emissions. In terms of technological innovation, steel enterprises are constantly exploring low-carbon technologies to promote the low-carbon development of the industry. Improvements in labor productivity also contribute to reducing carbon emissions per unit of product. At the same time, the active participation of stakeholders, such as investors and consumers, jointly promotes the low-carbon process of the steel industry. This study adopts scientific methods and reliable data sources, providing an in-depth analysis of the impact of policy guidance, carbon market trading, technological innovation, labor productivity improvements, and stakeholder participation on the carbon emission intensity of steel enterprises. A series of research conclusions have been drawn, offering important references for steel enterprises to further reduce their carbon emission intensity.

Keywords: Steel Enterprises; Carbon Emission Intensity; Labor Productivity Improvements

B.7 Measurement and Analysis of Green Total Factor Productivity
in China's Steel Industry   *He Weijun*, *Li Wanyu* / 153

Abstract: As the "ballast stone" of the national economy, steel is crucial to stable industrial growth and economic operation. Based on the new development stage, China's steel industry is accelerating the green and low-carbon transformation to actively cultivate the new quality productive forces of China's steel industry. The key to balancing energy conservation and emission reduction with economic benefits is to improve production capacity, that is, to enhance green total factor productivity (GTFP). Therefore, it is important practical significance to study the GTFP of the steel industry sustainable development concept. The paper is based on the data envelopment analysis (DEA) method to measure the green total factor productivity of the steel industry in 27 provinces in China from 2006 to 2021. First, it comprehensively analyzes the current status and spatiotemporal evolution characteristics of GTFP in the steel industry, second, researching the growth and individual differences of GTFP, and explores the reasons for the changes in the GTFP index; Third, the major influence factors of GTFP were investigated based on the panel data model; Finally, the main influencing factors of green total factor productivity were studied from the perspectives of industry scale and efficiency. The aim is to accurately grasp the current level of green development in China's steel industry, and more comprehensively explore the path to improve the GTFP of China's steel industry. The results indicate that during the research sample period, the input-

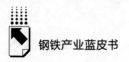

output factor allocation of the national steel industry needs further optimization and reform. The overall GTFP of the steel industry shows a rising trend, but exhibits significant individual and temporal differences. The increase in technical efficiency and technological progress has a significant promoting effect on improving GTFP. Meanwhile, energy intensity, carbon intensity, and industry scale have a significant negative impact on the improvement of green total factor productivity in the steel industry, while labor productivity has to some extent promoted the growth of green total factor productivity. Therefore, in order to promote the development of China's steel industry, it is necessary to formulate differentiated development strategies based on regional characteristics, achieve coordinated development according to local conditions, maintain the stable operation of the industry, demonstrate systemic advantages, and promote high-quality development of the steel industry.

Keywords: Steel Industry; Green Total Factor Productivity; DEA

Ⅳ High Quality Section

B.8 Optimization of Steel Industry Structure Layout

Bai Min, Liu Bing and Wang Yining / 186

Abstract: The steel industry, as a vital pillar of the national economy, plays a significant role in promoting economic transformation and upgrading. Currently, the steel industry faces multiple challenges, including overcapacity, environmental pollution, and resource constraints. To achieve transformation and high-quality development, it is urgent to enhance industry concentration, optimize group layouts, and strengthen regional agglomeration. In terms of industry concentration, steel enterprises should improve concentration through mergers and acquisitions and by eliminating outdated capacity, thereby creating economies of scale and enhancing overall competitiveness. Regarding group layouts, steel enterprises should strengthen the integration of upstream and downstream supply chains to form a group development model that enables resource sharing and complementary advantages, ultimately improving risk resistance. For regional agglomeration, the steel industry should leverage regional resource advantages to promote the development of industrial clusters, establish regional characteristics, and enhance overall efficiency. Additionally, the steel industry needs to focus on technological innovation and green transformation, driving product upgrades and service optimization to improve product quality and added value, thereby achieving sustainable development. By implementing these measures, the steel industry can continually enhance its strength and competitiveness, realizing healthier and more sustainable high-quality development, and making greater contributions to the national economic development

Keywords: Steel Industry; Industrial Concentration; Group-Oriented Layout; Regional Agglomeration; High-Quality Development

B . 9 Research on High-Quality Development of Resource Security in the Steel Industry: From Material Diversification to Supply Chain Upgrades *Chen Binghao, Yu Feng* / 222

Abstract: The global steel industry, a cornerstone of the global economy, faces increasingly critical resource security issues amidst accelerating globalization and growing pressures for environmental sustainability. The uncertainty of resource origins, fluctuations in raw material costs, and stringent environmental policies directly impact the stability and development of the steel industry. This study addresses these challenges by exploring strategies for resource diversification and supply chain upgrades to secure supplies and enhance industry competitiveness. Focused on high-quality development in steel industry resource security, this research utilizes quantitative data analysis and case study methodologies to extensively examine the profound impacts of resource diversification strategies and supply chain upgrades. The findings demonstrate that broadening raw material sources and enhancing the flexibility and efficiency of supply chains significantly bolster the industry's resilience to risks and competitive

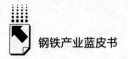

edge. Specifically, this paper analyzes trends in reduced dependency on iron ore, increased use of scrap steel, and other alternative materials, and how these changes help steel companies cope with price volatility and supply chain disruptions. Additionally, the study closely investigates the role of supply chain upgrades in improving the efficiency and quality control of raw material supplies, particularly how the application of digital and informational technologies can enhance supply chain transparency and responsiveness, thereby strengthening corporate market adaptability and decision-making capabilities. Overall, the paper highlights how the steel industry can achieve sustainable development through resource diversification and supply chain innovation against the backdrop of rising global resource protectionism and increasingly strict environmental regulations. The results not only provide strategic direction for steel companies but also offer scientific foundations and practical guidance for policymakers in resource management and industrial policy design.

Keywords: Steel Industry; Resource Security; Supply Chain Management; Resource Diversification; High-quality Development

B.10　Pathways for High-Quality Development in China's

　　　　Steel Industry Supply　　　　*Ma Jianfeng*, *He Yatong* / 256

Abstract: Since the reform and opening-up, China's steel industry has undergone a transformation from slow development to rapid expansion, becoming the world's largest steel producer and consumer. However, with the continuous expansion of the industry's scale, issues such as overcapacity, environmental pollution, and resource consumption have become increasingly prominent, severely restricting its sustainable development. This paper discusses the importance of improving the quality of supply in the steel industry, highlighting technological innovation, optimization of product structure, improvement of resource utilization efficiency, and the strengthening of environmental protection measures as key pathways to achieve high-quality development. By analyzing typical cases such as

Ansteel Group, Hebei Iron and Steel Group, and Hebei Yongyang Special Steel Group, the paper demonstrates the significant achievements of China's high-end steel products in technological innovation and market expansion. It further explores major challenges, including technological innovation, economic cost pressures, and the uncertainties of policy and market environments. The paper proposes policy recommendations such as strengthening technological research and innovation cooperation, optimizing cost management and financial strategies, and establishing risk management and market response mechanisms. Finally, the paper summarizes the outstanding performance of China's steel industry in terms of scale, technological innovation, and ecological protection, and envisions a promising future where, driven by technology and policy, China's steel industry can achieve high-quality development and global competitiveness in the context of globalization and green development.

Keywords: China's Steel Industry; Supply Quality; High-quality Development; Technological Innovation; Green Environmental Protection

V High Quality Section

B. 11 Jiuquan Iron and Steel Group: Strengthening

Ecological Background and Promoting Green Development

Li Xiaohui / 285

Abstract: Jiuquan Iron and Steel Co. , Ltd. is located in Jiayuguan City, Gansu Province. It was founded in 1958 and is the fourth steel joint venture planned and constructed by the country. It is also the earliest and largest diversified modern enterprise group in northwest China, combining black and non-ferrous metals. Since the 18th National Congress of the Communist Party of China, Jiugang has deeply practiced the concept of "green mountains and clear waters are as valuable as mountains of gold and silver", fully and accurately implemented the new development concept, actively carried out carbon peak and carbon neutrality

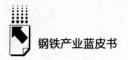
work, deepened the battle against pollution prevention and control, continuously improved energy utilization efficiency, accelerated the construction of a modern industrial system, and steadily promoted green and high-quality development.

Keywords: Jiuquan Steel; Green Development; New Quality Productivity

权威报告·连续出版·独家资源

皮书数据库
ANNUAL REPORT(YEARBOOK)
DATABASE

分析解读当下中国发展变迁的高端智库平台

所获荣誉

- 2022年，入选技术赋能"新闻+"推荐案例
- 2020年，入选全国新闻出版深度融合发展创新案例
- 2019年，入选国家新闻出版署数字出版精品遴选推荐计划
- 2016年，入选"十三五"国家重点电子出版物出版规划骨干工程
- 2013年，荣获"中国出版政府奖·网络出版物奖"提名奖

皮书数据库

"社科数托邦"
微信公众号

成为用户

　　登录网址www.pishu.com.cn访问皮书数据库网站或下载皮书数据库APP，通过手机号码验证或邮箱验证即可成为皮书数据库用户。

用户福利

- 已注册用户购书后可免费获赠100元皮书数据库充值卡。刮开充值卡涂层获取充值密码，登录并进入"会员中心"—"在线充值"—"充值卡充值"，充值成功即可购买和查看数据库内容。
- 用户福利最终解释权归社会科学文献出版社所有。

数据库服务热线：010-59367265
数据库服务QQ：2475522410
数据库服务邮箱：database@ssap.cn
图书销售热线：010-59367070/7028
图书服务QQ：1265056568
图书服务邮箱：duzhe@ssap.cn

社会科学文献出版社 皮书系列
SOCIAL SCIENCES ACADEMIC PRESS (CHINA)
卡号：651392215599
密码：

S 基本子库
UB DATABASE

中国社会发展数据库（下设 12 个专题子库）

紧扣人口、政治、外交、法律、教育、医疗卫生、资源环境等 12 个社会发展领域的前沿和热点，全面整合专业著作、智库报告、学术资讯、调研数据等类型资源，帮助用户追踪中国社会发展动态、研究社会发展战略与政策、了解社会热点问题、分析社会发展趋势。

中国经济发展数据库（下设 12 专题子库）

内容涵盖宏观经济、产业经济、工业经济、农业经济、财政金融、房地产经济、城市经济、商业贸易等 12 个重点经济领域，为把握经济运行态势、洞察经济发展规律、研判经济发展趋势、进行经济调控决策提供参考和依据。

中国行业发展数据库（下设 17 个专题子库）

以中国国民经济行业分类为依据，覆盖金融业、旅游业、交通运输业、能源矿产业、制造业等 100 多个行业，跟踪分析国民经济相关行业市场运行状况和政策导向，汇集行业发展前沿资讯，为投资、从业及各种经济决策提供理论支撑和实践指导。

中国区域发展数据库（下设 4 个专题子库）

对中国特定区域内的经济、社会、文化等领域现状与发展情况进行深度分析和预测，涉及省级行政区、城市群、城市、农村等不同维度，研究层级至县及县以下行政区，为学者研究地方经济社会宏观态势、经验模式、发展案例提供支撑，为地方政府决策提供参考。

中国文化传媒数据库（下设 18 个专题子库）

内容覆盖文化产业、新闻传播、电影娱乐、文学艺术、群众文化、图书情报等 18 个重点研究领域，聚焦文化传媒领域发展前沿、热点话题、行业实践，服务用户的教学科研、文化投资、企业规划等需要。

世界经济与国际关系数据库（下设 6 个专题子库）

整合世界经济、国际政治、世界文化与科技、全球性问题、国际组织与国际法、区域研究 6 大领域研究成果，对世界经济形势、国际形势进行连续性深度分析，对年度热点问题进行专题解读，为研判全球发展趋势提供事实和数据支持。

法律声明